回乌镇定居后的木心(李峻摄)

木心的全家福

二十世纪四十年代就读于上海美专时的木心

一九四六年的木心（后排右二），右三为杨可扬

二十世纪六十年代的木心

约一九七二年的木心

一九九一年木心摄于纽约曼哈顿中央公园

二〇〇三年,在"记忆的风景:木心的艺术"画展上的木心

木心先生编年事辑

夏春锦 编著

台海出版社

图书在版编目(CIP)数据

木心先生编年事辑 / 夏春锦编著 . —— 北京：台海出版社，2021.5（2021.7 重印）
ISBN 978-7-5168-2947-9

Ⅰ.①木… Ⅱ.①夏… Ⅲ.①木心（1927-2011）-年谱 Ⅳ.① K825.6

中国版本图书馆 CIP 数据核字 (2021) 第 060999 号

木心先生编年事辑

编　　著：夏春锦	
出 版 人：蔡　旭	封面设计：陈凌云
责任编辑：王　萍	

出版发行：台海出版社
地　　址：北京市东城区景山东街 20 号　　邮政编码：100009
电　　话：010-64041652（发行、邮购）
传　　真：010-84045799（总编室）
网　　址：www.taimeng.org.cn/thcbs/default.htm
E-mail：thcbs@126.com

经　　销：全国各地新华书店
印　　刷：北京金特印刷有限责任公司
本书如有破损、缺页、装订错误，请与本社联系调换

开　　本：880 毫米 ×1230 毫米	1/32		
字　　数：236 千字	印　　张：10.25		
版　　次：2021 年 5 月第 1 版	印　　次：2021 年 7 月第 2 次印刷		
书　　号：ISBN 978-7-5168-2947-9			

定　　价：68.00 元

版权所有　翻印必究

我是一个在黑暗中大雪纷飞的人哪

——木心《我》

序 一

春锦兄执意要我给他的新著《木心先生编年事辑》写几句话，我乐意为之。我读木心的书不多，只对他的生平稍有常识，为这样的人物做年谱，我以为非常值得，也非常重要。春锦写过《文学的鲁滨逊》，是木心前半生的经历，而这本却是木心完整的一生。

年谱是中国传统史学的独特体例，和方志一样，均是西方历史著述体例中不曾出现的文体，非常难得。现在方志传统一直得到继承，政府各类机构虽变来变去，但我印象中，"方志办"始终保留，这非常不易。但年谱传统，在西式专著体例冲击下，学术地位下降了，这实在可惜。年谱最见学术训练功力，毫无疑问，它本来就是正宗的学术著作，但在当下学术评价体系中，很难得到重视。大学里念学位的人，也极少能以年谱申请学位，以为年谱算不得什么学术著作，我以为这种习惯，大错特错。一般来说，坏年谱也还保存有用史料，而坏专著连史料价值都没有。相同领域，相同人物，年谱的学术生命力要高于专著，专著如非名著，很难打败年谱。

往年我在山西太原曾读过一部《王恭襄公先生年谱》，作者张友椿，早年专门研究太原地方史的一位专家。这部年谱的谱主王琼是明朝太原的一位名臣，成化年间的进士。为年谱作序的常赞春先生是山西榆次人，京师大学堂出身，是林纾的学生。常先生就极赞同当时还年轻的张友椿为乡贤做年谱，以为这是真正的学术工作。开创性的年谱，完全可以在学术界安身立命。

学术工作，眼光非常重要，年谱这样的著述体例，听起来似乎容易，但选择给什么样的人做年谱，年谱是不是第一部，却非常能见出作者的学术眼光。春锦选择木心先生，这个选择包含了他的学术判断，如果要讲学术水平，我以为这就是真正的学术水平，他能做这样的决断，体现了他的学术追求。这是第一部关于木心先生的年谱，虽然春锦谦虚，只用了"编年事辑"的书名，其实这就是一部合格的年谱。第一部年谱最"值钱"，因为有开创之功。

年谱的体例，古今一理，但年谱的做法，却有古今之别。手工时代的年谱难，网络时代的年谱易，这是一般道理，不做细部区别。手工时代所有材料均要靠读书而来，长期积累是做年谱的家法；网络时代年谱做法的规则是检索，在学术修养外，网络技术成为必要的学术准备。给谁做年谱，是否第一部，成为网络时代判断年谱价值的一个重要标志。春锦这部年谱满足这样的时代条件，是一部成功的当代名人年谱。以后再出新谱一定是建立在这个基础之上，今后的木心研究也绕不开这部年谱，如果木心研究可以持久，这部年谱也就不会过时。

谢　泳

二〇二一年一月十二日于厦门

序 二

现代中国作家的简历，以我所知，恐怕是木心的自撰为最简扼，仅三十六字：名字、生年、籍贯、学历、客居地。他去世后的再版本，添上他归来到逝世的年份，也才够五十字吧。

现代中国作家出书最迟者，就我所知，恐怕也是木心：五十六岁抵纽约之前，他从未在大陆发表过一个字。首册简体版文集在大陆面世，他已七十九岁。

木心是谁？但凡初闻其名，初读其书的人，都会有此一问。当今市面，这几十字会是何种效应，木心当然知道，怎么办呢，他一再引福楼拜的话，叫作：

呈现艺术，隐退艺术家。

中国作家而特意称引这句话，木心之前，似乎没有。这是他的立场，他的游戏，他的公然的骄傲，也是他的经历所含藏的苦衷。而在晚年访谈中再次说起同样的意思，他忽而笑道：

艺术家真的要隐退吗，他是要你找他呀。

这是真的。木心的每句话周边必会站着别的意思——"他要你去找他呀"——梁文道说起过有趣的观察，他说："五四及今，读者读罢书还想趋前面见的作家，除了鲁迅和张爱玲，第三位，便是木心。"

鲁迅与好些晚辈作家的行谊，不消说了。张爱玲却不肯见人，至少，很难见，木心与她同调。二〇〇九年我亲见晚晴小筑门外站着一位愣小伙子，从广西来，苦候终日，天黑了，老人就是不见。其时秋凉，这孩子穿着T恤，木心唯嘱咐给他买件单衣。纽约期间，我也亲见不少访客被木心婉拒。二〇〇三年，耶鲁美术馆为他办了体面的个展，他居然不去开幕式，记者找他，他也推阻。

一个毕生不为人知的作家，迟迟面世，却刻意回避读者，国中文界殊少这样的个案。西方倒是不罕见，最近的例，是备受瞩目的意大利女作家埃莱娜·弗兰特，她不进入宣发出书的任何环节，从不露面，以至她的整本访谈录不断被问及为何如此。

木心非但不露面，回归后几乎不接受当面的采访。直到他的葬礼，各地赶来的上百位青年才见到他，而生前介绍自己，这个人只肯给几十个字。

其实他越是这样子，读者越想见他。

他不写回忆录。他说，回忆录很难诚实。但有谁到了中年晚岁而不回想自己的往昔吗？遗稿中，我发现他在世界文学史讲稿最后一页，写着平实而简单的记述——那年他大约六十六岁——某年在哪里，某年到哪里……这是他唯一的"年表"，自己看看，没有发表的意思。近时木心遗稿拟将出版。在数十册小小的本子里，不下十次，他零碎写到某段往事，同样简洁，譬如抗战期间避难嘉兴的一段：

小学四年级

租住燕贻堂

出入天后官弄

秋季运动会

一百米短跑冠军

看上女生了

她叫盖静娴

她是不知道的

结伴拔草的男生姓周

头发黑得发乌　香

级任老师特别好

钱之江，现在还记得

忆写往事，木心鲜少渲染，直陈年份、地名、街名、人名。

遗稿的好几处页面写满名字，譬如：

方圆、老熊、六十、兆丁、陈妈、春香、莲香、顺英、秋英、海伯伯、管账先生、教师、阿祥、祖母、母亲、姊姊、我、姊夫、剑芬溶溶 十九人

这是他历数幼年的故家——也就是乌镇东栅财神湾一八六号——总共多少人，其中大半是仆佣：

这样一个家，我只经历了五年，之后，在杭州、上海过了四十多年，美国二十五年。

显然，他在自言自语，毫无示人的企图。他曾说，老了，记性差，忘了某事某人、某书某词，硬想，保持想，直到想起，能锻炼记忆力。那些年我俩交谈，话到嘴边，想不起，下一回见，他会喜滋滋说：呶，想起来了呀！于是一字字说出，有时到家就来电话，报告他豁然寻回的记忆，哪怕几个字。

遗稿中另有两组更"庞大"的名单，一份应是上海艺专的同学姓名，另一份，是他寄身近三十年的工艺美术工厂员工。锻炼记性吗？我想，晚年木心是在不断反刍行将过完的一生，而当转头面对外界，就那么几十个字。

读者不会放过他。学者更不会放过——定居桐乡的夏春锦，

可能是试图追索木心生平行状和家族谱系的第一人。为读者，也为文学研究，他苦寻资料，试图拼接木心简历之外的一生。我如何看待这份工作呢？以下的意思，自知不能说服人。

我不认为读了文学家的生平，果然能认知"那个人"，甚或有助于理解他的文学。生平、文学，不是核对的关系。一份处处求真的传记，可能布满——也许是——善意的错讹，即便再详实，也不可能破解卓越的小说、神奇的诗，何以卓越，何以神奇。

西人云：作品有时比作者更聪明。艺术家最为隐秘而珍贵的一切，全然凝在作品里、字面上。倘若好到不可思议，这不可思议的种种，分明裸露着，却未必见于他的生平。

真的。倘若我是木心的侄甥，仍无法获知为什么他能写出"你再不来，我要下雪了"。交往二十九年，有时，我巨细无遗介入他的日常，他开口，我便知道会说什么，但我还是不明白何以他在赠我的诗中写出"仁智异见鬼见鬼，长短相吃蛇吃蛇"。

木心逐字解释了——还特意说，"蛇"的读音应作"啥"——但于我而言，仍是谜。我喜欢谜，为什么要破解它？

为人立传，很难很难，甚或难于文学。作传者的功力，品性，大诚恳，简直等同创作。恕我直说，我不记得看过可读的中文传记，并非作传者不良，而是，恕我妄说，自引入西洋人"传记"体写作迄今，现代白话文水准尚未准备好书写体贴入微而知守分寸的传记。

我并非是为木心专来说这番话。我也不曾与他深谈过：为什么不写回忆录,为什么不要相信传记。我是以自己的经验,或曰"痛感":艺术家之为艺术家,是苦心交付给作品的另一个自己,为什么读者总想离开书页,掉头找"那个人"?

我不认为谁能写谁的传记。人,人的一生,何其复杂,而况木心。早年我曾热心读过一二册《鲁迅传》,丝毫不令我豁然明白鲁迅,那是另一人的想象,另一人的手笔,读过即忘,而每次读鲁迅的随便哪篇短文,我好似和他面对而坐。

这一层,木心说得痛快,近乎板着脸:"不要写我,你们写不好的。"但我知道,木心身后必有人要来写他,琢磨他。这是令我无奈而近乎痛苦的事:我目击他如何守身如玉般,维护私己。他渴望尊敬、荣耀、文名,但绝不是希求一份传记。除了他留下的作品,我不指望世人了解他,认真说,我也并不自以为了解他——那才是木心之所以是木心。

以上的话,我愿如实说给春锦听,也说给读者听。我爱敬木心的理由之一,是不愿看到他成为身后有传记的人。我不得不坦言,春锦发来的书稿,我不曾读,在我的恒定的记忆中,那个长年与我倾谈言笑的人,才是木心。

没见过木心的读者,怎么办呢?好在眼下这本书是"木心先生编年事辑",不是传记。尤使我宽心者,是谢泳先生为此书写的序言,他以中国"年谱"这样一种传统体例,肯定了春锦的工作,他说:

年谱是中国传统史学的独特体例，和方志一样，均是西方历史著述体例中不曾出现的文体……年谱的学术生命力要高于专著，专著如非名著，很难打败年谱……这是第一部关于木心先生的年谱，虽然春锦谦虚，只用了"编年事辑"的书名，其实这就是一部合格的年谱……以后再出新谱一定是建立在这个基础之上，今后的木心研究也绕不开这部年谱，如果木心研究可以持久，这部年谱也就不会过时。

这是平实剀切的话。我不是学者，我该从自己与木心的漫长交谊中，退开几步，放下己见，顾及众多爱木心的人，而春锦所做的一切，正是念在日渐增多的木心读者——三十多年前，木心毫无声名，我俩在曼哈顿人流中且走且聊，或在各自的厨房煎炒烹煮，相对抽烟，万想不到桐乡有个孩子，名叫夏春锦。

今木心逝世十年了，春锦做这件事怕也快有十年了吧。身为同乡晚辈，春锦的工作，允为美谈。

陈丹青
二〇二一年二月二十四日写在北京

几点说明

一、本书书名《木心先生编年事辑》，其意是将木心先生的生平行迹按时间先后顺序排列。时间分年、季、月、日四个层级，如有季不确定者则以"是年"出之，如有月不确定者则以"本季"出之，如有日不确定者则以"本月"出之。一年之中则依照具体时间确定者在前、不确定者在后的原则排列。如有年份不确定者，则归入大致的时间段，时间不确定者则暂时不收。

二、本书分"卷首""家世""编年""附录"四部分。"卷首"为木心先生的姓名、字号；"家世"汇集其家世背景及家庭成员情况；"编年"则为其一生之经历，涉及求学、任职、交游、创作、际遇诸端；"附录"收录木心自制的两份汉语年表和一份日语简历。"自制年表一"现在在木心故居纪念馆展出；"自制年表二"现在在木心美术馆展出。其中如有考证、补充之必要则以按语出之。

三、本书尽力做到两点：一是尽编者所能，最大限度地搜集目前所能见到的木心先生的生平资料，可确定时间者不论巨细，悉加选录；二是对资料进行必要的考辨，尽可能地确保内容的准确性。

四、本书征引的资料主要来自木心先生业已出版的个人著述、研究木心先生及其作品的著述、与之相关人物的著述、地方文献、公私馆藏资料、木心与师友间的来往书简、媒体访谈等。凡有出处，均一一注释，为方便检索，一律采用随文注形式。

五、本书编者叙述部分提及编年对象的一律用笔名"木心"，引文中如出现曾用名和其他笔名则遵从原文献。

六、本书能直接征引当事人现成叙述的不再做转述，以保存资料的原始性。引文中如有错漏，则加按语说明。

七、除编年对象本事外，与之有密切关系的人和事，以按语形式略加介绍，以为本事之助。

八、对于部分存在两种以上说法，且笔者无法判断者，则将二者并置，以备进一步考辨。

九、本书编年纪事以西历公元纪年为主，一九四九年（含）之前则辅以民国纪年，以明时代之变迁。

十、本编年的时间下限为二〇一六年，有关木心去世后的相关资料亦酌情收录。

目 录

序 一（谢 泳）

序 二（陈丹青）

几点说明

卷 首 / 001

家 世 / 005

编 年 / 015

附 录 / 293

    自制年表一 / 295

    自制年表二 / 297

    日文简历 / 298

代 跋 追寻那个黑暗中大雪纷飞的人（张天杰）/ 299

自 跋 / 306

卷首

木心（一九二七年三月十七日～二〇一一年十二月二十一日），原名孙璞，又名孙仰中，字玉山，亲友昵称阿中。二十世纪四十年代起改名为孙牧心，从此成为其通用名和正式名。

木心从一九四〇年开始写作并发表作品，一九四一年至一九八四年所使用过的笔名有罗干、吉光、高沙、裴定、马汗、桑夫、林思、司马不迁、赵元莘、杨蕊、阿辛、木心等。其中木心为最常用的笔名，始用于一九八二年年初。

少年时父母为防木心夭折，曾送其出家，取法号常棣。

按：罗干是木心少年时代的笔名。抗战胜利后，木心与沈铃（笔名罗凡）、邵传发（笔名邵凡）、徐宜诚（笔名青戈）在家乡创办油印刊物《泡沫》，木心负责编写诗歌、散文，即以罗干为笔名。《泡沫》出至第五期时被迫停刊，之后木心将编辑工作带至杭州。当时他正与叶文西在杭州创办业余艺术团体——杭州绘画研究社，实为杭州中共地下党的一个联络点。新的《泡沫》上曾发表叶文西写的小说《夏衣》，主角亦名罗干，其原型即为木心。

孙，东吴人氏，名璞，字玉山。后用"牧心"，"牧"字太雅也太俗，况且意马心猿，牧不了。做过教师，学生都很好，就是不能使之再好上去：牧已牧人两无成，如能"木"了，倒也罢了。其实是取其笔画少，写起来方便。名字是个符号，最好不含什么意义，否则很累赘，往往成了讽刺。自作多情和自作无情都是可笑的。以后我还想改名。（木心：《海峡传声：答台湾〈联合文学〉编者问》，《鱼丽之宴》，木心著，桂林：广西师范大学出版社，2009年，18页）

吉光、高沙、裴定、马汗、桑夫、林思、司马不迁、赵元莘、杨蕊。（见于一九八四年十一月出版的台湾《联合文学》创刊号，该期特设围绕木心的"作家专卷"，其中在《木心著作一览》中列有木心本人提供的一九四一至一九八四年间所使用的这九个笔名。）

古说"木铎有心"，我的名字就是这里来。（木心讲述、陈丹青笔录：《文学回忆录》，桂林：广西师范大学出版社，2013年，139页）

按：古书中并无"木铎有心"的成语，笔者多方查阅亦未能找到直接的出处。但他提醒我们木心之名显然与"木铎"这一传统器物有关，隐含着特殊的内涵。[可参考拙作《木心笔名刍议》，《木心研究专号（2016）：木心美术馆特辑》，木心作品编辑部编，桂林：广西师范大学出版社，2016年]

家世

木心祖籍浙江绍兴，自祖父孙秀林于清末举家迁往桐乡县青镇（今浙江省桐乡市乌镇镇）[①]，遂成桐乡人。经过两代人的经营，孙家在乌镇内外有田地达两千亩，家道殷实。木心从小锦衣玉食、娇生惯养，最着迷的是艺术和宗教，长到十多岁尚无上街购物的经验。家里颇有读书氛围，家人普遍具有文化修养，有藏书楼，富有古籍。

少小的我已感知传统的文化，在都市在乡村在我家男仆的白壁题诗中缓缓地流，外婆精通《周易》，祖母为我讲《大乘五蕴论》，这里，那里，总会遇到真心爱读书的人。（木心：《迟迟告白：一九八三年～一九九八年航程纪要》，《鱼丽之宴》，木心著，桂林：广西师范大学出版社，2009年，94页）

[①] 如今的乌镇由原来隶属于吴兴县的乌镇和隶属于桐乡县的青镇于1951年合并而来，这之前两镇行政上虽有区分，但因紧挨并联，无法截然区分，本书除此处特别标注为青镇外，下文将按照现在的习惯统称乌镇。

夏天乘凉，母亲讲解《易经》，背口诀："乾三连，坤六断，震仰盂，艮覆碗，离中虚，坎中满，兑上缺，巽下断。"（木心讲述、陈丹青笔录：《文学回忆录》，桂林：广西师范大学出版社，2013年，191页）

在那种时代那种家族里，不说魏晋遗风，而唐宋余绪似乎还没有消尽，母亲、姐姐、姐夫、姑系舅系的老少二代人，谁都能即兴口占一绝一律，行酒令、作对联句，更是驾轻就熟……（木心：《海伯伯》，《木心逝世两周年纪念专号：〈温故〉特辑》，刘瑞琳主编，桂林：广西师范大学出版社，2014年，4页）

祖父孙秀林（？～一九二七），绍兴人。为人身强体壮，精通农艺，为自耕农。曾只身赴湖州帮助妻舅开荒创业，妻舅不幸去世，在安顿好舅嫂与内侄后返回绍兴，再谋发展。途中路过乌镇，在同乡郑七斤家逗留多日，发现乌镇创业条件优于湖州，遂举家迁居乌镇。经过一番苦心经营，孙家田产不断增加，没几年还添置了抽水机和碾米机，成了耕田大户。孙秀林育有两女一男，儿子名孙德润，年最幼。两女成人后先后出嫁，长女嫁乌镇北栅的一户种田人家，幼女嫁乌镇南栅沈家庄邵家，为嘉兴著名眼科专家邵传统之母。两位女婿亦是绍兴移民。孙秀林于一九二七年木心出生当年病逝。

按：有关孙秀林的资料目前主要见于邵传统、王松生、徐家堤三人合写的《东栅孙家厅：绍帮移民孙秀林和其家人》一文。现将其中的关键内容节选如下：

孙秀林身强力壮、勤俭有为、头脑灵活、农艺精通，在绍兴已小有资财，时属自耕农。来乌镇前曾只身赴湖州帮助妻舅开荒创业，事业有成时，不幸妻舅逝世，孙秀林囿于世俗偏见，安顿好舅嫂和内侄的生产和生活之后重返绍兴。途中在乌镇东郊同乡人郑七斤家逗留多日，了解乌镇的气候水土、风俗人情，得知乌镇的创业条件优于湖州之后，下定决心，回绍兴卖掉了田地、房屋和家杂，来乌镇一搏。

孙秀林告别乡亲，挑起一副箩筐，装着必不可少的衣物被蓆和生活用具，上面坐着一男一女两个小孩，后面跟着背驮大小包袱的妻子和一个七八岁的女孩。一家五口晓行夜宿，渡过钱塘江，全凭两条腿从绍兴走到了乌镇。

他们虽然带着一定数量的银圆，这是全家的生命所系，是日后发家和安身立命的血本。一路上舍不得花钱雇车搭船，连一日三餐也是沿途随时埋锅造饭，吃饱了就走，天黑了就在人家檐口或荒庙凉亭中歇宿。

总算一路平安到了乌镇东郊坝头郑七斤家。在郑七斤帮助下搭建"绍兴蓬子"——草棚，添置农具，购买良田和荒地开始农作。凭着孙秀林夫妇的勤奋和精明睿智，加上连年风调雨顺，田地不断扩大，农工不断增加，不几年有了耕牛，更添置了抽水机和碾米机，成了耕田大户。而孙秀林夫妇仍旧和农工们一起参加田间劳作，他们虔心佛教，随着财富的积累，逐渐加大了修桥铺路、造庙修庵和行善积德的投入，因而受到绍帮人和本帮人，以及农工们的尊敬。

斗转星移，孙秀林也看到了自身的"老之将至"和儿女即将成人。

儿女们需要有更好的读书环境，自己也得有个颐养天年之所。因此开始向镇上发展。

他们先在东栅河南板桥头（太平桥）买下一幢三间二进、围有围墙的楼房，安顿好妻小。好在坝头离太平桥不远，自家又有农船，乡间留有田庄屋，不影响生产管理。住了几年之后，又感到单门独户不够安全，想另觅居所，虽然有人断言，此屋形状像一颗"官印"日后会出贵人。（邵传统、王松生、徐家堤：《东栅孙家厅：绍帮移民孙秀林和其家人》，《乌镇掌故续编》，徐家堤主编，珠海：珠海出版社，2006年，187—188页）

孙秀林夫妇笃信佛、道，晚年更为虔诚，家中设有佛堂，供的是观音大士，早晚上香，逢节更盛。镇上诸寺庙举办佛事，孙氏夫妇必沐斋前往，不敢少怠。每年春秋必往杭州、苏州、上海等大庙进香，往返多日，不知疲惫，真所谓精诚所至、金石为开。常说孙家能有今天都是菩萨所赐，不可暴殄天物，天理昭昭，善恶必报。镇上凡有善举，孙家莫不全力相助，唯恐人后。而平日持家俭朴，为善却不惜钱财。

孙家富庶之后，农民本色不变，夫妇两人仍和农工一起参加农业劳动，和农工亲密无间。对家中吃口重、困难多的农工，体恤有加。每当农忙季节或时令节日还有酒肉相待。为此，农工们个个忠心耿耿，不敢有半点怠忽。当然，受惠的还是孙秀林。

对佃农也不刻薄，孙家租田，是"世袭制"，即轻易不换佃户，佃户的耕作权可以父子传承，也可转让他人，孙家只问收租、交纳田粮。很少有佃农故意欠租欠息的情况发生，更不需强行催索。曾有一佃户因故欠租多年，自知理亏，有一日手持香烛，向孙秀林谢罪。孙秀林连忙扶起，细问端详，孙秀林道："人有旦夕祸福，大家是做田庄人，靠天吃饭，租米不妨待你宽裕时再付。"还挽留这位佃户吃了饭再走。为此，孙家在镇上，在乡下，在农工、佃户中口碑甚好。（邵传统、王松生、徐家堤：《东栅孙家厅：绍帮移民孙秀林和其家人》，《乌镇掌故续编》，徐家堤主编，珠海：珠海出版社，2006年，190—191页）

父亲孙德润（一说孙德顺，？～一九三三），自幼体弱多病，常年医药补品不离身，勉强读完高小后即在家调养。父亲孙秀林很早就在绍帮人中为其物色贤淑能干的媳妇，经人介绍与沈珍完婚于太平桥旧居。婚后两人生下孙彩霞、孙飞霞和孙璞。能作诗。为人乐善好施，为此曾被评为开明绅士。

儿子孙德润最小，自幼体弱多病，几乎常年医药补品不离身，勉强读完高小，即在家调养。孙秀林预知儿子的难处，所以很早就在绍帮人中物色贤淑能干的儿媳妇，终于找到一位能干且通文墨名沈珍的绍兴姑娘，在太平桥旧居择吉日完婚。（邵传统、王松生、徐家堤：《东栅孙家厅：绍帮移民孙秀林和其家人》，《乌镇掌故续编》，徐家堤主编，珠海：珠海出版社，2006年，191页）

母亲沈珍（一八九五～一九五六），亦是绍兴移民。父母家开有地毯厂。为人知书达理，贤淑能干。在婆婆去世后沈珍协助丈夫孙德润料理家务，并商请郑七斤之子郑阿海管理田庄。孙德润去世后沈珍更是一人独挑孙家大梁，不负厚望，将孙家里外打理得井井有条。沈珍笃信佛道，能积德行善，平日督促二女一子课读甚勤。抗战时期，沈珍携全家到嘉兴邵传统家暂避，后又趋避于杭州，乌镇家业由家仆郑阿海看护。中华人民共和国成立后沈珍随孙彩霞一家迁居上海高桥，与木心一起租住在沈家大院。一九五六年病逝于上海高桥。

一九二七年仰中诞生，同年孙秀林因病逝世于太平桥居所。不久，秀林妻亦亡故，沈珍襄助孙德润料理里外家务，并商请郑七斤之子阿海主持田庄管理。阿海朴实勤勉，成了孙家的"管家"。

迁入财神湾孙家厅不久，孙德润旧病不治逝世，时在一九三一年，仰中甫五岁。从此沈珍一人独挑孙家大梁，果然不负孙秀林生前厚望，将孙家里里外外处理得井井有条。沈珍一如公姑笃信佛道、积德行善。平日督促二女一子课读，彩霞、飞霞毕业于中市立志小学，又送嘉兴省立二中就读，飞霞在读中学时染病，回家诊治无效而弃世。（邵传统、王松生、徐家堤：《东栅孙家厅：绍帮移民孙秀林和其家人》，《乌镇掌故续编》，徐家堤主编，珠海：珠海出版社，2006年，191页）

抗战胜利后，沈珍曾率全家回乌镇重整家业，时儿子孙仰中崇尚进步，看穿了国民党的倒行逆施，常劝导母亲沈珍："天快亮了，尽快将田地散发，转让给原主或佃户。"沈珍听从儿子的劝导。（邵传统、王松生、徐家堤：《东栅孙家厅：绍帮移民孙秀林和其家人》，《乌镇掌故续编》，

徐家堤主编，珠海：珠海出版社，192页）

大姐姐孙彩霞（一九一六～一九六七），曾就读于乌镇立志小学，毕业后到嘉兴省立二中求学。后经黄妙祥介绍嫁给在泰兴昌纸店做学徒的王济诚。王济诚（一九〇九～一九八九）亦是绍兴人，为人朴实勤俭，婚后出任孙家的账房。一九五〇年王济诚得到岳母的支持，带着她给的一千块钱到杭州与人合开了一家纸店，后来又搬到湖州与人合开了一家新华纸店，本钱也是沈珍所出。两家纸店均为合股经营，王济诚均任副经理的职位。一九五二年，纸店倒闭，王济诚失业。加之沈珍体弱多病，需人照顾，王济诚、孙彩霞夫妇遂带着儿女迁居上海高桥。经木心介绍，王济诚于育民中学谋得教导处职员一职，后又调到凌桥中学工作。有子女五人：王剑芬、王宁、王竞、王奕、王韦。（按：另有一女因家里女孩过多，刚出生便送给了奶妈抚养）孙彩霞一九六七年冬心脏病复发去世。王济诚于一九八九年去世。

小姐姐孙飞霞（一九二五～一九三九），曾就读于乌镇立志小学，毕业后亦到嘉兴省立二中求学，期间因染病回家诊治，医治无效后去世。

编

年

一九二七年（民国十六年）一岁

◎三月十七日（农历二月十四日），生于浙江省桐乡县乌镇东栅太平桥（一说栏杆桥）畔的孙家老宅。

◎据自制年表一、二（见附录）显示，从出生至一九三五年一直在乌镇。

◎是年，祖父孙秀林病逝于老宅。

一九三一年（民国二十年）五岁

◎是年，举家迁往财神湾新居（今财神湾一八六号木心故居纪念馆所在地），人称孙家厅和孙家花园。

按：房产为孙秀林在世时花了上千银圆从孔家购得，原为孔家的部分房屋和花园。

事也凑巧,有财神湾西首的孔某,在外埠另展宏图,意欲卖去老屋。孔某宅园的东首是徐家厅,住有一位饱学的徐老夫子,再过东就是财神湾了。那位徐老夫子后来成为孙秀林儿子的启蒙老师。

孙秀林瞅准当口,花了上千银圆买了下来,略事修葺和增建。从此,半爿孔家厅和孔家花园,变成了孙家厅和孙家花园。(邵传统、王松生、徐家堤:《东栅孙家厅:绍帮移民孙秀林和其家人》,《乌镇掌故续编》,徐家堤主编,珠海:珠海出版社,2006年,188页)

按:孔家即孔另境家。孔另境(一九〇四~一九七二),原名令俊,字若君,笔名东方曦、隽、君玉等,茅盾夫人孔德沚胞弟,散文家、剧作家、编辑出版家。著有《斧声集》《庸园集》等,选编有《现代作家书简》《小说史料》《剧本丛刊》等。将房屋与花园售给孙家的应该是孔另境之父孔祥生。据孔另境自述,其父"为一纨绔子弟,不习文墨。祖父逝世后,即将家产挥霍殆尽,并将住屋也售去"。(孔另境:《孔另境自传》,《孔另境先生纪念文集》,乌镇孔另境纪念馆编,上海:上海文艺出版社,2014年,347页)

孙家厅在乌镇东栅财神湾西首,临街下岸三间楼房,靠河处有专用"桥洞"(河埠);临街上岸也是三间楼房(俗称一直落),中间正对头墙门,留有一条出入的过道。六间楼房的楼下起阁较高,以利开店营业,楼上起阁较低,为了营业,居处只好将就一点了,这是乌镇沿街店面房舍的特色。孙家曾租给他人开店，收租生息。上岸曾开过茶叶店、糖果茶食店和染店，乌镇有名的朱家馆——朱德泰就开设在下岸，专营包酒菜和门市供应，颇具特色。

头墙门用铁皮包裹，钉有"漫天星"，有一对黄铜狮首衔环。门坊颇有气派，额有"五世其昌"四个砖雕大字，这大概是孙秀林的一生期望，也可能是孔家留下的旧貌。

墙门内是宽阔的石板天井，走上街沿进入三开间平厅，正中挂有"积善堂"匾额，白底黑字古朴苍劲。这堂名不知是孙秀林的主意，还是绍兴老家的沿袭。"积善人家庆有余"是祖训，是孙秀林的自励和对子孙的启迪。有人云"富不过三代"，恐怕孙秀林也有此后顾之忧。

平厅的屏门和两壁挂有中堂、书画，一式台条几椅，俨然是乌镇厅堂的规范格式。陌生人进门观望，还当作是"书香人家"。平厅的翻轩下三间一统是落地堂窗，裙板上刻有"精忠岳传"浮雕，上半扇是花格玻璃窗。后檐中间也是落地堂窗，眉板、裙板和脚板上刻有花卉、羽毛等吉祥物，两边是矮墙，上有统间花格玻璃窗。

玻璃始兴于法国，中国人能制造玻璃为时较晚，为此起始时价格不菲。据说孔家厅原来是花格蛎壳窗，是孙秀林刻意改装的，这也反映了当年孙秀林的经济实力和他见过世面的眼界之广宽。

二墙门靠近平厅的后檐。进得二墙门也是石板天井，两边有东西厢楼，连接北边的三间楼厅。东厢楼下是账房间，西厢楼下是会客间，楼厅下用可以装卸的板障分隔成三间，中间是客堂间，两旁是膳堂间和起居间，楼梯在退堂的东边，所有前后檐的托几、雀替，以及楼梯栏杆也有精美的雕刻，而前后堂窗的裙板上刻有二十四孝等浮雕，和前埭平厅的浮雕呼应为"忠孝传家"，这是孔家的遗物。厅上厅下，都是花格玻璃窗，所以十分亮堂。如有红白喜庆，楼下卸去板障就是一所三开间的堂楼，更显气派。墙门大开之时，人站在街上北望，可见层层叠叠，直透三埭楼厅的屏门上的锦幔字画，有点"侯门深如海"的华丽气概。楼上连厢楼折隔成十间房间，这就是老太太的佛堂间与儿孙辈的宿处和书房间，以及下人等的寝处了。

紧接楼厅是东西相向的两排平坡，各有三五间之多，西坡是堆栈和柴间，东坡是灶间和下人房舍，是孙秀林自造的。平坡的北端中央是一个圆洞门，顺着东西平坡中间的石板甬道，穿过圆洞门，就是后花园了。

花园占地不广，原是孔家花园的一隅，但也有亭台、假山和鱼池，连同花草树木当是原来主人孔家之物，也算是孙秀林夫妇颐养天年之所了。（邵传统、王松生、徐家堤：《东栅孙家厅：绍帮移民孙秀林和其家人》，《乌镇掌故续编》，徐家堤主编，珠海：珠海出版社，2006年，188—190页）

一九三二年（民国二十一年）六岁

◎入学，就读于乌镇东栅集贤坊小学。

按：集贤坊小学校长为徐冠英（一八九三～一九七一），原姓施，幼时因家里无力抚养被送给徐姓人家，故改姓徐，取名家城，字冠英，乳名连松。十四岁入乌镇中市云绵绸布店当学徒，自学不辍，后就读于桐乡县师资讲习所，毕业后回乌镇集贤坊小学任教员。几年后因工作勤奋，教学有方，升任校长，并与同事李爱文结为连理。徐冠英虽性格内向，却崇尚进步，和族兄、同盟会会员徐家驹为莫逆之交，受其影响，笃信三民主义。（参见2001年版《乌镇志》、2003年版《乌镇掌故》等）

一九三三年（民国二十二年）七岁

◎是年，父亲孙德润去世。

按：孙德润的去世时间，邵传统等人误作一九三一年。

我七岁丧父，只记得家里纷乱，和尚尼姑，一片嘈杂，但我没有悲哀。自己没有悲哀过的人，不会为别人悲哀，可见欣赏艺术必得有亲身的经历。（木心讲述、陈丹青笔录：《文学回忆录》，桂林：广西师范大学出版社，2013年，594页）

◎是年，转入位于观后街的私立敦本初级小学就读。

按：乌镇私立敦本初级小学系乡绅徐棠（一八六六～一九四〇）于一九〇六年出资创办。木心就读时的校长是颇负名望的老学究徐期百，偏重古文教学。（参见2001年版《乌镇志》、2003年版《乌镇掌故》等）

◎七月下旬，茅盾携全家回乌镇参加祖母逝世一周年的除灵入葬仪式，前后一周时间。

按：茅盾（一八九六～一九八一），原名沈德鸿，字雁冰。浙江桐乡乌镇人。"五四"新文学运动先驱，代表作有长篇小说《子夜》等。新中国成立后历任文化部部长，中国作家协会主席，全国政协副主席等职。木心于少年时就在乌镇见过茅盾，当时木心称他为"德鸿伯伯"，但这只是邻里之间的一种亲昵的称呼，并不能说他们之间就有亲戚关系。（参考拙作《木心与茅盾》，《木心逝世三周年纪念专号：〈温故〉特辑》，刘瑞琳主编，桂林：广西师范大学出版社，2015年）由于木心当时年龄尚幼，交往和交流一定不会深入，彼时茅盾在木心心中更多的是邻里"口碑上"的印象：

当已经成名的茅盾坐了火轮船，卜卜然地回到故乡乌镇，从来惊不皱一池死水，大家连"茅盾即沈雁冰"的常识也没有，少数通文墨者也只道沈家里的德鸿是小说家，"小说家"，比不上一个前清的举人，而且认为沈雁冰张恨水顾明道是一路的，概括为"社会言情小说"，广泛得很。

茅盾回家，旨在省母，也采点《春蚕》《林家铺子》这类素材。他不必微服便可出巡，无奈拙于词令，和人兜搭不热络，偶上酒楼茶馆，旁听旁观而已，人又生得矮瘠，状貌像一小商人，小商人们却不认他为同伙。

在乌镇人的口碑上，沈雁冰大抵是个书呆子，不及另一个乌镇文人严独鹤，《申报》主笔，同乡引为光荣，因为《申报》是厉害的，好事上了报,坏事报上了,都是天下大事,而小说,地摊上多的是,风吹日晒,纸都黄焦焦,卖不掉。(木心:《塔下读书处》,《木心谈木心:〈文学回忆录〉补遗》,木心讲述、陈丹青笔录,桂林:广西师范大学出版社,2015年,27页)

一九三四年(民国二十三年)八岁

◎是年,正式从师开始学习中国传统水墨画。

按:据台湾《联合文学》创刊号中的《木心小传》:"八岁习画。"

我家坐落于幽僻的水乡古镇,难得随长辈到都市来游览。自幼只可能在纸上用水墨写写梅兰竹菊,若要以五色油彩借麻布表现湖光山色,这辈子,太渺茫了……

童年的我之所以羡慕画家,其心理起因,实在不是爱艺术而是一味虚荣,非名利上的虚荣,乃道具服装风度上的兴趣的虚荣,因此仍可还原为最低层次的爱美。(木心:《战后嘉年华》,《鱼丽之宴》,木心著,桂林:广西师范大学出版社,2009年,109—110页)

◎春,茅盾将母亲从上海送回乌镇,并请泰兴昌纸店经理黄妙祥负责翻修老屋后院的三间平房,茅盾为此亲自画了一张新房草图供黄妙祥参考。

按：黄妙祥系绍兴移民，早在光绪末年，黄妙祥就操劳宁绍会馆的运营。宁绍会馆为宁绍帮的联络议事之所，也供客死他乡的宁绍同乡暂时停放灵柩，贫富相济、有难同当。黄妙祥和沈家特别是茅盾本人有着亲密的关系。茅盾的曾祖父沈焕还在汉口经商时，曾汇款回家让长子沈恩培（茅盾祖父）开了一家泰兴昌纸店。纸店坐落于乌镇镇中心的应家桥北堍下岸，两间店面面街临河，以经营纸张、摺簿、锡箔为主，同时内设刻字柜，由一位姓傅的师傅经营。开店伊始，纸店的经理是沈焕的一个侄子，沈培恩则负责监督业务。但两人均不善经营，待一八九七年底沈焕回乡安度晚年时，盘查店务后撤了两人的职，同时提拔了当时只是纸店刀手（切纸工）的黄妙祥为经理。沈焕于一九〇〇年秋逝世，三子分家后泰兴昌归沈恩培所有，但沈恩培无意经商，仍由勤勉的黄妙祥继续任经理。（参见邵传统、王松生、徐家堤《东栅孙家厅：绍帮移民孙秀林和其家人》及拙作《木心与茅盾》）

我在一九三三年夏回乡为祖母除灵时，发现乌镇的老屋现在清净了，只住着我母亲和四叔一家。老屋后面那个有三间平房的小院，更见幽静。……但三间平房已坍塌，需要翻修。我同德沚商量，她也同意，并补充道："房子修好了，妈妈可以搬进去住，你那一大堆洋装书，也可以搬一些到乌镇存起来，免得搬一次家受一次罪。"［茅盾：《一九三五年记事》，《我走过的道路》（中），茅盾著，北京：人民文学出版社，1984年，269页］

◎秋，乌镇茅盾旧居后院的三间平房在黄妙祥的操持下翻修一新，茅盾亲自回乌镇验收。本年冬至明年春，茅盾夫人孔德沚上海、乌镇之间来回跑了多趟，从上海运回一批家什和十几箱书。

一九三四年秋后，房子盖好了，我亲自去乌镇"验收"，也为了接母亲来上海过冬。黄妙祥陪我看了新房子，果然不错，尤其木工做得细致。室内光线充足，很合我的意。黄妙祥笑着说道："镇上已经有不少人来参观过了，都说这是沈家大少爷亲自设计的洋房，要来开开眼界。"我也笑道："这算是什么洋房呀，不过还实用罢了。"这时候室内还没有家具，我就把布置房间，美化环境的任务交给了德沚。后来，那年冬季和第二年春季，德沚在上海、乌镇之间来回跑了几趟，从上海运去了一套沙发，十几箱书（其中有一套商务印书馆出版的百衲本《二十四史》）……[茅盾：《一九三五年记事》，《我走过的道路》（中），茅盾著，北京：人民文学出版社，1984年，271—272页]

一九三五年（民国二十四年）九岁

◎据自制年表二显示，本年至一九三六年曾一度在湖州。

◎是年，敦本初级小学并入植材小学，木心随往植材小学插入三年级就读。木心在植材小学就读时的同学有徐家堤、魏午堃、钱履坤、陆渠清、吴柏松、沈铃（沈罗凡）、沈品年等。

按：植材小学由乡绅沈善保（一八六九～一九三九，字和甫）于光绪二十八年（一九〇二）出资创建，原名乌青镇中西学堂，校址在东栅孔家祠堂，为当时县内第一所新式学校。从该校毕业的知名人士有作家茅盾、作家孔另境、报人严独鹤、画家徐昌铭等。（参见2001年版《乌镇志》、2003年版《乌镇掌故》等）

这所学校儒学为本，西学为用，开设经史（后改国学）、英文、数理化和体操等课程。一九〇七年迁北栅奉真道院（北宫），占用三元阁、斗姥阁等殿庑房舍，更名乌青镇植材高等小学。逐年扩建校舍，开辟操场，增添图书仪器等各种设备。图书馆藏书丰赡，更有诸子百家经疏，名人文集列传，《通鉴辑要》、《万有文库》（卢学溥赠）、《古今图书集成》、《二十四史》（沈善保赠）、《小学生文库》（沈雁冰赠）等珍贵图书。一代文豪茅盾（沈雁冰）于一九〇七至一九〇九年曾就读于该校。（高玉林：《木心的家世和早年生活》，《木心逝世三周年纪念专号：〈温故〉特辑》，刘瑞琳主编，桂林：广西师范大学出版社，2015年，20—21页）

据植材小学老校长潘尔昌回忆，木心是"年龄最小的，但是聪明好学，常到图书馆借阅古书，周末学校演出童话短剧他也会参加"。……

钱履坤亦回忆道，一次他与木心"一同去东栅（集贤小学）给小同学吹上一曲口琴，孙仰中有一只可以双面吹奏的大口琴。其父亲故世（木心七岁丧父），挽联是木心自己写的，字迹清秀，所以，联想起孙仰中本人的性格和一切,他是瘦长个子,眉目清秀,聪明好学,他性格内向……"(高玉林:《木心的家世和早年生活》,《木心逝世三周年纪念专号:〈温故〉特辑》,刘瑞琳主编,桂林:广西师范大学出版社,2015年,21页)

我们小时候的小学教科书,有许多世界名著。唱莫扎特,我们却不知道。那时我就在教科书上读到了勃朗宁的诗,非常喜欢,叫做《花衣吹笛人》。(木心讲述、陈丹青笔录:《文学回忆录》,桂林:广西师范大学出版社,2013年,526页)

◎九月,茅盾回乌镇停留两个月,期间创作了中篇小说《多角关系》。

一九三六年(民国二十五年)十岁

◎自制年表一显示本年在祖籍地绍兴,自制年表二则显示本年仍在湖州。实情如何,有待考辨。

◎十月十四日,茅盾回乌镇,约待了十天。期间痔疮发作,不能行动,以致在得知本月十九日鲁迅去世的消息后也无法赶回上海参加鲁迅的治丧活动。

一九三七年（民国二十六年）十一岁

◎七月七日，日军悍然发动"七七事变"，中日战争全面爆发。

◎十一月十九日下午，日军进驻乌镇，乌镇被占领。

按：日军占领乌镇后便开始了烧杀抢掠，八年间共造成近六百人伤亡，伤亡人数占桐乡境内各乡镇首位。

日军侵华后，一九三七年十一月十九日，魔爪伸向乌镇。这天下午，阴霾细雨，日军数百名从吴江县平望方向进入乌镇北栅。一进镇，就纵火烧房。晚上，日军驻西栅的西高桥一带，强行敲开店铺住户，入内住宿。其中一股日寇在雨中闯进费姓民家，有两名从青岛来乌避难的妇女惨遭强奸，户主婶侄两人早已躲入大批竹器中，才免受辱。次日，日军向东、南、北三栅搜索，枪杀了医生姚景新、植材小学传达室工友皇甫贻生、南栅糖坊张金荣等十多人，并抓走了沈乐笙和南栅新桥弄口酱鸡店沈姓小老板。当天上午，日军由水路开往双林，临撤走时又放火烧了西高桥两旁民房十数间。（沈侃铮、徐家业、张森生：《日军在乌镇的罪行》，《桐乡市抗战时期人口伤亡和财产损失调研成果汇编》，中共桐乡市委党史研究室编，北京：中共党史出版社，2010年，100页）

◎据自制年表一、二显示，本年至一九三八年在祖籍地绍兴。

一九三八年（民国二十七年）十二岁

◎据自制年表一显示本年在嘉兴，自制年表二显示本年还在绍兴。实情如何，有待考辨。

◎年初，百余名日军再度进驻乌镇，扎营于植材小学，对校舍进行了破坏。

他们把校内的课桌、教具烧光，校舍也被拆毁。最为可惜的是学校藏书楼中，历年珍藏的诸子百家木版孤本，以及整套《二十四史》《万有文库》等名贵文献，被洗劫一空，其损失之巨，实难估量。学校里的所有树木全被砍去建造碉堡。（沈侃铮、徐家业、张森生：《日军在乌镇的罪行》，《桐乡市抗战时期人口伤亡和财产损失调研成果汇编》，中共桐乡市委党史研究室编，北京：中共党史出版社，2010年，100—101页）

一九三九年（民国二十八年）十三岁

◎据自制年表二显示本年在乌镇。

◎乌镇沦陷后，植材小学难以为继，学生被遣散回家。孙家除了延续自家家教外还先后聘请了六位家庭教师，其中一人为前清举人，一人为东吴大学毕业生沈氏。木心不仅系统地阅读古文，还通过阅读课外书特别是大量外国作品，开阔了视野，培养了世界性的眼光。

故乡先遭轰炸、炮击、烧杀奸掠，后来就沦陷了，由汪伪政权组织的"维持会"来撑局面，百姓过的是近乎亡国奴的生活。我们小孩子唯一能做出的抵抗行动是，不上日本宪兵队控制的学校，家里聘了两位教师，凡亲戚世交的学龄子弟都来上课，毕竟没有一般小学中学的热闹生动。我就愈加偏爱于绘画、看课外书。画，已是"西洋画"，素描速写水彩，书，是"五四"以来成名的男女作家的散文和诗，以及外国小说的翻译本，越读越觉得自己不济，人家出洋留学，法兰西、美利坚、红海地中海、太平洋大西洋，我只见过平静的湖。人家打过仗、流过浪、做过苦工、坐过牢，我从小娇生惯养锦衣玉食，长到十多岁尚无上街买东西的经验。（木心：《战后嘉年华》，《鱼丽之宴》，木心著，桂林：广西师范大学出版社，2009年，111页）

我从小是在家里请家庭教师授业的，家里的藏书非常多，古文是有系统地读。再加上看一些世界性的书，我是读着《圣经》、希腊神话、莎士比亚的作品长大的。（陈晖：《木心：难舍乌镇的倒影》，《名仕》，2006年12月）

我在考入正式的大学之前曾是六个家塾教师的门生，四个是被淘汰了的，两个是历久不衰的学问家，教中国古典文的是前清举人，一代名儒，教西洋现代文的是东吴大学早几届的文科学士，杜威博士的高足，二师言之谆谆，诚心诚意要我学贯中西，我却是东风西风过耳即忘，此心不知道飘到哪里去了。（木心：《海伯伯》，《木心逝

世两周年纪念专号：〈温故〉特辑》，刘瑞琳主编，桂林：广西师范大学出版社，2014年，3页）

　　家庭教师无疑是饱学鸿儒，师生各得一"顽"字，师顽固，生顽劣，日本轰炸机在头上盘旋，先生要我写"忧国伤时"的诗，写不出，忽成一首七绝，三四两句是："大厦渐倾凭擎柱，将何良法挽神州？"老夫子摇头："束手无策，徒呼奈何？"我说："有策！""什么策？""将何、良法，萧何、张良的办法啊。"我心不在焉，想去开高射炮。（木心：《海峡传声：答台湾〈联合文学〉编者问》，《鱼丽之宴》，木心著，桂林：广西师范大学出版社，2009年，20页）

沈罗凡在孙家陪读。

　　我和他是植材小学同学。抗战初，植材小学遭日军焚毁，牧心母亲曾延请东吴大学毕业生沈氏家教，我在他家附读。（沈罗凡《怀念牧心》，转引自周乾康《木心的少年伙伴沈罗凡》，未刊稿）

　　开始接触大量的外国经典。

　　我的几个家庭教师中，有一位是新潮人物。他教我读《圣经》，简称"读熟五记、四福音，就可以了"。（木心讲述、陈丹青笔录：《文学回忆录》，桂林：广西师范大学出版社，2013年，72页）

我小时候心目中的诗人,就是雪莱、拜伦、普希金。秀丽,鬈发,大翻领衬衫,手拿鹅毛笔——那时看到这副样子,就觉得是诗人,羡煞,却没想到"诗"。(木心讲述、陈丹青笔录:《文学回忆录》,桂林:广西师范大学出版社,2013年,522页)

气质和品味,我更近瓦莱里。但我一直偏爱波德莱尔。不忘记少年时翻来覆去读《恶之花》和《巴黎的忧郁》的沉醉的夜晚。我家后园整垛墙,四月里都是蔷薇花,大捧小捧剪了来,插在瓶里,摆书桌上,然后读波德莱尔,不会吸鸦片,也够沉醉了。(木心讲述、陈丹青笔录:《文学回忆录》,桂林:广西师范大学出版社,2013年,601—602页)

叶慈是我少年期的偶像,一听名字,就神往,这种感觉我常有,许多人也有。(木心讲述、陈丹青笔录:《文学回忆录》,桂林:广西师范大学出版社,2013年,692页)

读到上海的时事性刊物《新生》。

边读边回忆少年时在故乡沉醉于《新生》的那段蒙昧而清纯的年月,双倍感怀——各有各的佛罗伦萨。(木心:《雪夕酬酢:答台湾〈中国时报〉编者问》,《鱼丽之宴》,木心著,桂林:广西师范大学出版社,2009年,46页)

按:《新生》,系杂志,周刊,一九三四年二月十日创刊,是上海生活书店出版的时事性刊物。名义上由杜重远任主编,实际由艾寒松主持。该刊继承邹韬奋主编《生活》周刊的宗旨，积极揭露日本帝国主义的罪恶，反对国民党当局对日妥协，主张抗日救国。该刊创刊号的主要栏目有：老实话、文化消息、随笔、小说、一周大事记等。创刊号上有杜重远写的发刊词，其中指出："本刊的宗旨是光明正大的，为求民族生存而奋斗；本刊的态度是无偏无党的，站在一般民众的立场；本刊的内容是深入浅出的，期成培养新知的园地。"

◎约在是年前后，在黄妙祥的帮助下向茅盾书屋借书，得以饱览世界文学名著。

按：孙家与黄妙祥既是老乡又沾亲带故。起初孙秀林与黄妙祥颇有交情，宁绍会馆的营建和运作，孙秀林也出了不少钱和力。绍兴移民子女嫁娶，首选同乡人，孙彩霞与王济诚的婚事也是黄妙祥一手撮合的。

抗日战争时期，茅盾先生携眷生活在内地，沈太夫人大概已经逝世，沈家的老宅，我三日两头要去，老宅很普通，一层楼，砖地，木棂长窗，各处暗沉沉的，再进去，豁然开朗，西洋式的平房，整体淡灰色调，分外轩敞舒坦，这是所谓"茅盾书屋"了，我现在才如此称呼它，沈先生不致自名什么书屋的，收藏可真丰富——这便是我少年期间身处僻壤，时值战乱，而得以饱览世界文学名著的琅嬛福地了。

……茅盾的回忆录中大事表彰的"黄妙祥"，就这样常来道说沈家事，又不知为什么我叫他"妙祥公公"，黄门与沈门四代通家之好，形同嫡系，我的二表哥是黄门女婿——由此可见一个古老的重镇，世谊宿亲，交错累叠，婚来姻去的范围，不外乎几大氏族，一呼百应，周旋固是顺遂，恐怕也就是因循积弱的原委了。

我对沈氏的宗谱无知，对茅盾书屋的收藏有知，知道了把凡是中意的书，一批批拿回家来朝夕相对。

事情并非荒唐，那年月，沈宅住的便是茅盾的曾祖父特别信任的黄妙祥一家人，……黄家住着就是管着，关于书，常有沈氏别族子弟来拿，不赏脸不行，取走则等于散了，是故借给我，便算是妥善保存之一法，说："你看过的书比没有看过还整齐清爽。"那是指我会补缀装订。（木心：《塔下读书处》，《木心谈木心：〈文学回忆录〉补遗》，木心讲述、陈丹青笔录，桂林：广西师范大学出版社，2015年，28—30页）

少年在故乡，一位世界著名的文学家的"家"，满屋子欧美文学经典，我狼吞虎咽，得了"文学胃炎"症，后来想想，又觉得几乎全是那时候看的一点书。（木心：《海峡传声：答台湾〈联合文学〉编者问》，《鱼丽之宴》，木心著，桂林：广西师范大学出版社，2009年，20页）

读到高尔基、巴比塞以及大量"五四"新文艺作家的作品，其中特别看重茅盾在古籍中留下的批注。木心认为茅盾的传统文学修养不在周氏兄弟之下：

世界文学经典是诚惶诚恐的一类，高尔基题赠、巴比塞们签名惠寄的是有趣的一类，"五四"新文艺浪潮各路弄潮儿向茅盾先生乞政的是多而又多的一类，不少是精装的，版本之讲究，在中国至今还未见有超越者，足知当年的文士们确凿曾经认真，曾经拼力活跃过好一阵子。古籍呢，无甚珍版孤本，我看重的是茅盾在圈点、眉批、注释中下的工夫，茅盾的传统文学的修养，当不在周氏兄弟之下。看到前辈源远流长的轨迹，幸乐得仿佛真理就在屋脊上，其实那时盘旋空中的是日本轰炸机，四野炮声隆隆，俄而火光冲天，我就靠读这许多夹新夹旧的书，满怀希望地度过少年时代。（木心：《塔下读书处》，《木心谈木心：〈文学回忆录〉补遗》，木心讲述、陈丹青笔录，桂林：广西师范大学出版社，2015年，30—31页。）

靠读书来"自救"，其中读到郑振铎的《文学大纲》和《鲁拜集》译本：

我少年时，江浙地区的书香门第都已败落，而富裕人家多数是醉生梦死，少数热血青年则投奔革命，吴文化根本不成气候。我的"自救"，全靠读书，"书"是最神奇最伟大的，十三四岁时我已将《文学大纲》（郑振铎主编）通读了几遍，后来在纽约开讲《世界文学史》，几乎全凭当年记忆。（李宗陶：《木心：我是绍兴希腊人》，《南方人物周刊》，2006年第26期）

我在十三岁时见到《鲁拜集》译本，也爱不释手。奇怪的文学因

缘，凭本能觉得好。（木心讲述、陈丹青笔录：《文学回忆录》，桂林：广西师范大学出版社，2013年，529页）

对于儿时所受的教育，木心晚年回顾说：

……我的两个家庭教师，其一毕业于教会大学，这样，希腊神话，四书五经，《圣经》，同时成了必须背诵的。我想，我常常想，如果没有这些西方吹来的影响，我会是怎样一个人？每次都想不下去。

西方人如果没有接受东方文化的影响，是欠缺、遗憾，而东方人如果没有接受西方文化，就不止是欠缺、遗憾。是什么呢？亚洲、非洲、拉丁美洲的一流作家，谁接受欧罗巴文化深，谁的自我完成就更出色，如有例外，外到哪里去？现代文化的第一要义是整体性。文化是风，没有界限。我们只有一个地球，只有一个教师。我的开口奶是白牛奶，但这之前，中国文化的黄连和蜜水也喂过我呀——如此回顾，好像真的找到了我的起点（不能讲是终点）——我在威尼斯买了一面镜子，照照，发现我还是一个黄肤黑发的中国人——西方文化是我的施洗约翰，美国是我的约旦河，耶稣一直在我心中。（木心讲述、陈丹青笔录：《木心谈木心：〈文学回忆录〉补遗》，桂林：广西师范大学出版社，2015年，139—140页）

一九四〇年（民国二十九年）十四岁

◎据自制年表二显示本年在嘉兴。应是避居嘉兴，住在表哥邵传统家。

按：邵传统（一九一八～二〇〇六），浙江桐乡乌镇人，一九四二年参加工作，一九五六年十二月加入中国农工民主党。历任嘉兴建西联合诊所主任，嘉兴联合医疗机构管委会主任，嘉兴市中医院眼科主任、副院长、顾问，嘉兴市一届、二届人大常委会副主任，中国农工民主党嘉兴市委员会一届、二届主任委员。

乌镇沦陷后，抗日志士和一些散兵游勇纷纷组织游击队抗日。一时间泥沙俱下，良莠不齐，几乎个个声称"筹措军饷抗日"，而向中产以上人家敲诈勒索。孙家也收到几次"恐吓信"，被敲诈了不少钱财。木心和他母亲沈珍眼看在乌镇待不下去了，就外出"避难"，乌镇家业由管家郑阿海（海伯伯）留下看守。母亲带着木心先去嘉兴投亲"避难"。当时，木心的表哥邵传统在嘉兴开设禾光眼科医院，已小有名气。患难见真情。邵传统对他们母子悉心照拂，代为租屋安顿。（高玉林：《木心的家世和早年生活》，《木心逝世三周年纪念专号：〈温故〉特辑》，刘瑞琳主编，桂林：广西师范大学出版社，2015年，24页）

对于嘉兴，木心有深刻的记忆，据他自述是在嘉兴时开始创作俳句，还曾在此求学：

嘉兴，我是熟悉的，曾住在天后宫弄，燕诒堂，求学于"模范小学"。北大街，张家弄，寄园，南湖，都在我的忆念中。说来你们不信，那时我已经开始写"俳句"了。换句话说，我的俳句的诞生地是嘉兴。（沈秀红、孙飞翔：《木心先生六日在乌镇度中秋》中所引木心的话，《嘉兴日报》，2006年10月7日）

◎写作初露锋芒，并有少量作品开始发表。

我最早投稿，十四岁。在湖州、嘉兴、上海。退稿倒没有，但少量发表。后来几十年没有投稿，出国后，又开始投稿。（木心讲述、陈丹青笔录：《木心谈木心：〈文学回忆录〉补遗》，桂林：广西师范大学出版社，2015年，95页）

小学时代，我的作文还真不错，我说："姐姐，帮我开个头！"姐姐便执笔破了题，我说："你这样写，叫我怎样接得下去呢？"姐姐嗔道："真笨……"她承之转之，全文已得四分之三。我说："唉，最后的感想最难了！""有什么难。"她又捉笔瑟瑟草就扔给我，我赶快称赞："姐姐真聪明！"看到她的笑容，便知下次求她再写是不成问题的。

可是抗日战争爆发了，不上学。家庭教师，当堂交卷，苦苦混到十四岁，明里五绝七律四六骈俪，暗底写起白话新体诗来，第一首是这样：

时间是铅笔，

在我心版上写许多字。

时间是橡皮，

把字揩去了。

那拿铅笔又拿橡皮的手

是谁的手？

谁的手。

从此天天写，枕边放着铅笔，睡也快睡着了，句子一闪一闪，黑暗中摸着笔，在墙上画，早晨一醒便搜看，歪歪斜斜，总算没逃掉，例如：

天空有一堆

无人游戏的玩具，

于是只好

自己游戏着

在游戏着，

在被游戏着。

又如：

画一座琪花瑶草的无人岛，

画许多白帆向它飘

这也是膏笔的圆谎么

渐渐积多了，在嘉兴、湖州、杭州、上海的报刊上发表。记得有次寄出稿件后，卜了一签——"小鸟欲高飞，虽飞亦不远，非关气力微,毛羽未丰满。"好厉害!上帝挖苦我,我不再写诗而专心画图了。(木心:《海峡传声:答台湾〈联合文学〉编者问》,《鱼丽之宴》,木心著,桂林:广西师范大学出版社,2009年,15—17页)

按:以上引文中的三首诗是目前可知的木心现存最早的文学作品。

◎与湖州一女孩每周通一信,交流读《圣经》心得。

我少年时有个文字交的朋友,通了五年信,没见面。她是湖州人,全家信基督。她的中学、大学,都是教会学校,每周通一信,谈《圣经》,她字迹秀雅,文句优美。她坚持以上的论点,我则力主《新约》的文学性、思想性胜过《旧约》。……后来我们在苏州东吴大学会面,幻想破灭。再后来她转入南京神学院,信也不通了。《旧约》没有能使她爱我,《新约》没有能使我爱她。……当时我十四岁,她十五岁。(木心讲述、陈丹青笔录:《文学回忆录》,桂林:广西师范大学出版社,2013年,70—71页)

一九四一年(民国三十年)十五岁

◎据自制年表二显示本年在乌镇。

一九四二年（民国三十一年）十六岁

◎十月三日，日军与国军在财神湾发生冲突，随后日军借口居民中藏有游击队，放火焚烧从化坛桥到财神湾一带房屋一百多间，并架起机枪，不许市民救火。

一九四一年乌镇四乡的游击队不时在镇上出没。日军熊谷部队慑于我游击队机动灵活的战术，龟缩在南栅河西张家花园里面的巢穴中，一二人不敢轻易上街。十月三日下午二时，五名日军带领翻译胡公敢和姘妇杨阿凤、情报员韩田娜，去东栅搜查，行经财神湾处，碰到一九二师一一一八团班长李宗海。李立即掷去一枚手榴弹，炸死日军一人及胡公敢。当日军集合三十人杀来时，李班长等已无踪影。日军借口居民中藏有游击队，立即放火烧房。从化坛桥西起，到财神湾一带，到处点燃，并架起机枪，不许市民救火。还杀害居民一人，打伤两人。大火自中午烧起，烈焰冲天，终夜不息，共烧掉房屋一百多间。（沈侃铮、徐家业、张森生：《日军在乌镇的罪行》，《桐乡市抗战时期人口伤亡和财产损失调研成果汇编》，中共桐乡市委党史研究室编，北京：中共党史出版社，2010年，101—102页）

◎秋，据自制年表二显示在嘉兴。

一九四三年（民国三十二年）十七岁

按：自制年表一本年所标示的年龄为十六岁，乃周岁。

◎春，前往杭州报考国立杭州艺术专科学校（以下简称"杭州艺专"）。

按：据木心自制年表二显示，本年春至一九四五年年底均在杭州。自制年表一却显示本年在乌镇，秋季在嘉兴。互有出入，详情待考。另，木心在《海外作家木心独家专访："我不是什么国学大师"》的访谈中说"我十五岁就离开家到杭州"，记忆有误，应是十七虚岁。（曾进：《海外作家木心独家专访："我不是什么国学大师"》，《外滩画报》，2006年3月5日）

木心离开乌镇的原因有多方面，其一是为了报考杭州艺专，为此遭到家人的反对。

我明知国立艺专迁到内地去了，然而我是抱着投考艺专的心情和意图来的，时常在平湖秋月、罗苑、孤山、西泠印社那一带踽踽独行。（木心：《战后嘉年华》，《鱼丽之宴》，木心著，桂林：广西师范大学出版社，2009年，112页）

从小我就喜欢画画，喜欢文学，而家里希望我读法律或医学。我不愿意学那些，但是整个家族都反对，反对得很厉害。（曾进：《海外作家木心独家专访："我不是什么国学大师"》，《外滩画报》，2006年3月5日）

我怨的是自己家庭的纠纷，使我童年受苦，决心出走。（沈秀红、孙飞翔：《木心先生六日在乌镇度中秋》，《嘉兴日报》，2006年10月7日）

其二是逃婚，向往丰富的人生经历。

老家静如深山古刹，书本告诉我世界之大无奇不有，丰富的人生经历是我所最向往的，我知道再不闯出家门，此生必然休矣——一天比一天惶急，家庭又逼迫成婚，就像老戏文中的一段剧情，我就"人生模仿艺术"，泼出胆子逃命。此后的四十年是一天天不容易过也容易过。（木心：《海峡传声：答台湾〈联合文学〉编者问》，《鱼丽之宴》，木心著，桂林：广西师范大学出版社，2009年，21页）

◎到杭州后爱上逛旧书店并大量购书，最嗜读的是十九世纪英、法、德、俄等国文学家、音乐家、画家的传记。

杭州旧书店多多，多到每天只要我出去逛街，总可以选一捆，坐黄包车回来。最嗜读的是"欧洲艺术家轶事"之类的闲书，没有料到许多故事是好事家捏造出来逗弄读者的，我却件件信以为真，如诵家谱，尤其是十九世纪英、法、德、俄的文学家音乐家画家的传记，特

别使我入迷着魔。(木心:《战后嘉年华》,《鱼丽之宴》,木心著,桂林:广西师范大学出版社,2009年,112—113页)

十七岁到杭州,我不喜欢西湖,胸中充满着崇高伟大的理想,最好是看到高山大海,悬崖峭壁,所以要听贝多芬,要读莱蒙托夫……我的童年少年很苦闷,没有心情接受普希金那种典雅的美。倒是暴烈、粗犷的美容易起共鸣。但要说真正理解,十六七岁的人不足以认知贝多芬,也谈不上懂得莱蒙托夫。(木心讲述、陈丹青笔录:《文学回忆录》,桂林:广西师范大学出版社,2013年,636页)

◎住在盐桥附近的蘋南书屋,日常生活由女佣料理,自己一心要做知易行难的艺术家。期间到思澄堂随范牧师学钢琴,作印象派油画。因追求西化被亲友批评,遂尝试与世家子弟交游,终因理念不同而作罢。

一九四三年,我住在盐桥附近的"蘋南书屋",女佣料理日常琐事,我独进独出,一心要做那种知易行难的艺术家,书越买越多,画则全作油画,走的大致是印象派的路子,喜欢尤特里罗,他的街头风景,也不是实地写生的。下午三时至六时,照例在"思澄堂"范牧师那里练琴,钢琴,每月付学费。

藏青哔叽学生装、黑呢西装、花格羊毛衫、灯芯绒裤子……意思是我当初一袭长袍揖别故乡的,到得此时在外表上全盘西化了,这是四十年代初的浙江小镇上所做不到的。某日家信至，内示凡有从杭州回乡的亲戚长辈，都认为我单身在外，无人督导，显得华而不实——我深感委屈了，与我所梦想的"艺术家"相比，我真是表不及里、里不及表……更滑稽的是，我自以为处于"流浪""失恋""奋斗"的进程中，艺术家不是都要这样折腾，千锤百炼，然后一举成名的么，家书中之所以有此一番旁敲侧击的"庭训"，猜想是"蘋南书屋"主人，袁老夫子对我的批评，他是我姐夫的业师，精鉴赏，富收藏，而对"西洋画"无知识，有成见。我初入"蘋南"，老夫子每来夜谭，看了我带出来的山水花卉和隶真行草，以为然，孺子可教。不久，我弃长衫布鞋，取西装革履，满屋油彩气味，画具画材狼藉，难怪老夫子要在他给我姐夫的信中，来那么一句"华而不实"。好在他怕闻油彩气味，夜谭从此不继。

居有顷，母亲来杭州办事，当然也是为了要看看儿子，我想不免要甄检"华"与"实"的公案，结果陪母亲游山泛舟，逛街选物之余，添置了秋冬大衣各一、英国纹皮皮鞋、瑞士名牌金表，还印了几匣名片。母亲说："先一步步学起来，以后就老练，独个子在外面，要懂交际，别让人家瞧不起。"我趁势问了那讥评的来源，诚然是"蘋南书屋"主人的高见，母亲笑道："真的华而不实倒先得一'华'，再要得'实'也就不难，从'华'变过来的'实'，才是真'实'，你姐夫，实而不华，再说也华不起来，从前你父亲是正当由华转实，无奈去世了，否则我们这个家庭也不致如此，我是说，你要'华'，可以，得要真华，浮华可不是华……"

编　年

母亲归去后，我尝试与杭地的几许名门世家的子弟辈作交游。其中擅书画的那些个，都各有师承，谨守传统"六法"，一派仿作，毫无才气，更使我惶惑不解的是，他们在艺术上根本无视"现代"，意识不到欧罗巴（世界性艺术）的存在和发展，而生活享受呢？却来得个会赶时髦，西方物质文明的种种新鲜玩意儿，他们捷手先得，自命不凡，男男女女凑在一起时，像是谈恋爱，又不见得真相干，这种场合和氛围，使我废然退出，仍旧回到"蘋南书屋"，在"印象派""野兽派""立体派"的概念丛里，走我自以为是的"路"，而且有点明白何以"西湖边上没有画家在写生"的道理了，既然艺专因战事迁去内地，杭州就没有主流的"洋画"，只有支流的"国画"——我像离群之雁，只等艺专回来，才有入群齐飞的可能。而就这样孤雁单飞，也不失为一种自强的训练，与所谓名门世家的后代的交游经验，使我知道"浮华"真的只是"浮"而不是"华"。（木心：《战后嘉年华》，《鱼丽之宴》，木心著，桂林：广西师范大学出版社，2009年，113—115页）

◎是年，在杭州举办平生第一次个人画展。

八岁学画，十七岁在杭州开了一次成功的画展。（陈英德：《也是画家木心》，《联合文学》创刊号，1984年11月1日，61页）

◎是年前后，到过上海，在上海初次读到张爱玲的散文。

我初次读到张爱玲的作品是她的散文,在一九四二年的上海,在几本杂志间,十五岁的读者快心的反应是:鲁迅之后感觉敏锐表呈精准的是她了。(木心:《一生常对水精盘:读张爱玲》,《作别张爱玲》,陈子善编,上海:文汇出版社,1996年,126页)

按:"一九四二年"系木心误记,当为"一九四三年"。

一九四四年(民国三十三年)十八岁

按:自制年表一本年所标示的年龄为十七岁,乃周岁。

◎据自制年表一显示本年春在杭州。

◎是年,作诗《英国》。

一九四五年(民国三十四年)十九岁

◎是年,一直在杭州等着报考杭州艺专,但该校迟迟未迁回。

◎八月,日本宣布投降。上海美术专科学校(以下简称"上海美专")在上海菜市路原址筹备复员。九月二日,参加对日作战的同盟国代表接受日本投降,签字仪式在停泊于日本东京湾的美军军舰"密苏里"号上举行,抗日战争胜利结束。

◎九月，上海美专校长刘海粟复职视事，十五日新学期开学，二十日正式上课。此为民国三十四年度第一学期，木心尚未入学。

按：刘海粟（一八九六～一九九四），名槃，字秀芳，号海翁。江苏常州人。现代杰出画家、美术教育家。一九一二年与乌始光、张聿光等创办上海图画美术院，后改为上海美术专科学校，任校长。任上海美专校长期间，倡导美术改革，成就卓著，被誉为近代美术教育事业的奠基人、拓荒者。据陈丹青回忆，木心曾忆及他在上海美专求学期间因文笔突出刘海粟一度想让他做自己的秘书，遭木心婉拒。

◎抗战胜利后，与沈罗凡、邵传发、徐宜诚在乌镇创办《泡沫》刊物，为八开油印物。此时发表文章用的笔名是"罗干"，负责编写诗歌、散文，文字"幽美清雅，富于情致"。《泡沫》总共出了五期，因反对政府摊派国民捐款，被迫停刊。

按：一九九六年版《桐乡县志》误作"民国三十五年（一九四六）四月创刊"。

抗战胜利后，我（周注：笔名罗凡）与邵凡（周注：邵传发笔名）、徐青戈（周注：徐宜诚笔名青戈，徐冠南子）、牧心（周注：笔名罗干）在乌镇创办《泡沫》刊物。牧心编写诗歌、散文，幽美清雅，富于情致。当时由于反动政府压榨崇桐两县农民，摊派国民捐款，曾掀起轰轰烈烈的民众运动。《泡沫》坚决支持这一正义行动，曾发表《论国民捐献》《再论国民捐献》（周注：两论，系沈罗凡撰写），尖锐指出它严重损害农民利益。我们把《泡沫》第四、五期，张贴在乌镇北花桥、应家桥塊。……但我却遭到了乌镇警察所的传讯追问，《泡沫》也因此停刊。
（沈罗凡《怀念牧心》，转引自周乾康《木心的少年伙伴沈罗凡》，未刊稿）

◎杭州成立"美术工作者协会"，积极加入，成为该会会员。

那年秋天，抗日战争最后胜利的喜讯突如其来，杭城一片爆仗声，入夜万人空巷提灯庆祝，在近乎昏晕的欢欣中，我冷冷地看到一己的命运面临转机。

似乎到了这时杭州才有"文化界"，呼地冒出许多画画儿的、编报儿的、演戏儿的……大抵兵分三路，一是从内地"大后方"赶程而至，二是在浙江山区作游击队于今整编入城了，三是原本隐蔽身份至此就站了出来，反正一时人才济济，都显得精明强干，唯独这个蛰居于"蘋南书屋"、寝馈于欧罗巴文化观念的惨绿少年，一入"文化界"，确实难于适应，但我还是看样学样地努力周旋。

很快，杭州成立了"美术工作者协会"，我也就此成为会员，开会时，这些"美术"的"工作者"，个个能说会道，握起手来，紧得发痛，还要上下左右摇几摇，自道姓名时，叫"阿大"，叫"阿羊"，在画上签名也就是"阿大""阿羊"，衣着一概平凡朴素，谈论所及，"某某，人很热情"，"这张画，趣味好"——我不免发愣，"热情"，怎么就放在口头上，"趣味"，我却看不出来。他们都画农民、小贩、码头工人、乡村集市、城市路边摊……那事事为首的"阿大"者，画风很像丰子恺,只是太像了一点,而更多更精彩的是搞木刻的,题材总与"革命"有关,我注意看,觉得自己是望革命之尘而莫及,尤其因为读过不少俄罗斯小说,"革命",非常悲壮,非常罗曼蒂克,转而对于中国式的革命,我有的是好奇心和求知欲,然而一九四几年那光景,杭州地区的"美术工作者协会",似乎并无特殊的内在性质,大致是一些画画的青年中年人,想在长期的压抑苦闷之后,吐吐气扬扬眉就是了。(木心:《战后嘉年华》,《鱼丽之宴》,木心著,桂林:广西师范大学出版社,2009年,115—117页)

◎此间,通过夏子颐得以结识夏承焘,长谈通信,诗词往还,成为忘年之交。

按:夏承焘(一九〇〇~一九八六),字瞿禅,晚年改字瞿髯,别号谢邻、梦栩生。浙江温州人。曾任无锡国专、之江大学、浙江大学教授。毕生致力于词学研究和教学,是现代词学的开拓者和奠基人。被赞誉为"一代词宗""词学宗师"。著有《夏承焘集》等。

我与夏承焘先生是忘年交,我们相差有二十几岁。初见夏先生的样子与我读他诗句中的风流潇洒状颇不相符,他黑黑又不高。(夏烈:《与木心先生的下午茶》,《出版人》,2006年第4期,58页)

抗战胜利之后,与夏承焘先生成了忘年交,诗词往还,我才野性稍戢。关于中国古典文学,夏先生是无论如何比我懂得多。他手抄四福音书中的箴言给我,《葡萄》篇,《梁木》篇,还有"主啊,兄弟得罪我,原谅他七次够了吗……"他用来解释儒家的"恕"道,因为夏先生准备原谅我七十七个七次,所以我一次也没有得罪他。(木心:《海峡传声:答台湾〈联合文学〉编者问》,《鱼丽之宴》,木心著,桂林:广西师范大学出版社,2009年,20页)

温州的夏承焘先生,号称近百年第一词家,浙江大学中国文学系教授。我们长谈、通信,他每次寄作品来,都写"木心仁兄指正",他快近六十岁(按:夏承焘生于一九〇〇年二月十日,虽大木心二十七岁,但此时还不到五十岁,木心说他此时近六十岁系错觉),我当时才二十几岁。(木心讲述、陈丹青笔录:《文学回忆录》,桂林:广西师范大学出版社,2013年,278页)

浙江大学中国文学教授夏承焘先生曾与他是忘年交,来信启首是:"木心仁兄大人阁下";木心回信,则称承焘先生"夏丈"。(李宗陶:《木心:我是绍兴希腊人》,《南方人物周刊》,2006年第26期)

我和夏承焘先生也并非严格的师徒,我们倒是忘年交,经常通信,谈论学问,他把他的诗给我看,我把我的画给他。(曾进:《海外作家木心独家专访:"我不是什么国学大师"》中所引木心的话,《外滩画报》,2006年3月5日)

编年

一九四六年（民国三十五年）二十岁

◎一月一日，杭州举行"元旦美展"，木心拿出几幅油画参展，受到好评，初步圆了童年以来萦心不释的画家梦。

按：有关此次美展，现存一帧木心与版画家杨可扬等三人的合影。《文学回忆录》二百五十至二百五十一页之间的插页照片说明中误作"摄于一九四六年他在杭州的第一次个展"。

杨可扬（一九一四～二〇二〇），原名杨嘉昌，笔名阿扬。版画家。浙江遂昌人。一九三七年开始木刻创作，参与中国新兴版画运动。新中国成立后任上海人民美术出版社副总编、编审近四十年。期间被选为中国版画家协会副主席、上海市美术家协会副主席、上海版画学会会长等。曾获"中国新兴版画杰出贡献奖"。代表作有《教授》《江南古镇》等，风格简洁质朴，大气浑厚。著有《可扬版画集》《可扬藏书票》《可扬艺事随笔》等。

果然，未到年底，就在民众文化馆举行了集体性的画展，参展的作品居然很多，国画占颇大的面积，而木刻漫画泱泱乎成了主流，我拿出的几幅油画风景，都上选，画的是树木、教堂、桥、河，不足指名是什么地方，似乎巴黎，似乎伦敦，反正从照片上的印象并合起来的。

展览会很热闹。筹备期间我每天去工作，感到自己实地投身社会，又怀疑这种事务性的忙碌算不算"艺术活动"，与之一同工作的几位年长者，在我眼中都是饱经风霜、深谙人情世故的老大哥，有的似乎病着，有的似乎贫着，我不病不贫却比他们自卑，因为我幼稚无知，虽然读书已不算少，可是书本上所得来的有关艺术的常识、知识、概念、观念，与眼前所接触的人物事物，全对不上号，"阿大""阿羊""热情""趣味"等，与希腊雅典、意大利文艺复兴、浪漫主义、印象派……毫无关系，他们大概生来就是画豆腐浆摊、码头工人、玩杂耍的。

但我还是很兴奋，看到自己的画挂在墙上，男男女女走过，停步，指指点点——初步圆了我童年以来萦心不释的"画家"梦。接着，便是《东南日报》的报道和评论，认为此次展览十分成功，选出几位画家作为赞美推荐，其中竟然涉及我，大意是那几幅风景清丽脱俗，且能以中国画的笔法入油画，洵为难得云云。（木心：《战后嘉年华》，《鱼丽之宴》，木心著，桂林：广西师范大学出版社，2009年，117—118页）

本月，杭州艺专迟迟未迁回，上海美专登报招生，木心遂去信报名，以同等学力作为插班生考入该校三年制西洋画专修科一年级就读。

按：有关木心进入上海美专的时间，存在多种说法：

一、据自制年表一，一九四五年初就在上海美专，乃记忆有误。

二、据刊载于二〇〇六年三月五日《外滩画报》上的《海外作家木心独家专访："我不是什么国学大师"》访谈，木心是"十九岁"（一九四五年）到上海，亦属记忆有误。

三、木心在二〇一〇年六月二十八日提供给桐乡地方文史研究者

编　年　053

周乾康的简历中说是"十七岁赴上海美术专科学校学习绘画",亦属记忆有误。

四、据自制年表二,一九四六年初"进上海美专"。

五、据一九八一年十一月二十五日南京艺术学院为木心开具的《学历证明书》中说木心"一九四六年一月至一九四八年七月,在我院前身上海美术专科学校三年制西洋画系肄业"。

六、笔者翻阅了上海档案馆所藏的上海美专"三十四年度第一学期(按:一九四五年九月开学)各系组学生学业成绩操行等第总册",尚无木心成绩。至"三十四年度第二学期(按:一九四六年一月开学)各系组学生学业成绩操行等第总册"中才第一次出现木心的成绩。

综合以上资料,可以断定木心进入上海美专的准确时间是一九四六年一月。

艺专迟迟不迁回,上海美专倒先复校,登报招生了,我立即去信报名,很快就收到通知,按期去上海应考。在这个号称人间"天堂"的西子湖畔,我认识了很多人,却始终无友谊可言,遇事只是在"藾南书屋"中默默地想,默默地决定。窗下一条混浊的小运河,对岸的织席工厂,终日机声轧轧,景况是很凄怆的,而全凭十八岁这个年龄,使我麻木而自信。不过我隐隐看到母亲对世道的估量已不符实际,我父亲的一代,确凿要善于交际,讲究体面,而战后的新生代就全然平民化了,且以此为标榜,为"革命"的前提。我靠在窗栏上凝望慢流的河水,想起那些"轶事""传记"中的艺术家,他们的不幸，也还是幸。

赴上海应考的前夜，我独自走上湖滨的一家餐馆的顶层，算是饯行，要的是西菜，一杯葡萄酒。当年很流行的一个励志的说法："过去种种譬如昨日死，未来种种譬如今日生。"我原是觉得文字累赘词义伧俗，此时想起，倒许为剀切——始于懵懂的虚荣心，胡乱地画起油画来，得机会就率尔拿出去展览，那报载的好评无非是记者的例行故事而已。

除却个人的短距离的"生世之叹"，"艺术究竟是什么"这大疑题更使我不安（因为我已经知道艺术是什么，才决意永别故乡），到了杭州，先遇的是一伙摩登的纨绔子弟，后遇的是成群"美术工作者"，是八年战乱使中国自外于世界艺术潮流？抑或中国就没曾进入过世界艺术的行列之中？十八岁的头脑加上一杯葡萄酒就更糊涂了。

上海是国际性的大都会，冒险家的乐园，一个非鱼非龙的年轻人，即将投入鱼龙混杂的黄浦滩。

"望湖楼"独自晚餐，极目黑沉沉的夜湖，白堤的柳丝间灯光闪烁，是我离家以后，第一次感到实而不华的悲凉。

上海美术专科学校，坐落于斜桥菜市路底，那是大都会的南边陲，接近市郊农村，空旷安静自不必说，待到亲临实地，此区域不仅是一个庞杂的果蔬鱼肉市场，而且周遭密布着小吃店、路边摊、裁缝、鞋匠、烟纸什货……烟雾迷目，腥臊刺鼻，时值春初雨季，街上满是人、满是伞、满是水潭泥泞、一片可以使街面震动的喧嚣市声——杭州西湖此时柳丝嫩黄，柔媚如梦，这里可真是红尘乱世了。

编年

……

校舍，正面看是一幢相当宽阔的四层西式大楼，无奈临街，显得商业气，黑漆的铁栅门颇为威严，我跨进去的刹那，心想：这是我的艺术之门，门外汉的阶段就此结束。抬头又眺见里面的照壁上设有长龛，水泥塑出一个"美"字，由肥肥的十二只尖角组成，校徽便采此为图案。

我本能地推开"会客室"的门，五六只鸡咯咯乱叫，破旧的沙发上全是鸡粪，可见八年抗战，这里一直是荒废着的。

教务处光线幽暗，只有一个脸色苍白、须眉乌黑的中年人，是教务主任，我报名三年制西洋画专修科，大学程度。（木心：《战后嘉年华》，《鱼丽之宴》，木心著，桂林：广西师范大学出版社，2009年，118—120页）

三年制西洋画系上午一概是实习课，下午是理论课，教授有陈士文等。

那时的所谓"西洋画专修"，上午一概是实习课，从石膏素描渐进到人体素描及油画创作，其他如水彩、粉笔、速写是间隔性的穿插。下午，理论课，美术史、透视学、解剖学、色彩学，生意清淡，因为翻翻书就可以应付考试，而教师讲讲就讲到物价高、薪水低、老婆又要生孩子，劝大家不要学艺术。实习课的风气则不然，我至今还留连那时候的学生的生活习惯，晨起盥洗，早餐既毕，换上浆洗一清的衬衫（多数是纯白），打好领带，擦亮皮鞋，梳光头发，挟着画具健步经长廊过走道上楼梯进教室,教授总是先在那里,衣着更为严谨。我们的Ｃ教授终年一身黑西装,白衬衫、黑领带,无懈可击;薄型皮鞋和狭边呢帽,一望而知是法国带回来的;右手无名指上白金的钻戒款式古雅,巴黎十年养成的飘逸深沉,先成了我们的楷模。课间休息时,我们拿出画册来请Ｃ教授品评讲解,他娓娓道来如数家珍,分别等级毫不假借。他认为胆大:大画家,胆小:小画家,使我们这群男孩女娃气壮神旺、自负日高,而论素描基础之奠定,他又说画桃子要连桃的茸毛也画出来,大家又为之瞠目结舌。(木心:《战后嘉年华》,《鱼丽之宴》,木心著,桂林:广西师范大学出版社,2009年,121—122页)

按:"Ｃ教授"即陈士文(一九〇七～一九八四),字器先,浙江仙居人。国立西湖艺术院国画系肄业,一九二八年自费进入法国里昂美术学校攻读西画,因受到时任南京国民政府大学院院长蔡元培的青睐转为公费,得以继续留学。一九三七年回国,执教于上海美专和新华艺术专科学校。一九四一至一九四五年任国立英士大学艺术专修科教授、科主任。抗日战争胜利后仍回上海美专和新华艺专任教,在上海美专担任西画人体教授。一九四九年移居香港,一九五七年受聘于新亚书院艺术专修科,后出任香港中文大学艺术系主任。

林风眠之外,木心怀着尊敬回想的另一位老师,是留法归来的陈士文,一个完全被遗忘的前辈:"上课走进来,总归笔挺,白衬衫、黑西装。"画得怎样呢?"几件静物一摆,清爽,不啰唆。"说及此,木心慨然:"当年我们对陈先生表示佩服,你晓得他怎么说?他说:

'不过毕加索、马蒂斯而已！'"[陈丹青:《绘画的异端：写在木心美术馆落成之后》,《木心研究专号（2016）：木心美术馆特辑》,木心作品编辑部编,桂林：广西师范大学出版社,2016年,139页]

木心对上海美专兼容并包、学术自由的学风十分赞赏。

上海的私立学校,社会舆论称之为"学店",校长是老板,教师是职员,学生是顾客,名义是"作育英才""读书救国",实质是谋利敛财,误人子弟。理科工科文科的私立大专固泛泛如此,上海美专虽不例外,而我却十分赞赏它的传统作风,那就是：虽然没有什么可容可包却俨然兼容并包,虽然无所谓学术自由你完全可以学术自由,就是由你自己去好自为之,这倒不期然而然地遵循着蔡公子民先贤的遗箴。对于顽劣成性散荡成习的我,天时地利人和足够足够了,我在上海美专所享用到的"自由",与后来在欧美各国享受到的"自由",简直天海一色,不劳分别,如果你有一分才具,那么再加一分自由,别的还要什么呢？美术学校的概念是画室、图书馆、宿舍、食堂、卫生间,就好了,教师的话中听则姑妄听之,不中听的他自己听,"自由",就是谁也别奈何谁。三年五载生息其中,是一枝玫瑰便会开玫瑰花,园丁的脸是不像玫瑰花的,所以我至今还在喜欢还在感激上海美专那光景,学生奇装异服、玮意琦行,一概不遭物议,迟到缺课只要缴足学费安然无恙,大意是：沉者自沉,浮者自浮。校长教授就此特别显得慈眉善目、神闲气定,师生相敬如宾,宿舍简陋,食堂寒伧,那你可以自己去租房，可以上白俄开的小西餐馆，或者说到底，学生时期的艰辛是必修是"天降大任"之关键一课，缺了倒是难补的。（木心：《战后嘉年华》，《鱼丽之宴》，木心著，桂林：广西师范大学出版社，2009年，129—130页）

按：木心在《战后嘉年华》一文中较为详细地描述了其就读上海美专之初学习、生活的几个方面，因篇幅较长，以上仅节选部分。此外，木心就读上海美专西洋画系时同在该系就读的同学（部分）有：

刘冠华、朱　聿、郑　为、张安之、姚铭忠、林中行、王伯敏、陈素平、许庆臬、贺鸣声、孙嵩元、夏子颐、葛克俭、胡瑞芳、周石峰、严涵青、顾生鹤、王玉舜、陈业恒、杨岫晴、劳坚清、张震川、花剑琴、王　卉、陈静园、邬显豪、黄兆锟、花咏青、桑叶舟、胡世德、任　意、沈开逸、史济利、蔡　璜、冯启灵、黄宗秀等。

◎三月，谢海燕自重庆返回上海，就任上海美专副校长。

按：谢海燕（一九一〇～一九九八），原名益先，又名海砚，字燕园，笔名海燕行。广东揭阳人。一九三五年刘海粟旅欧回国，力主已在上海美专兼任西洋美术史教授的谢海燕担任教务长。一九四四年被任命为国立艺专教务长。抗战胜利后辞去国立艺专教职，复员回沪，任上海美专副校长兼艺术教育科主任。

◎四月，上海美专成立校复员委员会，拟订复员计划并调整学制。

厘定养成艺术专门人才之科组为五年制，养成艺术师资人才之科组改为绘画、音乐、劳作三组，学制三年，教育部委办之劳作科为二年制。同时厘定课程标准，采用学分制。九月奉准试行，复员计划亦次第付诸实施。

　　按：据夏子颐等回忆，"一九四一年十二月，太平洋战争爆发，上海美专兵分两路：一路留上海继续办学，处境困难；一路内迁浙、闽，参加国立东南联合大学，成立艺术专修科，到一九四五年抗战胜利后，迁回上海原址，重新会合复校。原在内地就读的陈沙兵、葛克俭、夏子颐三人亦于一九四六年二月随校迁返复学。他们早先参加抗日救亡工作，从事鲁迅先生倡导的新兴木刻运动，是党的外围积极分子。复学后由施月珍介绍加入中国共产党。"（夏子颐、吴平、朱瑚：《风雨战斗迎黎明：回忆上海美术专科学校地下党的斗争》，《南京艺术学院史》，王秉舟主编，南京：江苏美术出版社，1992年，287页）

　　◎四月，陈沙兵、葛克俭、夏子颐在上海美专成立中国共产党上海美专党小组，上级党组织派姚永祥兼任小组长。

　　◎是年，上海美专的学生运动异常活跃，木心画宣传画、演话剧、上街游行，还积极投入到鲁迅提倡的新兴版画运动中。

　　一九四六年五月，党小组引导并组织部分同学举办"'五四'运动文艺欣赏会"，观看秧歌舞剧《兄妹开荒》；结合中国木刻协会（即抗战时期的"中华全国木刻界抗敌协会"）的活动，组织同学参加"鲁迅逝世十年纪念大会",听了周恩来、郭沫若、沈钧儒、茅盾、叶圣陶、许广平的演讲；组织同学到万国公墓祭扫鲁迅先生墓；邀请文艺家许杰、戏剧家田汉、熊佛西来校讲演；发动同学参加"高尔基逝世十周年纪念大会",又一次听了郭沫若等著名人士的讲演。

参加进步活动的同学一次比一次增多了。六月二十三日，上海人民举行反内战示威大游行，欢送马叙伦等代表赴南京请愿时，"上海美专"同学闻讯列队赶上游行队伍，高举"上海美专反对内战"的大幅白布横幅标语，引起人们的瞩目，新闻记者争拍镜头。（夏子颐、吴平、朱瑚：《风雨战斗迎黎明：回忆上海美术专科学校地下党的斗争》，《南京艺术学院史》，王秉舟主编，南京：江苏美术出版社，1992年，289页）

从一九四六年下学期起，美专党组织以上海美专学生互助会名义为学校和同学做了许多有益的工作。……这一时期，我们充分运用漫画、木刻、宣传画和活报剧等艺术手段作为有力战斗武器，积极开展创作活动，取得了很大的成绩。如夏子颐木刻《闻一多》，贺鸣声木刻《心诉》，吴树之木刻《失业者》《流亡》，张怀江木刻《苦力》，葛克俭木刻《消息》《药》（木刻组画），曾景初木刻《检查》和校友麦秆木刻《放回来的爸爸》、陈沙兵漫画《美国佬滚出去》、沈开逸巨幅张贴漫画《巨拳猛击美国佬》等，以及许敦乐、汪志大（现名汪子豆）、顾生岳、陈力萍、戴铁朗、孙牧心、周富华、洪世清、郑光耀、庆宝华、蔡璜、丁洁因、方莉莉、沈韵鹃、史济利、邹启枚、陈曼生、陈延龄等许多同学精心制作的漫画、木刻都被随时磨印或复制油印成千百张传单随着示威、游行队伍散发、张贴。许多木刻佳作还参加了当年中国木刻协会举办的每年一届的全国木刻展和出国展，影响十分巨大，不少作品并先后为国内外美术馆收藏，成为历史的见证。

为了配合历次示威游行活动，同学们还根据不同的主题作了许多巨幅宣传画，自编自演活报剧，在校园里，在外滩，在南京路上和示威游行队伍行进的马路上、广场上，都显示了上海美专学生运用多种革命艺术形式为爱国民主运动作出贡献的才能。以孙牧心、杨艺生为骨干组成的上海美专进步话剧团，在一次演出中，杨艺生朗诵了高尔基的散文诗《海燕》，获得高度评价，在学生运动遇到阻力时，同学们每每从中受到鼓舞。又如一九四八年夏子颐、吴树之为"五四营火会"和"纪念五二〇周年"和"庆祝上海学联成立一周年大会"绘制的《争民主、争自由》巨型宣传画和夏子颐、吴树之、许敦乐三人合制的《反美扶日》的巨型宣传画都具有很深远的影响，这幅三人合作的宣传画，用长达一百大张白报纸连接起来，可称当年学生运动中最大的一幅宣传画，给人印象深刻，鼓舞着数万参加大会的各校进步同学的斗志。同学们用自编自演的活报剧参加大会表演，绕场一周，前面走的是美帝国主义战争贩子，后面跟着的是"四大家族"，捧着金纸糊成的饭碗向美帝乞讨。精彩的化装演出，把主奴丑态揭露得淋漓尽致。确实给群情激愤的同学留下难忘的印象（这个节目的演出剧照后来还刊登在香港的进步刊物上）。

正是这样，一次次地刺痛了反动派的神经。在特务头子的策划下，一批批带着特殊身份的"学生"混进了学校。这批家伙并于一九四七年下半年成立了"北方同乡会",妄图分化瓦解同学,和学生会分庭抗礼。一九四八年四月他们进一步撕下假面具,改"同乡会"为"上海美专戡乱建国委员会",扬言要以武力镇压学生运动。是年五月二十七日下午,当进步同学在校园里公开揭露"戡建会"的真面目、批判他们的反动行径时,特务分子因为理亏竟动手行凶,制造武斗,当即受到进步同学的严厉制裁。自从特务"学生"进校之后,开展进步活动便进入更加艰苦复杂的阶段,每前进一步,都必须经过严酷的斗争,但学生会在广大正义的同学支持下,巍然屹立,在不断向敌人的冲击中,取得了一个又一个的胜利。(夏子颐、吴平、朱瑚:《风雨战斗迎黎明:回忆上海美术专科学校地下党的斗争》,《南京艺术学院史》,王秉舟主编,南京:江苏美术出版社,1992年,290—292页)

◎六月初,茅盾由香港回到上海,住在山阴路大陆新村。木心跟随黄妙祥之子黄阿全前往茅盾家"叙旧",茅盾以书相赠。

茅盾在上海的时候,我们见过面。但他不是我的远亲,我们只是来自同一个地方而已。他有名气,但待人谦和,所以当时的文学青年都来拜访他,出了书都请他指教。我在他的私人图书馆里看了很多书。(曾进:《海外作家木心独家专访:"我不是什么国学大师"》,《外滩画报》,2006年3月5日)

抗日战争忽然胜利,我的宿疾竟也见疗,便去上海考进一家专科学校，在文艺界集会上见到茅盾先生，老了不少，身体还好，似乎说仍住在山阴路。不久黄妙祥的独生子阿全自乌镇来，约我去沈雁冰家叙旧……

似乎是夏天，初夏，一进茅盾的卧室兼书房，先入眼的是那床簇新的台湾席，他穿中式白绸短衫裤，黑皮拖鞋，很高兴的样子，端出茶，巧克力，花旗蜜桔。（木心：《塔下读书处》，《木心谈木心：〈文学回忆录〉补遗》，木心讲述、陈丹青笔录，桂林：广西师范大学出版社，2015年，31—32页）

◎七月，民国三十四年度第二学期各科的成绩：

三十四年度第二学期各系组学生学业成绩操行等第总册
三年制专科西洋画系（孙牧心）

		平时	考试
理论	国文	80	80
	英文		90
	色彩学		78
	艺术概论		70
	平均分数		79.5
实习	素描	80	85
	平均分数		82.5
	学业总平均		87
	缺席		24
	操行等第		甲

（上海档案馆藏上海美专档案 Q250-1：207～221）

本月，茅盾委托夫人孔德沚代表自己回乌镇祭奠亡母，得知抗战期间家里的藏书被三叔沈叔庄藏到了夹墙里，几年下来线装书都已霉烂，只剩下少许洋装书。

回到上海之后，我们就打算回乌镇一趟，在母亲坟前烧一箩黄表、锡箔，献上一只花圈。然而我一直抽不出身来。拖到七月，决定让德沚一人先去。四五天后德沚回来了，带来了两箱已长霉点的洋装书。……又告诉我，后院三间平房内的家具已荡然无存，都被三叔（沈叔庄）变卖了。这两箱书是从夹墙里取出来的。母亲去世后，三叔发现家里有那么多书，就害怕起来，耽心里面有抗日的内容，而这种书又不能卖，只好藏到夹墙里。几年下来，线装书都霉烂了，只剩下这些外国的洋装书。[茅盾：《抗战胜利后的奔波》，《我走过的道路》（下），茅盾著，北京：人民文学出版社，1988年，417—418页]

◎十月十九日下午，参加由"中华全国文艺界协会"等十二个文化团体于辣斐大戏院（后改名长城电影院，已拆除）联合举行的鲁迅逝世十周年纪念大会。此次集会是鲁迅逝世十年来上海举行的第一次正式的也是最隆重的纪念活动，名流云集，计有周恩来、邵力子、郭沫若、茅盾、叶圣陶、柳亚子、沈钧儒、许广平、马叙伦、邓初民、夏衍、冯乃超、于伶、丁聪、袁鹰等。作家袁鹰对此有回忆，可见当时会场的气氛和青年们的感受：

会场并不大，大约也就是六七百座位吧，早早就坐满了。文化界以外，更多的是青年学生、教师、职工。这是鲁迅先生逝世十年来第一次正式地、隆重地举行纪念活动。年岁大一点的人，还记得十年前在胶州路万国殡仪馆的悼唁活动和起灵送去虹桥路万国公墓的长长队伍，也还记得队伍前面那幅写着"民族魂"三个大字的大旗。多数像我这样的年轻人，并没有赶上那个悲壮的场面，今天能有机会参加纪念大会，是既感到幸运也感到兴奋的。

舞台后方悬挂了巨幅的鲁迅木刻像，最突出的是两道浓眉和炯炯有神的双眼。那是中华木刻协会的画家们，主要由丁聪、沈同衡、麦秆等几位集体创作——他们参考叶浅予前几年在香港进步文化界纪念鲁迅时画的一幅像，放大到一大幅白布上，日夜赶制，汗水和墨汁一起挥洒，在十九日大会举行前完成，使每个到会的人，一进会场就迎来那两道剑似的横眉，也会立即想起"横眉冷对千夫指"那句诗。（袁鹰：《鲁迅逝世十周年祭在上海》，《假如鲁迅活着》，陈明远编，上海：文汇出版社，2003年，207页）

◎十一月二十五日，为纪念鲁迅逝世十周年，与夏子颐、王伯敏等冒险前往万国公墓瞻仰鲁迅墓。

按：夏子颐（一九一八～二〇〇〇），字贤洛，别名立如。浙江温州人。一九四二年二月转入上海美专求学。一九四八年任浙南游击纵队宣传队长。先后参加"战时永嘉木刻通讯社""浙江战时木刻研究社"和"木刻研究会"等美术社团的活动。一九五〇年调入中央美术学院华东分院，曾任附中校长、版画系讲师，一九八三年任浙江美术学院师范系主任、副教授。夏子颐乃夏承焘侄子，上海美专求学时期，与木心交往甚密。

王伯敏（一九二四～二〇一三），别名柏闽，笔名田宿粲，斋号半唐斋。浙江台州人。一九四六年六月插入上海美专西画系学习，一九四七年七月毕业。历任中国美术学院教授、美术学博士生导师，杭州市美术家协会名誉主席等职。主编有《中国美术通史》等。上海美专求学时期，王伯敏与木心关系密切，曾一起与夏承焘相往还，王伯敏的笔名田宿粲亦是木心所取：

我的笔名，一度用过"田宿粲"，这是同学孙牧心给我起的。当时，民主运动高涨，白色恐怖。他知道我买了不少进步书籍，出于好心，将我所买的进步图书，只要有"王伯敏"签名的，一一添加笔画。如"王"，两旁加两竖，即成"田"；又"伯"字，上加宝盖头，即成"宿"；又"敏"字，上加草字头，下加"系"，即成"粲"。同学们无不以为妙。这位姓孙的同学，是浙江桐乡乌镇人，穿着整齐，喜欢读尼采的诗，有点才气，是一个自由主义者，但又积极参加学生会的民主运动，声言要做个无党无派的革命者。有的同学说他有"小资产阶级的狂热病"。他不以为然。他宣扬"世界上只有善、恶，美、丑，光明、黑暗的区别，没有阶级的区别"。而今这位同学出国了，我与他在上海美专分别后，一直没有见过面。[王伯敏：《上海求学》，《王伯敏美术史研究文汇（第3编）》，中国美术学院编，杭州：中国美术学院出版社，2013年，79页]

一九四六年十一月二十五日这一天，我们男女同学事先约好，三三两两分头去上海郊区的万国公墓，瞻仰鲁迅先生。当时白色恐怖，大家的行动，无不小心翼翼。临出发时，年长一点的同学夏子颐（当时是地下党员）告诉大家："一定要注意盯梢的人，如果在中途甩不了可疑的盯梢特务，宁可回校，装作没事，千万不能再前往。"幸好这天没事，大约十时许，大家陆续到齐了。

在墓前，我们向鲁迅像行三鞠躬礼，然后我们合影留念。

那时，鲁迅墓没有怎么特别的营建，简单而朴实。墓地鸦雀无声，也没有别的来人。墓地长满了青草。一位有心的女同学，事先做了三朵纸花，从袋中取出，插在墓前，一下子，使这座伟人的墓显得更有光彩了。我们大家都很严肃，心情也很沉痛。因为抗日战争刚结束，国民党又在发起内战，这，教人如何不愤怒，又教人如何不心伤。有一位女同学竟悲伤到哭泣了。

……

老照片中的十二位青年自左至右是：王伯敏，张小泯，方莉莉，葛克俭，丁洁因，汪伦英，林晓丹，孙牧心，陈沙兵，冯方晖，夏子颐，郑奇丙。[王伯敏：《瞻仰鲁迅墓》，《老照片（第三辑）》，济南：山东画报出版社，1997年，105页]

◎民国三十五年度第一学期各科的成绩：

三十五年度第一学期各系组学生学业成绩操行等第总册

三年制西洋画系（孙牧心）

		平时	考试
理论	国文	78	90
	英文	75	70
	透视学	80	80
	平均分数		77.2
实习	素描	90	
	水彩	80	90
	平均分数		87.5
	学业总平均		82.35
	缺席		4.5
	操行等第		乙

（上海档案馆藏上海美专档案 Q250-1：207～221）

一九四七年（民国三十六年）二十一岁

◎四月五日，在杭州拜访夏承焘，获赠夏承焘所作词两阙。午后，与夏承焘、夏子颐、郑德涵游览栖霞岭上的紫云洞。

按：郑德涵（一九一八～二〇〇〇），字君量，号廑庐、查庵、颐一老人。浙江平阳人。毕生在安吉县第三中学担任语文教师，在诗词书画印上均有建树，著有《厓庐词剩甲稿》。

四月五日，……以今早所写二词赠牧心，念缩小题目能提高文字之理，思为一小文说制题。……午后，与牧心、子颐、君量游紫云洞，不到十年矣。（夏承焘：《天风阁学词日记〔二〕·一九四七年》，《夏承焘集》第六册，夏承焘著，杭州：浙江古籍出版社，1992年，686—687页）

◎四月六日，再到夏承焘家中，夏与之讲庄子和佛学。不久回上海，与夏承焘保持书信联系。

四月六日，……牧心来，与讲庄子游于不得退而皆存及佛家悲智双修。（夏承焘：《天风阁学词日记〔二〕·一九四七年》，《夏承焘集》第六册，夏承焘著，杭州：浙江古籍出版社，1992年，687页）

六月三日，……发王伯敏、孙牧心上海信，问贤洛安否。（夏承焘：《天风阁学词日记〔二〕·一九四七年》，《夏承焘集》第六册，夏承焘著，杭州：浙江古籍出版社，1992年，699页）

◎五月，"反饥饿、反内战、反迫害"运动爆发。此时作为上海美专学生会骨干的木心因积极参与学生运动，被国民党政府列入黑名单。一次为逃避特务追捕，跳窗时跌伤脚踝。

牧心在上海美专，曾参加中共地下党领导的"反饥饿、反内战、反迫害"的学生运动，并担任了上海美专学生会副主席，被国民党反动政府列入黑名单。有一次他为了逃避特务追捕，跳窗跌伤脚踝。（沈罗凡《怀念牧心》，转引自周乾康《木心的少年伙伴沈罗凡》，未刊稿）

◎七月，民国三十五年度第二学期各科的成绩：

三十五年度第二学期各科组学生操行成绩总册
三年制西洋画系（孙牧心）

		平时	考试
理论	国文	90	80
	英文	68	70
	解剖学	75	
	透视学	82	75
	平均分数	77.50	
实习	人体	87	89
	水彩	82	80
	缺席	34	
	操守等第	甲	

（上海档案馆藏上海美专档案 Q250-1：207～221）

◎八月，在杭州过暑假。多次往谒夏承焘，与之谈词论艺。

丁亥（一九四七年）八月，予归西泠孤山。晨夕清凉，每诣罗苑，与瞿禅先生叙词事。夏丈自释其"浑脱旋如风，眼波无处逢"之句，意指二次国共谈判可堪制泪，看天已"伶俜十年"者，亦感证时势，而非儿女伤心语焉。浮光世事，草草劳劳，荏苒四十年，夫子自道，声犹在耳。（木心：《西班牙三棵树》三辑·其十五，桂林：广西师范大学出版社，2009年，145页）

其间结识杭州艺专学生席德进、潘其鎏。

按：席德进（一九二三～一九八一），四川南部县人。五岁习画，十七岁进入成都省立艺专，后转入国立杭州艺专西画系，师从林风眠。一九四八年毕业，同年前往台湾，任教于省立嘉义中学。一九五二年以后以绘画为业，一九六二年赴美国参观考察艺术，又遍游英、法、意、德及西班牙诸国。后于巴黎从事绘画创作和研究三年。一九六六年返台，曾任淡江文理学院建筑系副教授，台湾"中国美术协会"理事。一九八一年八月三日在台北病逝。木心与席德进的交往可参考《此岸的克利斯朵夫》一文，见于《温莎墓园日记》。

潘其鎏（一九二八～二〇一六），生于福州，一九四七年考入杭州艺专，为林风眠画室学生，一九五〇年学校批判"新派画小集团"时被迫退学。一九八一年定居美国，在加州旧金山艺术学院学习六年，获得雕刻和陶瓷双硕士学位。曾任教该学院雕塑系。

木心与潘其鎏的相识，有点惺惺相惜。暑假，潘其鎏一个人搬到教室里住，每晚可听到大礼堂里的钢琴声，十分惊奇，怎么会有个音乐家在这里？后来知道是孙牧心在弹，弹得很好，潘其鎏就站在外面偷听。那时候潘其鎏的水彩画画得很扎眼，每天在草地上画时，孙牧心也悄悄地来看潘其鎏。接触了一段时间，孙牧心拼命地跟潘其鎏谈文学，互相之间沟通很好，觉得潘其鎏才华出众，值得做朋友。（徐宗帅：《林风眠与木心背后的潘其鎏》，见澎湃新闻2018年3月21日）

◎民国三十六年度第一学期各科的成绩：

三年制西洋画组一年乙级学业成绩及操行名次缺席记分名册一览表（孙牧心）

		平时	考试	平均
理论	国文	80	70	75
	英文	60	80	68
	解剖学	72	78	75
	美术史	96	92	94.4
	平均分数		78.1	
实习	水彩实习	85	90	87
	人体实习	92.4	90	91.44
	平均分数			89.22
	学业总平均	83.66	90	80
	缺席	20.5	90	80
	操行等第	乙上	90	80
	名次	73.41	90	80

（上海档案馆藏上海美专档案 Q250-1：207～221）

◎在上海求学期间因患有肺结核时常咯血，曾寄宿于一位女同学家中，历时一年半。

木心的手帕时见血丝，午后伴有低温；他又懒得去南京路"抛球场"找邬医生拍个片子（一位世交的肺科放射专家），他一味盯上美专会客厅大镜框里装着的米开朗基罗的壁画以分散注意，"后来注射了一些盘尼西林，症状才得以缓解"。为方便去学校，他寄宿于那位日后一道参军的女同学家中。坐落于现今陕西南路、建国路北端，坐东朝西有三条一式一样的弄堂，是现今原样保存的步高里，中间一进十五号便是木心在上海的养病处，历时一年半。这户人家经营某种"暗行生意"，木心被当作"选帝侯"般款待照料，但是他自有一套防身保护自己的绝招。在木心起居的亭子间写字台上，永远摊开一封某女士写来的情书，数日一换。（夏葆元：《木心的远行与归来》，《中国随笔年选2012》，朱航满编，广州：花城出版社，2012年，143页）

◎是年前后，喜欢读俄国作家安德烈耶夫的作品。

一九四七年前后，当时中国社会气氛，颇似一九○五年的俄国革命失败后那一段。那时我喜欢读的已不是高尔基，是安德烈耶夫。（木心讲述、陈丹青笔录：《文学回忆录》，桂林：广西师范大学出版社，2013年，659页）

一九四八年（民国三十七年）二十二岁

◎六月五日，数十名便衣特务制造了震惊上海的上海美专"六五血案"，大批学生受伤，学生会主要骨干吴树之等八人被殴成重伤并先后遭逮捕入狱。夏子颐因在交通大学参加上海学联紧急会议幸免于难。上海美专党小组积极营救被捕学生，木心亦参与其中。

美专党小组全力以赴，开展了一场营救被捕同学的斗争。首先，争取了刘海粟校长的支持和同情，并电告在杭州养病的副校长谢海燕。谢先生及时赶回，与流亡在外的进步同学取得联系，并由夏子颐和施达德起草了"上海美专'六五'流血惨案真相——敬告师长、家长、校友、同学控诉书"，以学生会名义，大量散发，呼吁社会各界伸张正义，抗议政治迫害。同时，组织流亡在外的进步力量，会同学生会主席周富华、上海学生会副主席沈开逸、上届学生会秘书长许敦乐、学生会骨干孙牧心、史济利、庄宝华、施达德、周育洛、任意以及进步同学丁洁因、方莉莉（现名方里）、沈韵鹏（沈平苑）、何无奇、杜若、朱瑚、包玉筠、余竹君、刘佐尹、林晓丹、叶芳、陈曼生、杨艺生、汪志大（现名汪子豆）、戴铁朗、晁玉麟、吴建华、陆华平等，分别拜访著名律师史良、民主人士马叙伦、上海市商会主席等社会名流，呼吁营救被捕同学。校长刘海粟、副校长谢海燕、教务长宋寿昌及王挺琦、洪青等五位教授也挺身而出，联袂探牢，慰问被捕同学。刘海粟校长还亲自向国民党上海市长吴国桢提出口头抗议。在北京的同学王伯敏、在温州的同学葛克俭等都纷纷以校友、同学名义响应声援营救工作。分散到各地的许多同学也多方募集慰问金，不断为被捕同学输送营养品。当时，夏子颐、周富华、沈开逸都是反动派追捕的重点对象，他们时时转移隐蔽地点，依靠孙牧心、何无奇、周育洛、庄宝华、方莉莉、陆华平、吴建华从中联络，进行工作，继续发挥党组织的战斗堡垒作用。党小组负责人还多次派周育洛冒着风险潜入校内进行侦察和了解情况，肩负着地下交通的秘密任务。此外还把不断征集到的营养品，包着报纸，夹上字条，由同学轮流送给蒙难同学，以互通消息，互相鼓舞斗志，并将他们的血衣带出监狱保存起来（新中国成立后曾作为上海学生运动实物史料展出）。（夏子颐、吴平、朱瑚：《风雨战斗迎黎明：回忆上海美术专科学校地下党的斗争》，《南京艺术学院史》，王秉舟主编，南京：江苏美术出版社，1992年，293—294页）

◎七月，被上海美专开除，从该校肄业。

按：有关木心从上海美专肄业的时间，存在多种说法：

一、据自制年表一，结束上海美专学习生涯的时间为本年夏。

二、台湾《联合文学》创刊号中的《木心小传》说是"一九四八年毕业于上海美术专科学校西画系"，非毕业，应是肄业。

三、据一九八一年十一月二十五日南京艺术学院为木心开具的《学历证明书》中说木心"一九四六年一月至一九四八年七月，在我院前身上海美术专科学校三年制西洋画系肄业"。

四、查上海档案馆藏上海美专档案,"三十六年度第二学期学生成绩总册"中有"孙牧心"名字,成绩中只有"缺席"一栏得二十五分,其他成绩均无。名字边上有手写标注"已令退学",本学期退学的同学还有李敏、沈开逸、夏子颐。(上海档案馆藏上海美专档案Q250-1:207～221)

综合以上资料,将木心从上海美专肄业的时间下限定在一九四八年七月。

关于木心从上海美专退学的原因,据《南方人物周刊》记者李宗陶的说法是因参加学生运动被当时的上海市市长吴国桢亲自下令开除学籍:

二十岁刚出头,他参与学生运动,还曾是领导者,结果被当时的上海市市长吴国桢亲自下令开除学籍,又被国民党通缉,于是走避台湾。一九四九年新中国成立之前,回到大陆。(李宗陶:《木心:我是绍兴希腊人》,《南方人物周刊》,2006年第26期)

◎此间前往杭州,在杭州艺专附读。

按:据木心提供给周乾康的简历中说,"后就学杭州艺专,师从林风眠。"夏葆元称为是"半路插班""转学"。其实是因与潘其鎏认识,住到了杭州艺专,并在此附读。

杭州艺专有个特点，只要有一个同学在校就读，就可以带人来住，学校是不管的，只要给食堂交上伙食费，就可以在里面吃饭。孙牧心就是凭与潘其鎏认识，住到了杭州艺专，俨然成了杭州艺专的"学生"。（徐宗帅：《林风眠与木心背后的潘其鎏》，见澎湃新闻2018年3月21日）

◎九月，到台湾。（按：据自制年表一，本年秋在台湾。据自制年表二显示是九月"到台湾"）在台期间的身份是台南糖业中学美术教师。期间偶遇在嘉义中学教书的席德进。去了阿里山，作诗《阿里山之夜》。在台期间与潘其鎏有书信往来。

按：关于此次台湾之行的动机有"写生"和"秘密工作"两种不同的说法：

木心钟情于塞尚，曾去台湾嘉义写生了一批塞尚风格的台南风光。（夏葆元：《木心的远行与归来》，《中国随笔年选2012》，朱航满编，广州：花城出版社，2012年，142页）

上海地下党派牧心去台湾完成一秘密工作，以台南糖业中学美术老师的公开身份作掩护。（沈罗凡《怀念牧心》，转引自周乾康《木心的少年伙伴沈罗凡》，未刊稿）

◎是年前后，陈士文打算赞助木心前往法国留学，因时局剧变未走成。

我的美术学校的指导老师C教授（按：即陈士文），他曾留法十年，赞助我去巴黎，可是时局剧变，我来不及走了。（木心答、童明问：《关于〈狱中手稿〉的对话》，《木心纪念专号：〈温故〉特辑》，刘瑞琳主编，桂林：广西师范大学出版社，2013年，218页）

一九四九年二十三岁

◎是年初，因母亲来信催促，遂返回大陆，住在杭州金沙港。

按：据自制年表二显示本年初"回杭州"。自制年表一则显示本年初在杭州金沙港。另，沈罗凡说是"一九四八年春回沪"，有误。（沈罗凡《怀念牧心》，转引自周乾康《木心的少年伙伴沈罗凡》，未刊稿）

◎与浙东游击纵队杭州联络站负责人之一的叶文西等成立"杭州绘画研究社"，叶文西任社长，木心任副社长。以此为掩护，从事地下党工作。

按：据木心提供给周乾康的简历及台湾《联合文学》创刊号中的《木心小传》任"杭州绘画研究社社长"，实际应是副社长。

叶文西（一九二五～二〇一四），河北保定人。一九四七年毕业于杭州艺专。曾任上海人民美术出版社美术编辑室主任、编审，上海市美术家协会理事、中国美术家协会会员。

一九四九年春节后，我的少年好友、"杭州绘画研究社"的副社长孙牧心同志，来信促我速去杭，有事相商。我叩别了年近古稀的老父，赶赴杭州。从城站乘公共汽车到岳庙下车，快步走向金沙港，眼前一座白色三楼小别墅……原主人早去香港，现在却是杭州中共地下党的一个联络点，对外是一个业余艺术团体：杭州绘画研究社。我……迅速走进右面一间小房间，这是孙牧心同志的卧室。只见他正和一个穿淡灰色派力司长袍，圆圆的脸，不长的身段的青年低声谈话。他看见了我高兴地说："想不到你这样快就到，老伯（沈罗凡父亲沈铨，字远孚）同意吗？"他感叹地说："老伯怎舍得你离开他。"看我手里拎着两簧篮三珍斋酱鸡，笑着对那个青年说："今天你可以尝到我家乡的名肴了。"又赶紧替我介绍："这就是叶文西同志。"我紧握着叶的手说："牧心早和我说过你了。你们办的《泡沫》，我也看过。你写的小说《夏衣》，主角罗干就是牧心吧！"这是我和叶文西同志的初次会晤。这天傍晚，……我们两人……沿着湖畔散步，牧心边走边告诉我："关鹏同志明天到杭州治病，要住一个星期，你陪伴他，要照顾好他，为了安全，你俩可以住到清泰街我家去。"关鹏同志，一九四八年我曾在艺专见过他一面，我知道他是浙东游击纵队政治部负责文化工作的，……由于我在杭有几家亲友，街道也熟悉，还挂着浙大旁听生之名，干掩护是比较合适的。我就一口答应了牧心的要求。实际上关鹏同志这次来杭，主要是动员艺专学生去浙东搞文艺工作。我非常关心他的生活起居。陪他去医院治病，更注意他的安全……一周后，关鹏同志由我送他到钱塘江边。之后，我就住在金沙港这所别墅里。我关心这所别墅，关心这所别墅的每一个同志。尤其是关心孙牧心和叶文西同志。……常来之客有艺专学生会主席王泰生同志、常委范才根同志，……他是艺专地下党负责人之一。

为了迎接解放，绘画研究社的主要任务，是绘制毛主席、朱总司令的巨幅画像。这在黎明前敌人更猖狂时是很危险的。我日夜警惕着画社周围的动态。……也常去"平湖秋月"附近浙大宿舍夏瞿禅（承焘）教授家，主要是受叶文西之托送去一些秘密书稿。……夏教授谈古论今，逸趣横生，我常乐而忘返。（沈罗凡《怀念牧心》，转引自周乾康《木心的少年伙伴沈罗凡》，未刊稿）

◎春，迫于生计，应浙江省立杭州高级中学（简称"省立杭高"）之聘，在该校担任图画教员。待遇可观，出入从众，深受学生爱戴。同事有董秋芳、许钦文、孙用、宋清如等。

己丑（一九四九）春，余导学武林贡院，登坛敷说，出入从众，羡优孟优旃之犹得寓言。余则沧浪清浊不及缨足，雪夜闭户，守灯呫嚅：

此心耿耿欲何之，谢家屐痕懒寻思。

钱塘有潮不闻声，雷锋无塔何题诗。

大我小我皆是我，文痴武痴一样痴。

龙吟虎啸草堂外，骚人冷暖各自知。

（木心：《西班牙三棵树》三辑·其三，桂林：广西师范大学出版社，2009年，131页）

按：" 省立杭高 " 位于杭州贡院旧址，所谓 " 武林贡院 " 即指 " 省立杭高 "。

浙江省立杭州高级中学，当地简称 " 杭高 "，校风严正克实，师资都是大学教授水准，校舍是科举时代的 " 贡院 "，昔者试士之所以曰贡院，府州县学生员之学行俱优者，有副贡拔贡优贡岁贡等名，经贡院试乃升入太学。而我在这里任教，纯为生计所迫，不意莘莘学子间，颇有矢志追随者，我想，艺术的道路需要有同行的伙伴，与其默等 " 朋友 " 的出现，不如亲手来制造 " 朋友 "。

我的年龄是二十刚出头，他们则还不到二十岁。

人生，可说是乍开门，下台阶，还未踏上路。（木心：《同情中断录》，《同情中断录》，木心著，台北：旭侑文化事业有限公司，1999年，208—209页）

◎五月三日，杭州解放。不久木心参加了中国人民解放军第二十一军，随军南下温州，在军政治部文化部任干事，从事宣传工作。

按：据画家徐昌铭回忆，解放初他领导的配合宣传的美术小组中有一个不声不响、埋头工作而艺术不凡的青年就是木心。

徐昌铭（一九二九～二〇一八），乌镇人，少年时求学于乌镇植材小学，十六岁辍学，前往上海某丝织厂学艺。长期从事美术设计工作，于装饰画、漫画均有建树，尤以写意动物画知名。曾任中国美术家协会理事、上海美术家协会常务副主席兼秘书长，系国家一级美术师。

一九四九年五月三日，杭州解放。孙牧心同志随廿一军南下温州，在军政治部文化部任干事。（沈罗凡《怀念孙木心》，转引自周乾康《木心的少年伙伴沈罗凡》，未刊稿）

"六五"事件斗争胜利了，被捕同学的政治觉悟进一步提高了，革命意志更加坚决了。正如卢汉华说的："监狱是我们的政治学校。"出狱后吴树之、李凌云、陈力萍、卢汉华四人立即投奔浙东纵队去了，刘鸣也经香港进入广东东江游击纵队入伍。在他们的影响下，林克松、丁洁因、刘佐平、陆华平、吴健华、冯炎、白衍等同学也相继进入浙东游击纵队参军，在武装斗争中，他们都先后加入中国共产党。还有姚白痕、孙牧心、方莉莉、周富华、谷一新等，亦于一九四九年五月参加了中国人民解放军。（夏子颐、吴平、朱瑚：《风雨战斗迎黎明：回忆上海美术专科学校地下党的斗争》，《南京艺术学院史》，王秉舟主编，南京：江苏美术出版社，1992年，295页）

他在解放部队中做宣传，因自小患上结核，一边喋血，一边坚持扭秧歌打腰鼓，热情不亚于任何先进的时代青年。为获取这份资料，我访问了当年与他一道参军的艺专女生，木心对于这位暗恋他的妙龄女孩置若罔闻，一心革命！关于木心的不近女色传说纷纭似有隐情。（夏葆元：《木心的远行与归来》，《中国随笔年选2012》，朱航满编，广州：花城出版社，2012年，142页）

◎七月，因病退伍，回到杭州养病。正值暑假，因病得闲，闭门重读了《莎士比亚戏剧全集》。

木心从军，在部队做宣传，绘制马恩列斯、毛泽东朱德的巨幅肖像。此时，死亡暗影重起——他开始咯血，大量地咯——以至于黄军装的前襟沾了一大片血迹，血仍不停地涌出来，秧歌还是照常不停地扭。木心与死神相对抗，自暴自弃地不断扭动身躯，任由血洒遍地，终于博得部队领导的同情而给予特批退伍……（夏葆元：《木心的远行与归来》，《中国随笔年选2012》，朱航满编，广州：花城出版社，2012年，144页）

◎十月一日，中华人民共和国在北京宣告成立。
◎下半年仍回"省立杭高"任教，住在皮市巷。

按：据自制年表一、二显示，本年初至八月底在"省立杭高"任职。其中自制年表二显示一九五〇年全年在杭州皮市巷。

期间作有旧体诗《贡院秋思》：

> 黄石桥边水波寒，鱼父看厌敬亭山。
> 羞将俚歌道哀乐，惭有闲情逐鸥雁。
> 遗袜惹来人济济，挂剑飘去影冉冉。
> 回看社庙斜阳里，金人肩头噪暮蝉。

一九五〇年 二十四岁

◎八月底,从"省立杭高"辞职,上莫干山,一直待到十二月。在莫干山期间一心读书、写作、画画。

那年,我退还了杭州教师的聘书(当时还是聘书制),上莫干山。这是在听福楼拜的话呀,他说:

"如果你以艺术决定一生,你就不能像普通人那样生活了。"

当时我在省立杭州第一高中(按:即"省立杭高")执教,待遇相当不错,免费住的房间很大,后门一开就是游泳池。学生爱戴我,其中的精英分子真诚热情。初解放能得到这份位置,是好的,但这就是"常人的生活",温暖、安定、丰富,于我的艺术有害,我不要,换作凄清、孤独、单调的生活。我雇人挑了书、电唱机、画画工具,走上莫干山。那时上山没有公车的。

头几天还新鲜,后来就关起来读书写书。书桌上贴着字条,是福楼拜说的话:"艺术广大已极,足以占有一个人。"

长期写下去,很多现在的观点,都是那时形成的。(木心讲述、陈丹青笔录:《文学回忆录》,桂林:广西师范大学出版社,2013年,1077页)

住在近剑池处父亲孙德润留下的别墅里。在此写出三篇论文《哈姆莱特泛论》《伊卡洛斯诠释》《奥菲司精义》:

是我在寂寞。夏季八月来的，借词养病，求的是清闲，喜悦这以山为名的诸般景色。此等私念，对亲友也说不出口，便道：去莫干山疗养，心脏病。于是纷纷同意，我脱身了。

八月，九月，十月。读与写之余，漫步山间。……那时，战后的莫干山尚未通电……莫干山半腰，近剑池有幢石头房子，是先父的别墅。战争年代谁来避暑？避暑和避难完全两回事。房子里有家具，托某姓山民看管，看管费以米计算，给的却是钱。我在他家三餐寄食，另付搭伙之资——刚到的一个星期左右，我随身带来的牛肉汁、花生酱，动也没有动。他家的菜肴真不错。山气清新，胃欲亢盛，粗粒子米粉加酱油蒸出来的猪肉，简直迷人。……我在莫干山也写这些东西，三篇：《哈姆莱特泛论》《伊卡洛斯诠释》《奥菲司精义》。……（木心：《竹秀》，《哥伦比亚的倒影》，木心著，桂林：广西师范大学出版社，2006年，21—23页）

在莫干山期间，研读福楼拜、尼采的著作，并接受福楼拜的艺术观和艺术方法：

一九五〇年，我二十三岁（按：应是周岁），正式投到福楼拜门下。之前，读过他全部小说，还不够自称为他的学生——被称为老师不容易，能称为学生也不容易——（木心讲述、陈丹青笔录：《文学回忆录》，桂林：广西师范大学出版社，2013年，1076页）

我接受福楼拜的艺术观、艺术方法，是在二十三岁（按：应是周岁）。当时已厌倦罗曼·罗兰。一看福楼拜，心想：舅舅来了。我到莫干山时，读的是福楼拜、尼采，由挑夫挑上山。（木心讲述、陈丹青笔录：《文学回忆录》，桂林：广西师范大学出版社，2013年，572页）

我曾模仿塞尚十年，和纪德交往二十年，信服尼采三十年，爱陀思妥耶夫斯基四十多年。凭这点死心塌地，我慢慢建立了自己。（木心讲述、陈丹青笔录：《文学回忆录》，桂林：广西师范大学出版社，2013年，688页）

尼采的书宜深读，你浅读，骄傲，自大狂，深读，读出一个自己来。（木心讲述、陈丹青笔录：《文学回忆录》，桂林：广西师范大学出版社，2013年，746页）

我与尼采的关系，像庄周与蝴蝶的关系。他是我精神上的情人。现在这情人老了。正好五十年。（木心讲述、陈丹青笔录：《文学回忆录》，桂林：广西师范大学出版社，2013年，797—798页）

◎是年深秋，首次到杭州玉泉林风眠家中拜访。

按：林风眠（一九〇〇～一九九一），广东梅县人。画家、美术教育家。一九一九年赴法国勤工俭学，先后就读于巴黎第戎美术学院、巴黎高等美术学院，专习油画。一九二五年回国，任北平艺术专科学校教授、校长。一九二八年创办杭州艺术专科学校，任教授、校长。

新中国成立后，历任中央美术学院华东分院教授、中国美协常务理事、顾问，上海美协副主席、主席、名誉主席等。晚年去香港，并逝世于香港。著有《中国绘画新论》《东西艺术的前途》等。

一九五〇年秋天，记得西湖白堤的群柳黄叶纷飞，那么是深秋，第一次作为林家的客人，后来知道林先生也是寂寞的，后来又知道几个年轻人常去探望他，他不致太寂寞——近玉泉了，灰色围墙，里面的院落颇宽敞，居中一幢法国式的二层别墅，也是浅灰的，四周果木扶疏，都落叶了，说是林先生当国立杭州艺专校长时建造的，楼下正房是客厅，很大似的，四壁立满图书唱片，坐具是几个茶褐色丝绒的蒲团，空旷有点荒凉……我又想假如不荒凉倒不对了，这时我已踏上楼梯，十九世纪戈蒂叶他们去见雨果，也难免是此种心情，最好楼梯长得走不完，将面晤一位深深崇敬的师尊，不怕问，不愁考试，只着急于怎样才能让他明悉我的真诚，我当时的感觉可以形容为"绝望"。这是首次，也是末次，林先生不会看重我，我也不会再来。

中等身材，深褐色皮鞋，爱因斯坦也爱穿这种圆头厚底的，隐格花呢宽裤，灰米黄粗绒线高领套衫，十分疏松，脸上布满笑容，所以看不清楚，只觉得颜肤光润气色极佳，头戴法兰西小帽，也深褐。另外，一只烟斗——林风眠。（木心：《双重悲悼》，《同情中断录》，木心著，台北：旭侑文化事业有限公司，1999年，130—131页）

木心曾谈起自己和林风眠的师生关系：

我和林风眠既是师生也是朋友，我们很谈得来，他喜欢我，我在绘画风格上受他的影响。（曾进：《海外作家木心独家专访："我不是什么国学大师"》中所引木心的话，《外滩画报》，2006年3月5日）

林风眠先生有一时期画风时露抽象风调，我托人传言："何不进入纯抽象？"后来晤面时，先生说："我只画自己懂的东西，不懂的东西画不来。这样吧，你写一篇'论纯抽象'，我要是懂了，就一定要画画看。"我深感师生行谊恳切，满口答允照办，起稿未竟，风暴陡起，此愿终未了也。[木心遗稿，转引自陈丹青《绘画的异端：写在木心美术馆落成之后》，《木心研究专号（2016）：木心美术馆特辑》，木心作品编辑部编，桂林：广西师范大学出版社，2016年，140页]

◎年底，木心偕母亲沈珍及外甥女王剑芬迁往上海，借住在世交王松生家中。王济诚则带着沈珍资助的一千块钱，带着其余的家人在杭州与人合开了一家纸店。

一九五一年 二十五岁

◎据自制年表一、二显示，本年一月至八月在上海江湾。此间闯荡谋生，做过医学挂图、舞台布景、临时代课等临时性工作。

一九五一年我们这几个年轻人，有的辍学，有的辞职，都从杭州转到上海了，在当时，诚是古怪行径，由于受不了那些集体主义的"规章""制度"，甘愿流浪谋生，以为上海不同于杭州，或者还可以容许我们闯荡。

……一心去打工，医学挂图、舞台布景、临时代课，有什么做什么，市内房租贵，借宿在郊外，吃路边摊，自备胡椒粉也算是一种阔气。（木心：《双重悲悼》，《同情中断录》，木心著，台北：旭侑文化事业有限公司，1999年，134—135页）

在上海高桥的时候，我做过音乐老师，小学，真的有一架钢琴，不大的，每次上课搬来搬去，教完课，拿工资，一叠子钱，我心里高兴了，心想这下又有一段时间可以不打工了……（曹立伟：《木心片断追记》，《木心逝世三周年纪念专号：〈温故〉特辑》，刘瑞琳主编，桂林：广西师范大学出版社，2015年，180页）

◎据自制年表一、二显示，从本年秋起在上海浦东高桥育民中学工作。先在教导处任职员。

按：上海市育民中学始创于一九四七年，创办人为江苏武进人施燮华。一九四七年至一九五八年间施燮华一直担任着这所学校的校长，而这期间的一九五一年至一九五六年间，木心亦在此工作，度过了他的五年中学教师生涯。

该校创办之初的校名是"私立四维中学"，含"四人维持"办校之意（四人指施燮华、黄振极、刘导源、陆君翼），同时又符合当时蒋介石所倡导的"礼、义、廉、耻"乃国之四维之说，一语双关。中华人民共和国成立后因"四维"之名已不合时宜，一九五二年十一月校名更改为上海市私立育民中学。没过几年，学校改由上海市教育局接办，性质由私立变公立，校名遂又于一九五六年二月变更为上海市育民初级中学。两年后因蓬莱中学有高中六个班并入，从此成为完全中学，才又改作了今名——上海市育民中学（下文简称育民中学）。

学校创办之时，位于高桥镇西浜头，由于校舍简陋，地处偏僻，一九四九年迁至西街承园，即现在的育民中学所在地，今为西街二一七号。

◎是年，作旧诗一首：

春申浦东一江之隔，无十里粉场之尘嚣，有五柳晋贤之岑寂。赁屋于遗老，剪韭于新畽。以俗还俗，浑忘秦汉：

　　水乡萋萋野云低，荳花香残燕子肥。
　　一从以酒代药后，三春无梦倒也奇。

此辛卯（一九五一年）旧吟，去今卅余年。海外孤露，自赎平安，月白风清，每难自禁。回首于不堪回首者。（木心：《西班牙三棵树》三辑·其七，桂林：广西师范大学出版社，2009年，135页）

◎是年，王济诚关闭了杭州的纸店，举家迁往湖州，与人合作开办了新华纸店。木心曾偕母亲沈珍到湖州看望姐姐一家，并亲手设计了纸店店招。

一九五二年 二十六岁

◎是年，育民中学因规模扩大，需新聘美术和音乐教师各一名。木心闻讯向校方提出，可由他一人同时担任这两门课的教学，而把自己的教导处职员一职让给王济诚。王济诚一家遂从湖州迁居高桥，顺便照顾体弱多病的岳母沈珍。

按：王济诚从一九五二年至一九六三年在育民中学任教导处职员，此后调到凌桥中学工作。王敬钊编《上海市育民中学校史（一九四七～一九八二）》将王济诚离开育民中学的时间误作一九七三年。

在该校任教期间木心受到学生的喜爱和敬重，曾将自己的一架钢琴租给学校，每月得租金三十元。有诗《小镇上的艺术家》述及这一段生涯：

国庆节下午

天气晴正

上午游行过了

黄浦江对岸

小镇中学教师

二十四岁，什么也不是

满腔十九世纪

福楼拜为师

雷珈米尔夫人为友

我好比笼中鸟

没有天空

可也没有翅膀

看样子是定局了

巴黎的盘子洗不成了

奋斗、受苦，我也怕

先找个人爱爱吧

人是有的

马马虎虎不算数

夜来风吹墙角

艾格顿荒原

哈代，哈代呀

看样子是就这样下去了
平日里什么乐子也没有
除非在街上吃碗馄饨

有时，人生真不如一行波德莱尔
有时，波德莱尔
真不如一碗馄饨

◎此间和家人租住在沈家大院，房东为诗人沈轶刘，木心与沈轶刘彼此敬重。

按：沈轶刘（一八九八～一九九三），名桢。上海浦东高桥人。早年毕业于上海中国公学中国文学系，长期从事报刊工作。二十世纪五十年代参加中华书局上海编辑所《新诗韵》等书的编辑。著有《繁霜榭诗词集》《八闽风土记》等。

舅舅和我们一家一起居住在上海浦东高桥镇的一座临河的大院里。舅舅住在河边一栋二层楼的楼上，我们一家住在楼旁一间厢房里。走进舅舅的房间，就像进入艺术的天堂。门窗的边框都用纸糊着（像现在的壁纸似的），一个又粗又大的画框占满了一面墙，另一面墙上挂着《蒙娜丽莎》的画像。靠窗一个写字台，台上铺满了纸，放着各种画笔、颜料和画具等。两把藤椅中间是一个石墩，石墩上放一块方方正正厚厚的黑石板当茶几，上面是贝多芬的石膏像，还有很好看的茶具和烟缸。床边一个像钢琴似的小书架，上面摆了几本精装书，床头桌子也用白纸包着，上面放着一盏古典西式的台灯和类似古埃及的艺术品。窗下是一条小河，河中时有船摇过，对岸是大片芦苇、青草和树木。放眼望去，远处是一片宽广的田野，春夏季节油菜花一片金黄，秋冬则是一顷碧绿的麦田，更远处是一片郁郁葱葱的树林，几间小屋隐约其间。白天常能听到蝉轻唱，晚上常能听到青蛙低吟。（王韦：《为文学艺术而生的舅舅》，《木心纪念专号：〈温故〉特辑》，刘瑞琳主编，桂林：广西师范大学出版社，2013年，93页）

房东是夏承焘先生的朋友，当时八十岁左右的沈轶刘老先生（现列为上海名人），他是饱读诗书满腹经纶的清末秀才，隐居诗人，民国时期曾任福建省省长的文秘，酷爱唐诗，常见他边吟诗边锄地种菜，后出版有施蛰存为其作序的《繁霜榭诗词集》等书。（王韦：《为文学艺术而生的舅舅》，《木心纪念专号：〈温故〉特辑》，刘瑞琳主编，桂林：广西师范大学出版社，2013年，94页）

此一时期木心与李梦熊、潘其鎏等来往频繁，李梦熊与潘其鎏常到木心家里小住。

按：李梦熊（一九二五～二〇〇一），云南大理鹤庆人。毕业于上海国立音专，曾任上海人民艺术剧院声乐教练、兰州艺术学院声乐教授等职。为人卓尔不群，常有惊世骇俗之见。

青春年代，经历一阵阵受之无愧的凄苦。有一次，他到乡间来避难，发高烧、大汗、昏睡几天才自己开口要喝水，喝了水，说：我来的时候，路两旁油菜花，黄、大片的油菜花，黄得好狠心。

病稍愈，他要画画，作立方体主义的分析试验。（木心：《那是往事》，转引自徐宗帅《林风眠与木心背后的潘其鎏》，见澎湃新闻2018年3月21日）

寒暑假会有学生自杭州来上海家中小住。

五十年代我在上海浦东高桥教书，寒暑假总有杭州来的学生住我家，伙食包在一家小饭馆。饭馆老板娘阴一套阳一套，我们吃足了亏，我就说，这是饭馆里的麦克白夫人。大家哗然大笑——（木心讲述、陈丹青笔录：《文学回忆录》，桂林：广西师范大学出版社，2013年，393页）

◎在高桥教书期间读完西欧作品，有些还重温了一遍。

五六年间就把西欧的作品都读完了，有的已经是重温了。（匡文兵记录：《晚年木心先生谈话录》，《木心逝世两周年纪念专号：〈温故〉特辑》，刘瑞琳主编，桂林：广西师范大学出版社，2014年，268页）

一九五六年 三十岁

◎上半年，仍在育民中学任教。

七月九日，……夕与妇往胜利剧院看上海芳华剧团演宝玉与黛玉，遇桐乡王剑芬，谓孙牧心乃其母舅，近在上海高桥育民中学任教。(夏承焘：《天风阁学词日记〔三〕·一九五六年》，《夏承焘集》第七册，杭州：浙江古籍出版社，1992年，541页)

◎七月，首次蒙冤入狱。在被逮捕时戴上了手铐，还被搜查了房间。关在上海市第二看守所，关押期间被安排在监狱内分发图书。据自制年表一、二显示，本月终结育民中学教职。

按：上海市第二看守所，又称思南路看守所，一九五三年五月建，位于思南路。初称上海市人民政府公安局劳改处第二看守所。一九五六年在押犯人三百余人。(麦林华主编：《上海监狱志》，上海：上海社会科学院出版社，2003年)

一九五六年我被迫害，死去活来，事后在钢琴上弹贝多芬，突然懂了，不仅懂了，而且奇怪贝多芬的遭遇和我完全不同，何以他的悲痛与我如此共鸣？(木心讲述、陈丹青笔录：《文学回忆录》，桂林：广西师范大学出版社，2013年，594页)

◎被囚禁期间，母亲沈珍去世，时年不足六十岁。

按：沈珍遗体火化后骨灰盒一直保存在高桥家中，二〇一一年木心委托代咸到上海高桥王奕家中将骨灰盒带回乌镇，同年四月葬于乌镇。

◎十二月，囚禁半年后出狱，得口头"平反"。

◎是年，作诗《思绝》：

小屋如舟衾似沙，灵芝劫尽枕芦花。
杜宇声声归何处，群玉山头第一家。

一九五七年 三十一岁

◎是年，进入上海美术模型厂工作。据自制年表一、二显示，主要从事展览会的设计。工作地点在浦西，每隔两周或节假日则回浦东与家人欢聚，期间常给外甥和学生们讲中外文学和音乐。

按：上海美术模型厂，全称为地方国营上海美术模型厂，属上海手工业局。原址在上海市石门二路二六六弄十三号。业务项目有：美术设计、展览布置、各类模型、产品造型、装潢设计、绘画招贴、制版画稿、雕塑造型、时装模型、艺术灯彩。上海美术模型厂后改名上海创新工艺品一厂。

五十年代初（按：应是一九五六年）的"跳海壮举"之后，木心为维持生计混了一段"自由职业"的生涯，除了已知的在高桥中学（按：应是高桥育民中学）担任代课老师外，又凭手艺到上海接了些设计活儿，形同现今的"创意设计达人"一样懒惰地工作着。至一九五八年随着"大跃进"形势跑"总路线"，木心被收编归队，在手工业局底下一个叫"上海美术模型厂"里当一名美工（此为类似合作社形式的自负盈亏单位）。按先生的才具，并非不能进一家更像样的单位，但是习惯隐忍的他认为这个不惹人注意的所在更为安全。（夏葆元：《木心的远行与归来》，《中国随笔年选2012》，朱航满编，广州：花城出版社，2012年，144页）

　　舅舅在浦西工作。连续数年，每隔两周或节假日，衣着典雅、神气而儒雅的舅舅就会与我们一家欢聚（有时会带几个学生），给我买好玩的玩具（像会翻筋斗的孙悟空、电动小汽车）等。每次回来，午饭后，我们兄弟姐妹及他的学生数人就围在他周围，在我们的厢房里连续几小时听他风趣幽默地讲解陶渊明、苏东坡、王安石、《古文观止》等中国古代文学大家的诗词文章，及巴尔扎克、杰克·伦敦等西方文学大家的经典名著（如同他在美国讲文学史一般）。另外，舅舅还给我们讲莫扎特、贝多芬、舒伯特等音乐大师的作品，教我们唱他谱曲的宋词（至今我能唱其中两首），他还用宋词翻唱俄罗斯歌曲。悠扬的歌声、阵阵欢声笑语，给我们带来无限的欢乐。那时我虽然年幼，半懂不懂，却也听得津津有味、如痴如醉，浸泡在美好的文学艺术中,总是期待周日的到来。

春夏时节,饭后舅舅会带我们沿着一条偏僻傍河的小路踏青散步,路旁大片金黄色的油菜花和紫色的蚕豆花,芳香扑鼻。我们边散步边聊天,谈笑风生,轻声歌唱,一直走到远处一座美丽的小古桥,流连忘返。舅舅非常喜欢腊梅花,经常让我去剪一两枝插在花瓶里,房间里便充满淡雅的清香。他还常带我们去房东的菜园里品梅赏菊。……

舅舅爱喝啤酒和白兰地。记得有一次梅雨季节,大家在一起喝酒,饮至过半时,舅舅脱口而出了个上联,"五月黄梅天",问我们谁能对出下联。大家绞尽脑汁,谁也对不出来。却只见舅舅拿起酒瓶一指说:"你们看,就是它,'三星白兰地'。"大家先是一愣,然后恍然大悟,拍手称奇。

舅舅非常喜欢雪。有一年春节下大雪,舅舅叫我用两个洗脸盆装满雪端进屋里,然后他搓搓手,一会儿工夫就捏成两只活灵活现的大白兔。舅舅和母亲用绍兴话背诵他们小时候学到的诗歌给我们听,至今我还记得其中一首:"一夜北风起,白雪铺满地,小狗看见真欢喜,追跑打滚做游戏,可怜小麻雀,飞东又飞西,叽叽喳喳叫肚饥。"(王韦:《为文学艺术而生的舅舅》,《木心纪念专号:〈温故〉特辑》,刘瑞琳主编,桂林:广西师范大学出版社,2013年,94—95页)

木心曾谈到自己退出文艺界改做工艺美术的原因,身处洪流他给自己的定位是"不太积极,也不太落后,尽量随大流,保全自己":

到了解放军渡江，上海杭州一个接一个"解放"了，一解放，又纷纷去参军，他们自己以为"心路历程"顺理成章——顺文学之理，成革命之章——后来呢，克利斯朵夫、普希金，统统放弃，极少数人还留恋，也留恋不了多久。我当时知道，非常难，共产主义不爱普希金的，不容克利斯朵夫的，我要走的路，被截断了。怎么办呢，想了好久，决定退出文艺界，去搞工艺美术，不太积极，也不太落后，尽量随大流，保全自己……（木心讲述、陈丹青笔录：《文学回忆录》，桂林：广西师范大学出版社，2013年，834—835页）

◎进入上海美术模型厂上班后在潘其鎏家暂住过一段时间。

坐过牢房，学校除名，在五十年代是天大的政治问题，但潘其鎏没有嫌弃。在归无居处时，照样将其带回自己家，在客厅里加了一个铺，安置下来。住了一段时间，夏天到了，衣单裤短，潘妻袁湘文觉得起居不便，很不舒服，潘其鎏只得让其搬走，搬到一位学生家了。当时崇拜孙牧心的学生还是不少的。（徐宗帅：《林风眠与木心背后的潘其鎏》，见澎湃新闻2018年3月21日）

◎四月二十七日，中共中央公布《关于整风运动的指示》，"反右"运动拉开序幕。

一九五八年 三十二岁

◎夏,游访洛阳。

◎据自制年表一、二显示,本年秋、冬间在北京,参加第二届全国农业展览会(按:自制年表一作"全国农展",自制年表二作"北京农展")的设计工作。闲暇喜欢一个人逛天桥。

按:全国农业展览会第一届的举办时间是一九五七年二月二十日至七月三十一日,夏葆元说木心担任"第一届全国农业展览会"的总体设计(夏葆元:《木心的远行与归来》,《中国随笔年选2012》,朱航满编,广州:花城出版社,2012年,143页)有误,应是第二届。

第二届全国农业展览会从一九五七年十二月开始筹备……七月三日顾大川批准"一九五八年全国农展会展出筹备工作计划",调整后展览内容表现为九个字:"总路线、大跃进、公社化",并确定设立综合馆、农作物馆(包括粮食、棉麻、油料、特产)、增产措施馆(包括水利、土壤、肥料、种子、密植、植保)、工具馆、畜牧馆、农村工业馆、林业馆、水产馆、气象馆、文教卫生馆、妇女馆。……第二届全国农业展览于一九五八年十二月二十五日在农展馆(此时农展馆是指一九五七年建的临时馆)开幕,朱德委员长亲临剪彩,至次年五月闭馆参观人次达二百万。(肖克之:《新中国的三届全国农业展览会》,《农村工作通讯》,2004年第5期,63页)

早年我在北京设计展览会，喜欢一个人逛天桥，去东安市场听曲艺相声，在东直门外西直门外的小酒店，和下层人物喝酒抽烟聊天。（木心讲述、陈丹青笔录：《文学回忆录》，桂林：广西师范大学出版社，2013年，195页）

◎是年，作为设计带队在北京参与十大建筑的室内设计，向国庆十周年献礼。

我们组织很重视伊的，一九五八年弄一班人马到北京建设"十大建筑"，向国庆十周年献礼啊！孙牧心是设计带队，来回好几次都是我到北火车站去亲自接送的——好几次，车钿报销。他有本事！一批人都有本事。木工漆工金工都搭配好的，北京对我们评价很高的，倪常明也去的。（夏葆元：《木心的远行与归来》，《中国随笔年选2012》，朱航满编，广州：花城出版社，2012年，146页）

一九五九年 三十三岁

◎据自制年表一、二显示，本年春至秋仍在北京参加第三届全国农业展览会的设计。（按：自制年表一作"全国农、工展"，自制年表二作"北京农、工展"）作于是年的《格瓦斯》一诗提及在北京的生活。

在紧锣密鼓地筹备第二届全国农业展览会的同时，中央决定举办建国十周年庆典活动,其中内容之一,就是以"大跃进"的方式多快好省地建十座标志性建筑,人称"国庆工程",以展示欣欣向荣的新中国的国力。这十座建筑中就包括全国农业展览馆。新馆的建立必然涉及展览内容,于是从一九五八年十二月开始第三届全国农业展览会的筹备工作。本届展览会的目的是:配合盛大的国庆十周年大典,充分显示十年来我国农业生产建设的伟大成就与经验。性质和任务是:"突出地宣传建国十年来在党和毛主席的英明领导下,农业战线上所取得的辉煌成就,显示五亿农民的创造性劳动与冲天干劲的威力,宣传人民公社化的优越性和伟大意义。"

农业部为此成立了"庆祝中华人民共和国成立十周年全国农业成就展览筹备委员会",筹委会主任由廖鲁言担任,委员有刘瑞龙、罗玉川、邓杰、张雨帆等。展览有板面四百块、小展台一百四十五个、大实物塔十八个、电动模型七十六个、沙盘模型四十二个,不计内容筹备,从形式设计到施工仅用二个月时间,体现了"跃进"的精神。

第三届全国农业展览会于一九五九年九月二十七日在全国农业展览馆开幕,谭震林为开幕式剪彩。展览分:综合馆、农作物馆、园艺特产馆、水利馆、措施馆、工具馆、畜牧馆、水产馆、气象馆、林业馆,以及人民公社工业馆、农村电气馆、沼气馆。这次展览时间较长,一直延续到一九六〇年十二月三十一日,但参观人数远不及前。(肖克之:《新中国的三届全国农业展览会》,《农村工作通讯》,2004年第5期,63页)

◎十月一日，在北京，躲在家里偷学意识流写作。

一九五九年"国庆十周年"时，我在家自己写意识流的东西。不用在小说上，用在散文上。（木心讲述、陈丹青笔录：《文学回忆录》，桂林：广西师范大学出版社，2013年，810页）

◎是年，作旧诗一首：

人皆畏朽，余岂释然？以近三十为最忧悚，逾四十便置度外，或反增今是昨非之独乐：

  览尽荼蘼雕坛空，人生有恨花始浓。
  频年金屋常寂寂，老去玉树犹临风。

虽然，亦有所悲：

  铜雀未见春又深，满城落花马难行。
  江南再遇龟年日，二十四桥无箫声。

己亥（一九五九年）之咏，距廿七寒暑。去国离忧，诚不知二十四桥为何物矣。（木心：《西班牙三棵树》三辑·其五，桂林：广西师范大学出版社，2009年，133页）

◎是年，一度在上海设计某成果汇报展。
◎是年，再游洛阳。

越明年，我又去河南，在洛阳市内走了一天，睡了一宵，满目民房、商店、工厂……油油荒荒，什么伽蓝名园的遗迹也没有——我想总归要怪自己，除非一旦成了考古学家，否则不必再到洛阳来。（木心：《洛阳伽蓝赋》附注，《巴珑》，木心著，桂林：广西师范大学出版社，2008年，174页）

一九六〇年 三十四岁

◎是年，大外甥女王剑芬与郑儒鍼结婚，婚后辞职，随郑儒鍼定居北京。木心在京期间，常与郑家往来，向他们借阅书籍。

按：郑儒鍼（一九二一～一九八二），广东人，牛津大学和哈佛大学文学双硕士。一九五〇年至一九六一年任浙江师范学院英语系教授，一九六二年至一九八二年任北京师范大学英语系教授。曾是《毛泽东选集》一至四卷中译英小组成员之一。

二十世纪六十年代初，舅舅曾参加人民大会堂等十大建筑的室内设计工作（按：此项工作主要是在一九五九年），经常到北京，常去大姐姐家（她家藏书丰富，对舅舅来说，这儿不啻第二个"茅盾书屋"），大量向大姐夫借书阅读。（王韦：《在天国再相聚言欢——追忆舅舅木心与姐夫郑儒鍼的交往》，《北京青年报》，2013年4月1日）

一九六一年 三十五岁

◎暮春，初识画家陈巨源、陈巨洪兄弟，应邀就饮于上海南京路广州食府。仗酒言志，作古体诗一首。

按：陈巨源，一九三九年生于上海。一九七九年上海"十二人画展"的主要发起人之一，上海市美术家协会会员，曾任福建人民出版社美术设计。

陈巨洪，陈巨源之弟，一九七九年上海"十二人画展"的主要发起人之一，现居美国。

辛丑（一九六一年）春暮，淞滨初识画家原、泓二子（按：指陈巨源、陈巨洪)，籍粤，乃就饮于南京路广州食府。杯谈渐酣，仗酒言志：

若有人兮山之阿，餐菊兮啜桂露。

临深慨慷作高歌，履薄轻飔起妙舞。

沉醉百年未尽量，精思万代乐逾度。

跨长虹兮携太白，笑斥群匠昼葫芦。

（木心：《西班牙三棵树》三辑·其十四，桂林：广西师范大学出版社，2009年，144页）

据陈巨源回忆，他们与木心相识是经由王元鼎的介绍：

按：王元鼎，一九四一年生于上海。毕生致力于油画、水彩画的创作，历任中国美术设计家协会秘书长、上海水彩画研究会会员。

一九九二年定居美国，一九九三年荣获加利福尼亚州政府颁发的促进东西方艺术事业特殊成就奖。

最初认识木心，听王元鼎介绍，是一位设计界的高手。他仪表不凡，衣着讲究，十分清高，只与像元鼎这样有品位的人来往。我和巨洪自然热切希望与之交往，希望一睹他的丰采。在元鼎的安排下，我们在新雅粤菜馆宴请了木心。

初次相逢，木心如天人下凡，谈论艺术，古往今来，如数家珍，各种流派，艺术观点，任意点评，如探囊取物，如在云端，对人世万物，一目了然。我们洗耳恭听，暗自敬佩，庆幸结交如此高人，至今未见有过木心者。（陈巨源：《与一代奇才木心的交往》，《木心逝世两周年纪念专号：〈温故〉特辑》，刘瑞琳主编，桂林：广西师范大学出版社，2014年，247页）

谈到木心，我和他有数十年的友谊，最近曾到乌镇与他见面。……有史以来，我最崇拜东坡、李白，第三个可以算木心。他对我艺术上的影响不言而喻，他第一个发现并肯定我的艺术，那时我们常常得到他的引导，会按他的指导去努力，这并不奇怪，因为他就像魔法师，充满魅力，使他周围的年轻人都被深深地吸引。（袁龙海：《艺术"玩家"陈巨源》，《上海采风》，2009年第2期，77页）

一九六三年 三十七岁

◎据自制年表一、二显示,本年起至一九六五年先后从事外贸、广告等工作。

一九六四年 三十八岁

◎是年,在"四清运动"中,孙彩霞被查出名下拥有多张地契,均系当年的嫁妆。(按:中华人民共和国成立后孙彩霞即被定为地主)

◎是年,应邀与潘其鎏等参加在中苏友好大厦举办的首届中国出口服装展。

一九六四年,首届中国出口服装展在上海展览中心举办,徐昌酩跟着张仃做此次展览会的陈列设计,"要做的比服装都美",这是当时他们达成的一致目标。这次展览的规模很大,有凌燮阳、宋连祁、施福国、马永春等人参加,同时还邀请了孙牧心(木心)、潘其鎏等加盟。(曹汝平:《"五颜六色"的创作者与见证者——徐昌酩先生访谈记》,《设计》,2014年第8期,165页)

一九六五年 三十九岁

◎近年在上海美术模型厂专事生产工艺竹帘画及毛泽东立体画像。年底,被调到中苏友好大厦(现上海展览中心)任"技术革新、技术革命"展览会总体设计。遇见担任展墙插图的夏葆元。

按:夏葆元,一九四四年生于上海,一九六五年毕业于上海美专本科油画系,后在上海工艺美术研究所任艺术指导。一九八一年任上海交通大学美术研究室画部主任,一九八五年任上海油画雕塑创作组负责人,一九八八年被评为国家一级美术师,同年移居美国。二〇〇五年任复旦大学上海视觉艺术学院特聘教授,长期从事西洋画、中国水墨画的研究创作,为中国美术家协会会员,出版有《夏葆元绘画作品选》等。

一九六五年底,我偶遇八年前从大字报上读到的"孙牧心"本人,苍白的脸,下颚微凸呈尖状,头戴黑色绒线帽,上有绒球,蒙克画里的那种。初次相见我对他怀有戒心,因为市面上多的是"魁劲十足"的人。那些年这位文艺大才屈居在一座破庙(后来得知是尼姑庵),专事生产工艺竹帘画及"文革"流行的毛主席立体照片,近日获悉中华牌香烟的壳子也出自木心之手设计。因为与所在单位是同一系统,我大学毕业后的第一份像样工作,便是与木心的破庙单位合作,布置中苏友好大厦(现上海展览馆)内的"技术革新、技术革命"(简称"双革")展览会,木心任总体设计,我担任展墙插图。(夏葆元:《木心的

远行与归来》，《中国随笔年选2012》，朱航满编，广州：花城出版社，2012年，144页）

◎能把马列著作背得滚瓜烂熟，每周带领大家学习恩格斯的《反杜林论》，对内容如数家珍。

每周政治讨论，木心带领大家学习恩格斯的《反杜林论》，他竟能如数家珍随口道出某一页第几段的内容。（夏葆元：《木心的远行与归来》，《中国随笔年选2012》，朱航满编，广州：花城出版社，2012年，145页）

◎"文革"前，好友李梦熊怂恿木心续写《红楼梦》，踌躇不定，最后决定放弃。不久两人因故绝交。

二十年前，我和音乐家李梦熊交游，他就想写《从徐光启到曹雪芹》。我们总在徐家汇一带散步，吃小馆子，大雪纷飞，满目公共车轮，集散芸芸众生。这时，中国大概只有这么一个画家、一个歌唱家在感叹曹雪芹没当上宰相，退而写《红楼梦》。

结果他没写这篇论文，我也至今没动笔论曹雪芹。不久二人绝交了。友谊有时像婚姻，由误解而亲近，以了解而分手。（木心讲述、陈丹青笔录：《文学回忆录》，桂林：广西师范大学出版社，2013年，435页）

一九六六年 四十岁

◎据自制年表一、二，本年初起又回上海美术模型厂工作。

◎五月，"文革"爆发。

◎"文革"之初，尚未受到冲击，与钢琴家金石等交往甚密，彼此切磋音乐。

按：金石，生于一九三三年，上海人，沈阳音乐学院教授。自幼从其父金武周博士学习，后从师于潘美波、玛格林斯基、张碧华、俞便民等名家学习钢琴演奏艺术。一九五一年四月二十八日在上海兰心剧场举行钢琴独奏会，是新中国成立后国内第一次公开举办的钢琴独奏音乐会。一九五六年受东北音乐专科学校（一九五八年更名为沈阳音乐学院）之聘，到该校任钢琴教师。杏坛执教半个世纪，学生遍布世界。历任第一届全国钢琴比赛特邀评委及选拔出国参赛国际钢琴比赛选手五人专家评审组成员等。编著有《浅论声音》《车尔尼钢琴练习曲的训练和应用》《钢琴教学丛书》等。

浩劫之初，余犹无恙。有钢琴家金师（按：即金石）自挹娄返申省亲，滨友咸集，奏肖邦、李斯特诸曲于深院幽宅。夤夜从事，盖大违禁忌也。翌夕，聚饮市南豫园，同座以即席赋句为趣促，感金师之妙艺，掇长短以倾忱……越明年，金师以私举音乐会入罪，搜身得此手稿，旋下狱，卒贬为牧猪奴。（木心：《西班牙三棵树》三辑·其四，桂林：广西师范大学出版社，2009年，132页）

木心醉心音乐,与钢琴演奏家金石交游密切。……金石曾于一九五一年四月在上海兰心剧场举办过国人首次钢琴独奏会,后来虽在沈阳音乐学院任钢琴系教授,但每来上海探亲,常会同木心见面。有次金石在朋友处举行一场个人独奏音乐会,曲目为柴可夫斯基的第一钢琴协奏曲,木心特地赶来,并与金石当场切磋演奏中的技巧。金石曾同我提起,木心不仅对音乐有很高的灵性和敏感,还能作曲,而且与他有过相同的经历:当年隔离审查期间,他们都曾在硬纸板画上黑白琴键,在上面偷偷练指法,免得技艺生疏。(铁戈:《木心上海剪影》,《财新周刊》,2017年第2期)

◎冬,因孙彩霞的出身为地主,惨遭抄家。木心受其牵连,数箱画作、藏书、乐谱、唱片和二十二册(一说二十本)自定文集等被全部抄没。

一九六六年冬天,晚上我们刚躺下睡觉,突然一阵猛烈的敲门声把母亲、小姐姐和我从梦中惊醒。一群身穿绿军装的红卫兵拿着枪棒闯进家门,翻箱倒柜,满屋查找所谓"四旧"的东西。我家的首饰、照片等值钱物品,及舅舅的数箱珍贵的画作、文稿、藏书、乐谱、唱片等,装满了四辆"劳动车",悉数拿走。没过几天,又来继续"搜查",敲墙撬地板,挖地三尺,并将舅舅屋里当茶几的厚黑石板砸碎找金银财宝。他们让母亲跪在地上接受批斗,让我和小姐姐在一旁站着陪斗。白天受红卫兵监视,连晚上睡觉也常听见屋顶上瓦片碎声,抬头望天窗，看见有人在监视我们。(王韦:《为文学艺术而生的舅舅》,《木心纪念专号:〈温故〉特辑》,刘瑞琳主编,桂林:广西师范大学出版社,2013年,95页)

画余写作诗、小说、剧作、散文、随笔、杂记、文论,自订二十二册,"文革"初全部抄没。(《木心先生讣告》,《木心纪念专号:〈温故〉特辑》,刘瑞琳主编,桂林:广西师范大学出版社,2013年,3页)

结集呢,结了,到六十年代"浩劫"前夕正好二十本,读者呢,与施耐庵生前差不多,约十人。出版吗,二十集手抄精装本全被没收了。(木心:《海峡传声:答台湾〈联合文学〉编者问》,《鱼丽之宴》,木心著,桂林:广西师范大学出版社,2009年,17页)

禁囚之前我一生的文学绘画作品全部被焚毁,所谓"在绝望中求永生",其实只能是"无愧于艺术对我的教养",明知从此被剥夺了艺术创作的权利,我根本不配有信心。然而世界性的是非善恶的判断和取拒,在我心里决不放弃一贯的主见,层出不穷的主见。华格纳年轻时谒见贝多芬,得到教诲和慰勉,告别时,贝多芬说:"以后你痛苦时,请想起我。"贝多芬以其道德力量之强,担当了人性中的最大可能,我又惊讶他对人生痛苦的体验之深,使我这平凡的不幸者也得以引贝多芬为知己。(童明、木心:《关于〈狱中手稿〉的对话》,《木心纪念专号:〈温故〉特辑》,刘瑞琳主编,桂林:广西师范大学出版社,2013年,214页)

一九六七年 四十一岁

◎冬，孙彩霞被批斗后心脏病复发去世。

◎木心自本年起在上海创新工艺品一厂工作。

按：据秦维宪所述，木心一九六七年至一九七九年的工作单位是上海创新工艺品一厂，厂址"坐落在石门二路、新闸路交合处，曾经是破尼姑庵的厂房"[秦维宪：《木心的人生境界（上）》，《新民晚报》，2015年12月28日]。上海创新工艺品一厂的前身即是"上海美术模型厂"，"文革"中厂名发生变更。

一九六八年 四十二岁

按：自制年表一本年所标示的年龄为四十三岁，误。

◎据自制年表一、二显示，本年七月至十二月，被上海静安公安分局关押。被关押的原因是在"清队运动"中不肯向上海创新工艺品一厂的造反派承认自己是地主出身，而坚持认为自己是学生出身。

关押期间以默默地背书和唱歌来抵挡寂寞：

三十多年后，在监狱中是没有人不寂寞的，先是什么都断了，什么都想不起来，几个月挨过，才知道寂寞的深度竟是无底。于是开始背书，背书，绝妙的享受，不幸很快就发觉能背得出的篇章真不多；于是在心中唱歌，唱歌，记忆所及的词曲竟也少得可怜，兜底搜索，这支儿歌也挖掘出来，有言无声地唱着。感谢女教师预知她的学生要身系囹圄，早早授此一曲，三十年后可解寂寞云云。（木心：《笑爬》，《琼美卡随想录》，木心著，桂林：广西师范大学出版社，2006年，129—130页）

◎年底，静安公安分局对其进行宣判，戴上"地主分子"帽子，回原单位监督劳动，管制两年。

按：据夏葆元所述，曾被转移到位于徐家汇附近的一个民间组织私设的监禁地：

木心还告诉我，他后来转移到一个民间组织私设的监禁地，位于徐家汇附近，犯人每月允许冲一次"热水龙头"，当热水直达头颈以下的脊椎，"这一种舒服是如同死一般的舒服"。另一则是某冬日午后，看守允许犯人到天井放风，木心搁了一块汰衣裳板，在冬日和煦的阳光下翻起丝绵棉袄来，此时从徐家汇远处传来了电车声、人的喧闹声，木心一时感到十分平静和满足，"我对生又充满了希望"，"这种声音简直是从另一世界传来的福音"。还有一则故事更为悲凉离奇：某夜他从囚禁的木栅栏的缝隙里逃逸，"可见我那时有多瘦"，出了囹圄后想想没有地方可去，又钻回刚潜出的木栅栏。（夏葆元：《木心的远行与归来》，《中国随笔年选2012》，朱航满编，广州：花城出版社，2012年，145页）

一九六九年 四十三岁

◎据自制年表一显示，本年一月至一九七〇年七月"在厂劳改"，负责扫地、扫厕所等体力劳动。

一个月后"文革"爆发，他便杳无音讯，传闻他在本单位原地监督劳动，扫地、扫厕所什么都来，当然丧失了竹帘画和立体照片的制作权，处境极度堪忧！木心后来告诉我，他单位原有一对半残的痴人，口中常流涎水，是他们单位最低等级的"贱民"，现在木心终于和他们走到了一块儿，居然比他们的等级还要低，这两位痴人对于木心的"加盟"高兴得不得了。（夏葆元：《木心的远行与归来》，《中国随笔年选2012》，朱航满编，广州：花城出版社，2012年，145页）

六十年代

◎开始酝酿长篇散文《巴比伦语言学》，终未完成。

青年时构想一部诗剧，介乎《查拉图斯特拉》与《浮士德》之间的东西，两幕写过，便知道这是不行的，无法表现近代的当代的思想和情操。从六十年代开始，酝酿一部《巴比伦语言学》，写法是：分章而连续。体裁就是这种融合诗、小说、评论的散文。字数当以百万计。(木心:《海峡传声:答台湾〈联合文学〉编者问》,《鱼丽之宴》,木心著,桂林:广西师范大学出版社,2009年,36页)

一九七〇年 四十四岁

◎是年七月,被撤销管制。

◎据自制年表一显示,本年八月至十一月"在厂隔离审查"。

◎据自制年表一显示,本年十二月起至一九七一年九月"在地毯厂审查"。

七十年代初

◎木心曾在飞马牌香烟壳背面列出此一阶段的写作成果目录,计有十五种:

《和打猎一样》《凡仑街十五号》《进来,主角》《政治负数》《十字架的一半》《逻辑弥撒》《公共回忆录》《巴比伦语言学》《论批评精神》《蛋白黄论》《单体对话录》《原始忏悔录》《魔术兴亡史》《田园诗关系》《现在我发言》

一九七一年 四十五岁

◎据自制年表一显示，本年十月至一九七二年二月"在绣品厂隔离"。

按：据王韦回忆，本年上海美术模型厂一度派人来抄家，之后木心便杳无音讯。王济诚让幼女王奕到上海美术模型厂要求探视木心，被造反派拒绝。

一九七二年 四十六岁

◎是年，厂组织将木心的材料上交静安区公安分局，分局以反对"文化大革命"等罪名将其打成"现行反革命"，管制三年。

◎据自制年表一显示，本年三月至六月"在本厂防空洞隔离"。被要求写检查，却不停地偷偷作曲。初入地窖时每日抽掉一包烟，后减为半包。

按：有关此次隔离，木心到纽约后作有《三号防空洞》一文，详细描写了囚禁细节，现藏于木心美术馆。

中年被幽囚在积水的地窖中……我便在一盏最小号的桅灯下，不停地作曲，即使狱卒发现了，至多没收乐谱，不致请个交响乐队来试奏以定罪孽深重之程度。（木心：《很好》，《琼美卡随想录》，木心著，桂林：广西师范大学出版社，2006年，105—106页）

◎在防空洞隔离期间写出一百三十二页《狱中手稿》，约六十五万字。解除监禁后将手稿缝在棉袄夹层中偷偷带出。

按：《狱中手稿》的写作时间童明说是"一九七一年"（童明、木心：《关于〈狱中手稿〉的对话》，《木心纪念专号：〈温故〉特辑》，刘瑞琳主编，桂林：广西师范大学出版社，2013年，213页）。而巫鸿则说是"一九七〇至一九七三年期间"，他称之为"狱中笔记"。（巫鸿：《读木心：一个没有乡愿的流亡者》，《走自己的路：巫鸿论中国当代艺术家》，巫鸿著，广州：岭南美术出版社，2008年，20页）现以木心自制年表一中显示的"在本厂防空洞隔离"的时间为准，判定写于一九七二年三月至六月之间。

舅舅监禁释放后回到高桥家里，悄悄给我们看他在地下防空洞中穿的脏旧不堪的棉袄、结扣计日的布带和在洞中偷偷写下的密密麻麻的六十六页（按：此处的"页"应是"张"的意思）日记，并讲述怎样巧妙地把日记缝在棉袄夹层中偷偷带出来。（王韦：《为文学艺术而生的舅舅》，《木心纪念专号：〈温故〉特辑》，刘瑞琳主编，桂林：广西师范大学出版社，2013年，95页）

一九七一年至一九七二年，木心在上海某单位的防空洞里被非法囚禁十几个月（按：误，被囚禁在防空洞应是四个月）。过来人都知道，这类的事当时屡见不鲜。不同的是，木心在囚禁期间用做检查留下的六十六页信纸的两面，密密麻麻写了一部和历史人物对话的"手记",类似意识流的散文。他在去世的前一年说:"(当时)我下了地狱,莎士比亚、莱蒙托夫还有许多人都和我一起下了地狱。"(童明:《张之洞中熊十力,齐如山外马一浮:从木心的一副对联说起》,《木心逝世三周年纪念专号:〈温故〉特辑》,刘瑞琳主编,桂林:广西师范大学出版社,2015年,103页)

这部手稿并非就是一件文学作品,它也非书法绘画符码谶图,别的艺术以其"是什么"而入品类,此手稿却以"非什么"而取自立,它宁系属于视觉艺术的宽泛范畴,在既成的有定义的艺术门类中,似乎未有与之同性质的例子。别人的手稿都可解读,作者也冀求被解读,我的这部手稿已难以解读,不希望得到解读。文字失去了意义,有什么可怕呢,也许倒是可祝贺的。(童明、木心:《关于〈狱中手稿〉的对话》,《木心纪念专号:〈温故〉特辑》,刘瑞琳主编,桂林:广西师范大学出版社,2013年,213页)

数十年后,当木心被问及"凭什么来执着生命,竟没有被毁,没有自戕"时说:

艺术家最初是选择家,他选择了艺术,却不等于艺术选择了他,所以必得具备殉难的精神。浩劫中多的是死殉者,那是可同情可尊敬的,而我选择的是"生殉"——在绝望中求永生。(童明、木心:《关于〈狱中手稿〉的对话》,《木心纪念专号:〈温故〉特辑》,刘瑞琳主编,桂林:广西师范大学出版社,2013年,214页)

◎据自制年表一显示，本年六月至一九七九年年底"在本厂劳改"。

◎是年十二月下旬，秦维宪从培明中学毕业后被分进上海创新工艺品一厂，始识木心。木心此时作为头号阶级敌人受尽凌辱和摧残。

按：秦维宪，一九五四年生于上海。曾当过工人、教师，一九八三年七月毕业于华东师范大学历史系。现为上海《探索与争鸣》主编、编审，上海市作家协会会员，著有《在历史的拐弯处》等。

一九七二年十二月下旬，北风呼啸，天寒地冻，我从培明中学毕业分进了上海创新工艺品一厂。这家由社会主义三大改造脱胎而来的小厂，坐落在石门二路、新闸路交合处，曾经是破尼姑庵的厂房，呈现出一派衰败景象；做塑料花的车间，几无劳动保护，注塑的毒气无孔不入地侵袭着工人的肌体。

一次卸完货，从拉料车间的破门帘后闪出一位年近半百、风度儒雅，着补丁整齐的劳动服之人，他双目如炬，深藏的眸子冲我一笑。我自幼喜读古书，讶异于此人颇有仙风道骨，遂脱口一声："师傅，您好！"不料，他脸色骤变，连连摆手，示意我不能这样称呼。以后，我们多次相遇，他总是一迭声说咱俩有缘。我从老师傅口中得知，此人是上海美术专科学校的高材生，其知识之渊博，在上海手工业局无人能望其项背，这就是木心先生。我这个小青工，很快被厂内头号阶级敌人木心先生的学识与风度所吸引。

当时，木心处于人生最坎坷、最痛苦的低谷，他作为被打入十八层地狱的"黑五类",任何人都可以侮辱、欺凌他;而他却整天强装笑脸,对任何人都得点头哈腰,人性被彻底扭曲!更有肉体摧残,且不说他经常挨打受骂、被批斗,单以强劳力而言,他干的是厂里最苦最累最脏的活,除了倒便筒(厂里没有正规厕所)、通阴沟、铲车间地上的机油外,还经常跟着铁塔似的装卸工扛原料;其中通阴沟、铲机油最累,我曾帮他通过阴沟,阴沟内胶水般的污泥足以将得过肺病、文质彬彬的白面书生木心击倒!

木心为了排遣痛苦,大量抽烟,似乎烟雾会带他遨游在无限美妙的艺术世界里。令人心酸的是,木心拿的是生活费,为了省零点一四元车钱,他一年四季风雨无阻,都是走十几公里上下班,因而抽了大量八分钱一包的"生产牌",给肺部留下严重的隐患。我厂一些青工一方面劝他不要抽"生产牌",一方面尽量给他些好烟抽。有一年秋天,我斗蟋蟀赢了零点四九元一包的"红牡丹",立即赶去与他共享。[秦维宪:《木心的人生境界(上)》,《新民晚报》,2015年12月28日]

曾与他在同一设计公司的梅文涛提到一件往事:一次他到木心的厂里去联系设计业务的事,刚进厂门,一眼看到木心穿着脏旧的工作服,弯身低头,用双手在厕所通到墙外的阴沟里捞污秽堵塞的垃圾。当他无意间抬头看到梅文涛时,立即将头再低下去,避开碰撞的视线。见此情景,惊讶之中的梅文涛也不敢上去同木心打招呼,事后彼此也从没在朋友间提起。这一瞥将木心长达七年之久的处境展现无遗。当有朋友问起他在厂里干什么工作,他只是微笑地说"打打杂"或"杂

务工",但其实每天都在打扫男女厕所,干最脏的活。(铁戈:《木心上海剪影》,《财新周刊》,2017年第2期)

一九七五年 四十九岁

◎是年,因工友凑钱请吃饭走漏风声而被厂里批斗,罪名是"腐蚀青年"。

◎是年,被撤销管制。

◎是年,作诗《歌词》。

一九七六年 五十岁

◎二月,五十岁之际,从新近制作的百幅小尺幅转印画中选出五十幅,自编为《玉山赢寒楼藏画集》。陈巨源、陈巨洪兄弟得知后,为之设宴祝寿,并索观画作。

按:据陈丹青所述,"文革"末期为木心转印画制作的第一个时期。[陈丹青:《绘画的异端:写在木心美术馆落成之后》,《木心研究专号(2016):木心美术馆特辑》,木心作品编辑部编,桂林:广西师范大学出版社,2016年,150页]

丙辰（一九七六年）二月，予起寿，奈南冠双加，莫展一筹。奴役生涯，日未出而作，日入不得息。胼手胝足，踉跄夜归，涤垢平喘，俟四邻俱寂，乃锁肩蔽窗挑灯腮作小画累百。选五十成帙，自签《玉山赢寒楼藏画集》，为陈氏昆季知，以设宴贺寿索观。（木心：《西班牙三棵树》三辑·其八，桂林：广西师范大学出版社，2009年，136页）

"文革"后期，舅舅被关在上海长治路自己租住的小屋中隔离审查。但他不顾再次坐牢的危险，常常是半夜三更用毯子当窗帘，用他独创的画技和最便宜的颜料（"文革"期间，他的工资减半，买不起油画颜料），悄悄地画出了惊世骇俗、震撼人心的三十三幅水墨杰作（为便于隐藏，画面很小）。（王韦：《为文学艺术而生的舅舅》，《木心纪念专号：〈温故〉特辑》，刘瑞琳主编，桂林：广西师范大学出版社，2013年，95页）

按：此时，木心住在外白渡桥下长治路闵行路转角处的一幢六层砖石结构楼房内。

◎十二月八日，在读过陈巨源为自己的画作所写的评论后回信一封：

少璞顿首顿首奉书于

巨源先生阁下，沪庐初识，粤楼承宴，十载神交，一泓秋水，亦明心见性之谓也。然则数峰清苦，犹自商略黄昏雨，临川芹溪辈，嘤嘤侃侃代不乏人，彼苍苍者，亏吾何甚。

璞本狷介，谪居年年，尘缘渐尽，祸福皆忘，其所以耿耿长夜，如病似醒者，方寸间豪情逸兴颉颃未已耳。

今秋挟画曝献，匪逞雀屏，实伤骥足。区区五十纸，薄技小道，壮夫大匠不为也。璞运蹇才竭，无亢无卑，其心苦，其诣孤，如此而已矣。

是夕观罢，诸公寂然，是耶非耶璞之不济耶，抑诸公之不鉴，乃有郢人逝矣谁与尽言之叹。收拾而归，嗒然若丧，途中斜阳余晖，晚晴可爱，就饮小肆，不觉微醺，窃以为明月清风易共适，高山流水固难求也。

秋去冬来，珠阁再叙，仗酒使气，诉及前悖。先生乃慷慨自剖，始昭一出声便俗之妙谛，良有以也，不禁莞尔继之，划然大笑，怨触顿释。怀书归寓，挑灯回诵，空谷足音，感荷良深，少璞何幸，吾道不寡。

先生盛誉溢美，倍增愧畏，日月山川，精髓典范之称，不亦大而无当乎。昔东坡素重米芾，往还常年，以为谙熟，及观海岳新构诗文叹曰：知元章不尽。先生近岁诸作已非畴昔，画境倩雅而登堂，诗味晶朗而入室，大有可观，贺贺。

语云：淡泊以明志，宁静而致远。先生之画可谓淡矣，盖明志之品也，诗可谓静矣，诚致远之格也。承质玉石之论，岂敢率纷纭，容待飞觞醉月，详特斟酌。

专此鸣忱，不尽所怀，北风多厉，优维珍摄，并候
巨洪先生康胜

少璞顿首再拜
丙辰十二月八日

一九七八年 五十二岁

◎四月初，带着新画到唐友涛家拜访，巧遇铁戈。唐友涛看过画后十分欣赏，特意作七律一首相赠。四月五日，木心亦作七绝一首回赠。

有天下午我正在唐友涛家闲聊，见木心登门而来，带着自己的新作的画。唐友涛十分欣赏，特地写了一首七律送给木心。木心阅后大喜，没过几天，就写了一首七言回赠。木心去美后在纽约华人报刊上发表一文，还特地提到与唐互赠诗文一事，报纸从美国寄出，由小翁送来。前不久好不容易把木心这首诗从故纸堆里找了出来：
"戊午清明正 少璞顿首 唐公足下

　赢得春风识异人

　雪里芭蕉自青青

　不羡高山流水意

　二横一语破痴心

恭取大乐雪斋 不具 少璞顿首 顿首"（铁戈：《木心上海剪影》，《财新周刊》，2017年第2期）

◎八月底，胡铁生复出，出任上海市计划委员会顾问。因建国三十周年大庆临近，胡铁生提议在上海举办一个庆祝建国三十周年工艺美术大展，此议获得时任上海市委副书记兼计划委员会主任陈锦华的首肯。随后胡铁生出任筹备委员会主任，在物色大展的总体设计人选时，筹备委员会办公室主任贺志英推荐了木心。第二天，胡铁生即在上海市工艺美术研究所约见木心，因对其才华与学识留下了深刻印象，随即将其调到上海工艺美术研究所展览会办公室上班，委以总体设计师之职。

按：胡铁生（一九一一～一九九七），原名克熙，自号梦熊，笔名友石半聋、石道人等。山东福山人。早年从事教育工作，新中国成立后长期担任上海商业局局长及手工业局局长。兼任中国工艺美术协会副理事长，上海工艺美术设计协会理事长。业余从事书画篆刻，为西泠印社顾问。

一九七八年八月底，"文革"结束后不久，父亲胡铁生复出工作，出任上海市计划委员会顾问。再过一年多将迎来建国三十周年大庆，父亲便提议由计委牵头成立庆祝建国三十周年工艺美术大展筹委会。时任市委副书记兼市计委主任陈锦华十分赞同，当即召集开会决定，由胡铁生协调上海手工业局、商业局、外贸局一起组成筹委会，并任筹委会主任。筹建班子组建后，父亲提出，一个大型展览的总体设计十分重要，此时筹委会办公室主任贺志英推荐了孙木心（按：应作孙牧心，下同）。

……

我当时刚从部队回到上海，正在办理复员手续。那天，父亲下班回来特别开心，满脸都是笑容，就像找到了他最喜欢的字画、石头似的，让我打开冰啤酒，边喝边对我说："我今天下午约来谈话的孙木心是个人才，是我所结识的所有字画家中最有学问的一个。"

"大画家刘海粟、谢稚柳、应野平、程十发、李苦禅、黄胄等都很有学问，但木心却不同，他从骨子里散发出来的精神和学养与常人不同。这个学贯中西、文学修养如此好的设计师，却长期在工厂的最底层扫厕所，太浪费人才了！'文革'都结束了，地主、坏分子、反革命三顶'帽子'还扣在他头上，我一定要把他救出来，发挥他的才能！工艺美术大展的总体设计师非他莫属！"父亲越说越激动。

第二天，父亲专门调看了孙木心的档案。第三天下午，创新工艺品厂的蒋厂长应约到汾阳路七十九号大展办公室，向父亲汇报孙木心的情况。他说："孙木心业务能力很强，但政治底牌一塌糊涂，因为长期定性是'三类坏分子'，所以只能安排劳动改造。"听到父亲要调他出来搞展会总体设计，蒋厂长担心道："若重用此人，政治风险很大，要承担很大的责任啊。"贺志英也在一旁说："非亲非故的，调他出来挑重担，会有难以预测的风险。"父亲果断地说，孙木心档案我已看过，地主成分是他父辈的事，不代表他也是地主，他的历史就是"学生＋设计师"！我们革命队伍中，许多优秀的领导干部、技术骨干，父辈都是地主、资本家，他们照样经历了战争年代的考验，为国家为党作出了巨大的贡献。木心这样有才华的设计师，让他扫厕所是极大的浪费！对国家也是损失！立即调出来，以后出任何事，任何政治风险由我承担！就这样，木心很快离开了工厂，到展览会办公室报到了。

（胡晓申：《追忆父亲胡铁生与木心先生》，《美化生活》，2017年第1期）

创新工艺品厂是上海市手工业局的下属单位，一九七八年，还没完全复职的局长、书法家胡铁生听到下级关于木心的汇报时，甚为关注同情，于是找他到办公室来谈话。见面前，他以为多年来狼狈不堪的木心一定焦头烂额，蓬首垢脸，畏畏缩缩，但推门进来的竟是一个挺挺括括气宇轩昂的男子，站在局长面前不卑不亢。一个小时谈下来，胡铁生下了决心，冲破重重障碍，拍板为木心平反，将他从地狱般的处境中解救了出来。（铁戈：《木心上海剪影》，《财新周刊》，2017年第2期）

一九七八无疑是木心的吉祥数，受贵人相助他的境况立变，从尼姑庵的厕所现场忽然搬到上海西区的汾阳路办公，七十九号是租界时期的法国总会，一九四九年后一度成为陈毅市长的官邸，木心办公室的窗外透过夹竹桃的缝隙，与视线持平为一个法式大花园，内有池塘，极目望去是黑森森的高大乔木，与墙外的永康路隔绝。木心每日午后独自绕花园的小径散步，在小说《此岸的克利斯朵夫》的末尾，我们看到了对这个环境的描述。与他一起办公的是一位从上海警备区退休的官衔极高的张恢同志，胡局长授命他们在那里筹建上海工艺美术家协会（按：有误，应是上海市工艺美术协会）和全国工艺美术展览会。当年适逢开发旅游业的高潮，在中苏友好大厦的西厅二楼开辟了一个硕大商场，专门陈列全国各地的特种工艺品，为各国外宾旅游的景点和购物处。木心被"钦定"为总体设计（相当于现今的艺术总监），兼带筹备设在同一地点的上海工艺品展销公司。春秋季节，木心身披迷彩军便服，冬季身着红色鸭绒衫，快步踏上铺满红地毯的堂皇大厅，是众所瞩目的焦点，也是延安中路一千号的一大景观，因为他就是胡铁生局长的"钦差大臣"。如有请示，木心就直接跑衡山路西湖公寓，随时去敲胡宅的门。（夏葆元：《木心的远行与归来》，《中国随笔年选2012》，朱航满编，广州：花城出版社，2012年，147页）

◎十月，因到胡铁生家汇报展览会设计工作而结识胡晓申。胡铁生此时已重返手工业局任局长。

按：胡晓申，胡铁生之子。现任《美化生活》杂志总编辑。

第一次见到木心时，我还身着军装，他来家中向父亲汇报展览会设计等工作，那是一九七八年十月份，父亲已重返手工业局任局长。父亲将我介绍与他认识，初次见面，就感觉此人温文尔雅，五十岁左右的他，穿着得体，双眼炯炯有神，身上有一种贵族气质。（胡晓申：《追忆父亲胡铁生与木心先生》，《美化生活》，2017年第1期）

◎是年，一位日本女画家来访，拟全部买下木心的画作回到日本举办画展。因提出条件，要木心把制画的方法告诉她，遭拒未成。

一九七九年 五十三岁

◎九月二十五日，上海庆祝建国三十周年工艺美术大展在上海工业展览馆和中山公园成功举行。不久，胡铁生决定成立上海市工艺美术协会，自任理事长。因木心工作突出，再次提名其出任秘书长，主持协会日常工作。

按：上海市工艺美术协会没有编制，木心的人事关系仍在上海市工艺品展销公司下面的上海创新工艺品一厂。

三十周年工艺美术大展在一九七九年九月二十五日如期开展，规模盛大，获得空前成功与好评。木心是大展的总体设计师，当记首功。父亲对他更是欣赏、器重，暗中决定委以更重要的职务，在筹备中的上海工艺美术协会中让他出任秘书长。这件事，木心来家中时，父亲对他透露过，并关照他对外勿谈此事，因看中这个职位的大有人在。我看得出，木心一再谦让，他最后表态，胡老您是我生命中的大贵人，因此，只要你决定了，我定会竭尽全力完成任务的。在上海工艺美术协会成立大会上，父亲向一千多名会员提名孙木心担任首届秘书长时，全场一片静默，随即爆发出一阵雷鸣般的掌声。我在台下目睹此情此景，也听到有人窃窃私语："胡局长真有魄力、有胆量，竟启用一个'三反'分子任秘书长？"

之后，木心在工艺美术研究所和工艺品展销公司两边上班，但大部分时间都在研究所，因此我与他经常见面，因工作关系他也来西湖公寓家中，有时谈到晚饭时间，父亲会留他一起吃饭，喝上几杯。饭桌上，木心与父亲谈笑品议，从宋朝的山水画高峰郭熙、巨然，到元明清诸大家，他们谈得甚欢，我在旁边也听得津津有味，尤其是从《诗经》到唐诗宋词，父亲与他聊得更是兴趣盎然。木心对文学诗词方面的功力毕现，看似无意显露身手，事义浅深，足见其超凡见解！看得出父亲很喜欢他。

木心先生对林风眠很是推崇，那段时间他的构图风格酷似林先生。我见过他作画，他对自己的作品要求极严，对不满意的作品就当场销毁！木心还广闻博识，他知我以前学过小提琴，在部队文工团专攻法国号，便与我聊起音乐来，从巴赫、贝多芬、肖邦到勃拉姆斯，小提琴十大协奏曲，世界十大交响乐作品，他都如数家珍！对贝多芬更是推崇备至，记得他对我说过，莫扎特听过贝多芬十七岁演奏的钢琴曲后，就预言有朝一日贝多芬必定震动全世界。木心先生对《命运交响曲》特别喜爱，他曾说，这是一首光明战胜黑暗的胜利凯歌。正是木心先生对生活的爱和对艺术的执着追求，才战胜了他个人长期遭遇的不公和痛苦。苦难的经历变成了他创作的源泉，他曾对我说，这与《命运交响曲》给他的力量是分不开的。小提琴协奏曲，他尤其喜欢柴可夫斯基《D大调小提琴协奏曲》和勃拉姆斯的《小提琴协奏曲》；就连莫扎特、韦伯的法国号协奏曲，他竟也熟悉，木心就像一本百科全书。那时，我与摄影老师张志岳、木心三人常一起在工艺研究所的草坪上神聊，他经常把同时代的音乐家与画家，比如毕沙罗、莫奈、雷诺阿、康定斯基时期的绘画和同期柏辽兹、西贝柳斯、德彪西等摆在一起来比较，他认为音乐家是非常伟大、非常了不起的，一首名曲能永远地传下去，让人们百听不厌，是多么的神奇、美妙啊！

在办公室，木心经常一手夹香烟，一手放在膝盖上，精神矍铄，恰似上海人讲的"老克勒"那种派头。同他聊天甚是开心，他从艺术、历史、人物娓娓道来，神采飞扬，喜怒溢于言表；他机智即兴，妙语连珠，聊到尽兴时，简直像个孩子，很是可爱。有时我们会谈及"文革"，对这场运动，我深恶痛绝："'文革'摧毁了我们少年时一心想当科学家的美好梦想，它几乎毁了整整一代人！"木心道："你父亲当年宁做战死鬼，不当亡国奴，投笔从戎，参加抗战，枪林弹雨，出生入死；新中国成立后，'反右''文革'中屡屡被打压、被批斗、被隔离，甚至被强迫劳动改造，我看'文革'不是无产阶级和资产阶级的斗争，而是无产阶级和有资阶级的斗争，否则你们这样的革命家庭怎么会被抄家呢？"今天回想起来，这句话真是既精辟又贴切。（胡晓申：《追忆父亲胡铁生与木心先生》，《美化生活》，2017年第1期）

上海工艺美术协会成立后不久，胡铁生又提出要创办会刊《美化生活》，用以宣传普及美学知识，指导消费，促进生产。因深知木心文学功底深厚，遂委任其为《美化生活》试刊号主编。办公地点设在汾阳路七十九号上海工艺美术研究所内。

按：夏葆元在《木心的远行与归来》中说，《美化生活》由胡晓申创办，特邀木心负责艺术设计。对此，李平《"我是一个远行客"：木心在上海工艺美术研究所》一文提出异议，认为《美化生活》乃胡铁生所创办，并由胡铁生提议由木心担任主编。当以李平之说为是。另，《联合文学》创刊号中的《木心小传》亦说木心曾任"《美化生活》期刊主编"。

上海工艺美术协会成立不久，父亲在常务理事会上提出，应办一本会刊，宣传普及美学知识，指导消费，促进生产。父亲深知木心文学功底深厚，即委任他为《美化生活》杂志试刊号主编，打算先办一期，试试反响如何。（胡晓申：《追忆父亲胡铁生与木心先生》，《美化生活》，2017年第1期）

作为主编的木心虽不坐班，但对杂志的排版、摄影和文稿要求很高，负责查看校样，签发稿费单。此时每月的工资约有六七十元。

方阳回忆说，木心平时好像事情很多，经常出去采访或者开会，不坐班的，也不像许多人那样把打好的午饭带到办公室来吃，他当时住在哪里人们都不清楚，（据《木心的远行与归来》，木心当时借住在虹口区大名路一六七号的旧房里。）但是他对排版、摄影和文稿的要求很高，会非常仔细地查看校样。因为是事实上的主编，所以稿费单必须由木心签发。当时每幅摄影三元钱，如能多发表几幅那就很好了。方阳记得，有一次木心在签完稿费单以后开玩笑地说："我没有稿费的。"编辑部的几个年轻人马上说："那我们给你！"木心说："这不行，不过你们请我吃顿饭倒是可以的。"但也只是说说而已。木心自己每个月的工资大概就是六七十块。（李平：《"我是一个远行客"：木心在上海工艺美术研究所》，《文汇读书周报》，2016年8月29日）

《美化生活》杂志的工作人员还有副主编张志岳、文字编辑沈建华、美术编辑徐益铭、摄影编辑方阳等。

按：方阳，一九五四年生。一九七一年起供职于上海工艺美术研究所，一九九五年起任副所长，二〇〇二年起兼任上海工艺美术博物馆副馆长，《上海工艺美术》杂志编委和编辑，高级工艺美术师。二〇一四年四月退休。现为上海市非物质文化遗产保护工作专家委员会委员、上海市工业美术设计协会副理事长、上海工艺美术学会常务理事、中国工艺美术学会会员。

当时《美化生活》杂志的副主编叫张志岳，文字编辑沈建华，美术编辑徐益铭，加上摄影编辑方阳，大家对木心的学识都很佩服。张志岳很喜欢向木心讨教种种事情，多次对方阳说"木心是一个了不起的人物"，但他不幸于一九八四年就离世了。他的夫人杨锦玉是大中华橡胶厂三老板的女儿，也与木心很谈得来。据说木心回国以后，她去看望木心，是受到欢迎的少数几个旧人之一。沈建华甚至说，整个研究所里面，他只佩服木心，木心很有内涵。因为是文字编辑的缘故，他与木心交谈最多。木心没有架子，很和蔼的，讲话时有调侃，又很自信。年轻人说得对的，他会当面说好，并不断提及。他认为说得不对，也会指出来。有一次，在与沈交谈后，木心说："一会儿唯物主义，一会儿唯心主义，最讨厌了。"后来，沈说自己的观点又改变了："我的观点以今天的为中心。"木心事后感叹道："最讨厌这种说法。"（李平：《"我是一个远行客"：木心在上海工艺美术研究所》，《文汇读书周报》，2016年8月29日）

◎是年，向中共上海市委复查办公室提交申诉书，要求"平反"。

按：申诉书达数十页，木心留有底稿，现藏木心美术馆。

七十年代

◎开始酝酿长篇小说《瓷国回忆录》，未完成，现存小说人物表一张（现藏木心美术馆），多以亲属和家仆为原型。

人名　　主角——石冲
　　　　大姐——石雯
　　　　二姐——石露
　　　　姐夫——汪毅（济诚、寄尘）
地名　　凤镇
女佣　　丫环——春香　梅香
　　　　　　　　莲香
　　　　　　　　桂香
　　　　老妈子——陈妈
教师　　齐巨伯
　　　　沈景初
账房、管家　郑阿海（海伯伯）
男佣　　倪方圆　葛兆丁
　　　　老熊　六十
　　　　阿定（车夫）

七十年代起，酝酿另一部《瓷国回忆录》，传记性，应归小说类，字数倍于前者（按：指《巴比伦语言学》）——两部都已着手写，能不能完成，总得在五年之后见分晓，因为同时要写别的东西。（木心：《海峡传声：答台湾〈联合文学〉编者问》，《鱼丽之宴》，木心著，桂林：广西师范大学出版社，2009年，36页）

◎七十年代末，作画《肖像系列》。

一九八〇年 五十四岁

◎据自制年表一，本年年初至一九八一年秋，在工艺美术展销会工作。

◎据木心提供给周乾康的简历，本年起任上海市工艺美术协会秘书长。

◎四月，应日本神奈川美术家协会之邀参加在横滨举行的第二十一届县展（公开招募展），六件水墨画作品获金奖，本人被该会聘请为特邀资深会员。

按：叶瑜荪《孙牧心》一文中说是："一九八一年获日本神奈川美术家协会春季大展金质首奖，特邀为名誉会员，推荐作品巡回展览于巴黎、横滨、东京等地。"（叶瑜荪：《孙牧心》，《桐乡文史资料》第十五辑，1996年。此文内容为叶瑜荪据《海外华人名人录》等资料摘编。）时间有误。

一九八〇年应日本神奈川美术家协会之邀，参加在日本横滨举行的"国际美展"获金质奖，被请为日本神奈川美术家协会特邀资深会员。(《木心小传》，《联合文学》创刊号，1984年11月1日，58页）

漫漫岁月，沉潜艺术，终于在一九八〇年能应日本神奈川美术家协会之邀，参加了在横滨举行的国际美展，他的水墨画即获得了一等金质奖，被美术家协会请为特邀会员（今年又参加了第四十七回春季大展，以不透明水彩画获得"日本艺术新闻社赏"，美术家协会颁赠了"特别颂"）。(陈英德：《看木心的超自然风景画》，《海外看大陆艺术》，陈英德著，台北：艺术家出版社，1987年，353页）

◎八月二十六日，日本神奈川县美术家协会给木心寄出该会会长松田ヨシオ和事务局局长中原敬子共同具名的《第二十一届县展相关情况报告及获奖通知》，被授予神奈川知事奖。

孙牧心先生

　　　　　神奈川县美术家协会
　　　　　会长　　松田ヨシオ
　　　　　事务局局长　中原敬子
　　第二十一届县展相关情况报告及获奖通知

您近来身体康健、工作顺遂吧。

感谢您参加了在四月举行的县展,您的作品受到了众多参观者的欢迎。经过协会严肃公正的审查,决定授予您神奈川知事奖。奖状、奖品将随后邮寄给您。今日随信附上展会印刷刊物。

这么晚通知您,我们表示很抱歉。

（原件为日文,曹溢灵译）

◎秋,为潘其鎏作序言《东方的喜悦》,此文后收入潘其鎏的第一本画集《诗性抽象世界》(人民美术出版社二〇〇七年出版)。另作有片段《那是往事》。

◎是年,日本某机构艺术家来访,接受对方采访。

◎是年,作画《三女人》《四重奏》。

一九八一年 五十五岁

按：自制年表一本年所标示的年龄为五十六岁,误。

◎据自制年表一,本年至一九八二年七月,仍在上海市工艺美术协会工作。

◎春,接受香港《中报》记者李邝采访。李邝撰录的《江楼夜谈：答香港〈中报〉月刊记者问》后收录于《鱼丽之宴》。

按：据日文简历（原件为日文,曹溢灵译,下同）,绘画作品曾作为封面刊登在《中报》上，同时发表的还有《木心作品选》和《木心老师访问记》。

  八十年代，一个春风骀荡的夜晚，东海之滨，画家的工作室，我们有幸拜赏了木心先生近三年来的一百余幅作品。我们已闻悉他是个奇特的人，画着奇妙的画，待到目睹这成集成册的杰作，完全超出我们宿构的臆想。华严深灵，变幻莫测，分不清何为必然何为偶然，何为表象何为观念，只觉得凛然、萧然、翩然、陶然、盎然、嫣然……（李邡、木心：《江楼夜谈：答香港〈中报〉月刊记者问》，《鱼丽之宴》，木心著，桂林：广西师范大学出版社，2009年，4页）

◎夏，从朋友处得知席德进已身患癌症。
◎八月三日，席德进病逝于台中市。当月，木心闻知席德进噩耗。
◎秋，上海工艺美术展销会布展结束，木心为设计组组长，同事有王琪森等。

  三十多年前，应该是一九八一年的深秋吧，也是这样一个"碧云天黄叶地，秋色连波"的季节，在上海工业展览馆西二馆筹办三年多的上海工艺美术展销会已基本布展结束。我和设计组的组长孙牧心告别时，他挺有风度且真诚地握着我的手说："再会！再会！我在这里收一下尾，然后就去工艺美术研究所搞协会的事体，侬有空来坐坐噢。"（王琪森：《握别之后》，2018年2月7日《新民晚报》）

本季，赴南京，在某医院拜访原上海美专副校长谢海燕。

一九八一年秋，我在南京的医院中会晤谢海燕先生，老校长一见就叫响我的名字，蔼然前辈之风使我感到自己仍然是不安分的坏学生，于是纷纷扬扬地共怀一番旧：包了火车去旅行写生哪！蔡先生的那些话到了今天反而更有现实意义哪！医生着护士来干涉，我们抗命又继续半小时才怅然结束。（木心：《战后嘉年华》，《鱼丽之宴》，木心著，桂林：广西师范大学出版社，2009年，131页）

◎十一月二十五日，因出国需要请南京艺术学院开具《学历证明书》：

学历证明书

孙牧心，男，浙江省桐乡县人，一九四六年一月至一九四八年七月，在我院前身上海美术专科学校三年制西洋画系肄业，成绩优良。特此证明。

南京艺术学院院长
前上海美术专科学校校长　刘海粟
南京艺术学院副院长
前上海美术专科学校副校长　谢海燕
一九八一年十一月廿五日

◎是年，因担心出国资历不足，在夏葆元帮助下到上海交通大学代课，给学生上"艺术理论"课。

按：据台湾《联合文学》创刊号中的《木心小传》说是"'交通大学'美学理论教授"。

时光行至一九八一年，我已调往上海交通大学，某日回单位又见木心，他拉着我沿草坪边走边说："有好心人正帮助我去美国，已经有望。不过很担心本人的资历不足，出去恐怕勿来事（不行）……"我说不要紧，可以安排你来我校讲几堂课，发一张证书给你如何？我随即把课程表上匀出的两堂课改为艺术理论课。不几日，木心前来上课，先到我办公室打招呼，我竟然草草指点，让他独自寻找隔开几幢教学楼的地方上课，而没有陪同前往。那年我三十八岁，还是不懂事，但是比我更不懂事的恐怕是那个时代，竟至现在听起来整个儿的荒谬！（夏葆元：《木心的远行与归来》，《中国随笔年选2012》，朱航满编，广州：花城出版社，2012年，147—148页）

◎是年，作画《舞蹈者》（两幅）。
◎是年前后作画《风景》。

一九八二年 五十六岁

按：自制年表一本年所标示的年龄为五十七岁，误。

◎六月，将留学美国的打算通过胡晓申告知了胡铁生，得到胡铁生的理解和支持。

一九八二年六月份的一天，木心悄悄对我讲："晓申，我已找好担保，准备去美国。四年前，你父亲把我从苦海中解救出来，充分信任，委以重任，这四年是我一生中最自由、最快乐的时光，我感激不尽！照理应在你父亲麾下继续工作，以回报他的知遇之恩，但若不出国去闯一闯，我此生的愿望和理想恐难以实现！现突然提出要走，我觉得又难以启齿，你能否帮我先吹吹风，让老先生有个心理准备。否则，他若不同意，我是肯定不能走，也不会走的。"当晚回家后，我便把木心的想法转告父亲，他沉默了许久，惋惜道："人各有志啊！木心满腹经纶，一旦跨出国门，会有难以估量的发展空间！我第一次见他之时，便看中其才华，在这几年的工作交往中，与他有过几次深谈，这个木心，博古通今，不但国学功底深厚，就连外国文学也有很深的造诣。否则我不会连续委以他三个重要职务。《美化生活》有他在，发展会非常快，在全国一定是第一流的期刊。但你想想，他也50多岁了，这个年纪还想跨出国门，可见愿望之深、决心之大，这恐怕是他一生中最后一次机会了。作为他的领导、朋友，应该支持他！"（胡

晓申:《追忆父亲胡铁生与木心先生》,《美化生活》,2017年第1期)

◎八月,《美化生活》试刊号出版发行。该刊由《美化生活》编辑部编,木心主编,上海市工艺美术协会出版。本期栏目有:发刊词、论坛、纵横谈、放眼量、浪花·虹彩、学·问·答。《发刊词》为木心与胡铁生共同起草,徐天润《店面设计札记》一文的标题为木心题写。

发刊词

生活需要美化。

本刊是广大工艺美术爱好者与专业技艺人员开展学术交流、技术交流、经验交流的新园地,旨在探索生活领域里的美学原理,陶冶高尚的审美情趣,以提高社会文明文化程度。同时,还负有宣传产品,指导消费,提高欣赏水平,丰富实用美术知识的多重使命。读者对象是有关专业的技、艺人员,广大工艺美术业余爱好者,以及大专院校的青年学生。

本刊的内容,每期有所侧重。撰稿者多数是本市工艺美术、服装、玩具、家具、家用电器、日用五金等行业的工艺美术家、工艺师、工程师、设计师、技师,也企望得到广大业余作者的来稿。

读者是我师,读者是我友,敬希读者批评指正。

(《美化生活》试刊号,1982年,3页)

初期只有木心是专职主编，其他的记者、编辑都是兼职的。当时我已调到研究所情报资料室从事专业摄影工作，也被吸收为兼职编辑。我亲眼看到，木心对每一篇稿件的终审均非常认真，封面也是他特意找老同学、当时上大美院副院长任意画的一幅抽象画，构思出于康定斯基的点、线、面原理，很有创意！试刊号的出版为正式出版《美化生活》期刊打下了基础。（胡晓申：《追忆父亲胡铁生与木心先生》，《美化生活》，2017年第1期）

◎出国鉴定表单位拒不盖章，经胡铁生出面协调后获准。

木心编制所在的工艺品展销公司不愿放他，父亲还亲自做了贺志英总经理的工作，这才帮木心在个人鉴定表上盖了公章，协助他办理了出国签证手续。出国前，木心还专门赠我两幅精品画作，留作纪念。（胡晓申：《追忆父亲胡铁生与木心先生》，《美化生活》，2017年第1期）

◎申请签证时因不符合出国条件而遭拒绝，出示自编画册后获准。

他的申请递上去了，美国人问到婚姻、年龄、赴美动机、美国有什么亲戚。好像木心都不符合条件。去美国什么目的？美国人怀疑。他的申请从窗口推了出来。

木心也很紧张，但他有准备，他是智者，来签证只能成功不能失败。

"领事先生，请你看看这个。"

木心递上一本自己制作的画册,他为自己五十年人生而作的五十幅杰作,这是他预料必不可缺的一招。果然,美国人想揽尽天下人才,独霸世界资源的心态,让美国领事见猎心喜。一见如此独特的画风,从未见识过,立刻问:

"你画的?"

"我画的"。

"喔,很好,我给他们看看。"他转身离开窗口到里面去,木心在外面都看见,三个美国人在仔细研究这些作品。一会儿,签证领事过来请木心进去,一反原来的态度,十分恭敬地对他说:

"你画得这么好,我怎么可以不让你去美国,美国需要这样的人才,美国人都很优秀,像你一样,你应该去美国。"

木心的签证手续很快就到手,美国领事还不断向他说:"Wonderful, Wonderful。"(陈巨源:《与一代奇才木心的交往》,《木心逝世两周年纪念专号:〈温故〉特辑》,刘瑞琳主编,桂林:广西师范大学出版社,2014年,250—251页)

◎赴美前专程到北京向亲友告别,送王剑芬、王宁两家挂历各一幅。郑儒鍼与王剑芬为木心购买了机票。

一九八二年舅舅出国前,专程去北京与大姐姐(王剑芬)、姐夫(郑儒鍼)及二姐姐一家道别,并送给两家各一幅挂历,上面印有他画的"双鹭图"及题词。舅舅出国后,曾写信给大姐姐,还寄给她四本台湾出版的他的文学作品。(王韦:《在天国再相聚言欢:追忆舅舅木心与姐夫郑儒鍼的交往》,《北京青年报》,2013年4月1日)

舅舅去美国留学,他们(按:指郑儒鍼与王剑芬)出钱买机票,还送给舅舅白金项链等。一九九四年以后,很长一段时间没有舅舅的消息。大姐姐非常着急,先后写了许多封信给舅舅(让我帮她写了信封)。可惜因为舅舅搬了几次家,均未收到。二〇〇三年,我终于在网上搜索到舅舅在美国举办画展的消息并告诉大姐姐,大姐姐听了非常高兴。(王韦:《在天国再相聚言欢:追忆舅舅木心与姐夫郑儒鍼的交往》,《北京青年报》,2013年4月1日)

记得我临离中国时,专程去北京向亲友们告别,大甥婿说:"舅舅的画到美国展览一定会成功,而人生呢,最好是没有名利心。"我说:"你是哈佛剑桥双博士,国内拉丁文第一人,又是大银行家的长子,所以最适合讲这样的话,要脱尽名利心,唯一的办法是使自己有名有利,然后弃之如敝屣。我此去美国,就是为的争名夺利,最后两袖清风地归来,再做你们的邦斯舅舅。"(木心:《迟迟告白:一九八三年~一九九八年航程纪要》,《鱼丽之宴》,木心著,桂林:广西师范大学出版社,2009年,88页)

◎准备出国的行李,自己缝制出国新装。

在他挥别故国的前夕,我常在晚上到他长治路隐蔽的居室里,与小翁三人默默地饮酒。他戴了老花镜,边饮边缝制他的出国新装,令人难以置信他竟还是一位服装专家,他那身讲究的穿着原来都是出自自己的大手笔。可惜在那个年代,他只能锦衣夜行,不敢招摇。(陈巨源:《与一代奇才木心的交往》,《木心逝世两周年纪念专号:〈温故〉特辑》,刘瑞琳主编,桂林:广西师范大学出版社,2014年,250页)

◎八月末,顺利地以"绘画留学生"身份赴美,暂居纽约布鲁克林。

一九八二年初秋,我离上海时,朋侪送行到机场,赋诗为别,诗曰:
　　沧海蓝田共烟霞,珠玉冷暖在谁家。
　　金人莫论兴衰事,铜仙惯乘来去车。
　　孤艇酒酣焚经典,高枝月明判凤鸦。
　　蓬莱枯死三千树,为君重满碧桃花。

(木心:《迟迟告白:一九八三年～一九九八年航程纪要》,《鱼丽之宴》,木心著,桂林:广西师范大学出版社,2009年,86页)

木心亦谈及出国对自己的影响:

我自己也承认,我是到了纽约才一步一步成熟起来,如果今天我还在上海,如果终生不出来,我永远是一锅夹生饭。(木心讲述、陈丹青笔录:《文学回忆录》,桂林:广西师范大学出版社,2013年,838页)

出国是我一生最大的转折点，如果我不来纽约，很可能会就此默默无闻地过完寻常的一生。在美国，特别是这次我的巡回展，有很多人对我的作品表现出近乎狂热的喜欢。我走的不是单向的路线，而是多向的路，文学和艺术同时走。（曾进：《海外作家木心独家专访："我不是什么国学大师"》，《外滩画报》，2006年3月5日）

◎秋，与陈丹青在地铁上相识，两人均在纽约艺术学生联盟进修。

按：陈丹青，一九五三年生于上海。一九七〇年至一九七八年辗转赣南与苏北农村插队，其间自习绘画。一九七八年以同等学力考入中央美术学院油画系研究生班，一九八〇年毕业留校，一九八二年赴美留学，定居于纽约。二〇〇〇年回国并被清华大学美术学院聘为教授、博士生导师，二〇〇四年辞职。早年作《西藏组画》，近十余年作并置系列及书籍静物系列。业余写作，著有《退步集》《荒废集》等。

那年元月我到纽约，木心是八月到的。秋天，我们在地铁遇见了，周围挤满乘客，有位我认识的上海画家陪着他，彼此介绍。问起出国前单位，他说是工艺美术机关，所以我不知他是画家，更不知他会写作。我记得他看人的眼神，锐利，专注，狡黠，还有我熟悉的沧桑：所有"文革"风雨活过来的中年人的沧桑。

当时我们同在曼哈顿一所美术学院混留学生日子——那也是一九二〇年代闻一多留学的学院，名叫'艺术学生联盟'——八十年代，三五位上海留学生常逃出教室，聚在咖啡馆胡扯，有时木心也在。他年龄最大，总会逗人笑，但我俩没有深交。（陈丹青答，何晶、李嘉楠问：《木心使我洗去一点野蛮的根性》，《羊城晚报》，2014年3月23日）

陈丹青与木心相识后不久，将其转印画介绍给自己的画廊老板，有意为之办展，因风格不易为中产阶级买家所识，未果。

同年秋，我与木心初交，立即将转印画介绍给我当时的画廊老板。老板惊异，打算办展待售，终因画面过于深邃幽密，不易为中产阶级买家所识，放弃了，现在想来，简直庆幸，但我俩当时的失望，犹在昨日：他坐在画廊对过的IBM大厦咖啡厅等信息，见我回出，说："看你走过来的样子，消息不好，心里一暗。"

此也或者是他收手不画转印画的缘故之一。[陈丹青：《绘画的异端：写在木心美术馆落成之后》，《木心研究专号（2016）：木心美术馆特辑》，木心作品编辑部编，桂林：广西师范大学出版社，2016年，151页]

◎秋冬之际，在纽约布鲁克林的一间骨董工作室结识画家张宏图，一起给人修骨董，持续两个多月。

按：张宏图，一九四三年生，甘肃人。画家。一九六四年至一九六九年在中央美院学习，一九六九年至一九七二年在河北农村劳动，一九七三年在北京宝石公司做设计工作。一九八二年赴美，在纽约艺术学生联盟学习，开始转变为政治波普风格的艺术家。

如果说纽约客个个都是异数，木心则是异数中的异数。木心一肚子学问，双目高深莫测，但是挂在脸上的微笑又使你感到他不会拒你于千里之外。木心永远文质彬彬，即使去打工也一定要穿戴整齐。我们的老板学艺术，来自台湾，比我和木心都年轻，友好，直率，谈吐不俗。老板从骨董店大老板手中接过破损的木雕、瓷器等，我们的工作是修修补补以掩盖其破损之处。（张宏图：《三十年前与木心一起修骨董》，《木心纪念专号：〈温故〉特辑》，刘瑞琳主编，桂林：广西师范大学出版社，2013年，138页）

口袋里只有四十美元，电话都不知道怎么打。把所有的钱都花在打车找房子上了。暂住于勃罗克林（按：即布鲁克林）。修理古董、波斯经典。（陈晖：《木心：难舍乌镇的倒影》，《名仕》，2006年12月）

◎冬，彩墨画为收藏家王季迁所看重，被部分收购。随后应王季迁之邀搬到曼哈顿林肯中心一带的高级公寓（西六十一街三十号大楼），彼此达成协议，木心享受一个月四百美元的生活补贴，王季迁则从木心每个月的画作中任选一张。

按：据陈丹青所述，木心抵美初期，迫于生计，又回到林风眠风格的纸本彩墨画创作。因彩墨画品相好看，有市场。直到留美晚期，再度回向转印画。[陈丹青：《绘画的异端：写在木心美术馆落成之后》，《木心研究专号（2016）：木心美术馆特辑》，木心作品编辑部编，桂林：广西师范大学出版社，2016年，150页]

王季迁（一九○六～二○○三），又名季铨，字选青，别署王迁、己千等。苏州人，旅居纽约。工山水，尤精鉴赏。其收藏之富，为华人魁首，在海内外皆有影响。

为某收藏家看重，立即迁入曼哈顿林肯中心的豪华公寓。（陈晖：《木心：难舍乌镇的倒影》，《名仕》，2006年12月）

冬天搬来曼哈顿，与林肯中心几乎接邻，听歌剧，看芭蕾，自是方便，却也难得去购票。（木心：《林肯中心的鼓声》，《哥伦比亚的倒影》，木心著，桂林：广西师范大学出版社，2006年，79页）

◎是年，郑儒鍼突发脑溢血去世，木心得知噩耗，只觉人生再无意义。

舅舅非常喜欢并敬重大姐夫（大姐夫比舅舅大五岁），陈丹青老师曾含泪告诉我："木心在美国听到郑先生的噩耗后，（一边做饭一边流泪）说，只觉人生再无意义了。"在舅舅的作品中曾多次提到大姐夫，譬如《林肯中心的鼓声》一文中，他写道："我的大甥（应是大甥婿）在哈佛攻文学，问他的指导教授，美国文明究竟是什么文明？教授说：'山洞文明。'正直的智者都躲在高楼大厦的'山洞'里，外面是物欲横流的物质洪水——大甥认为这个见解绝妙，我亦以为然。"
在《文学回忆录》讲十七世纪英国文学、法国文学一章中，舅舅也曾讲道："中国很早就有弥尔顿《失乐园》全译本，我读后，不觉得很好。后来，我的侄女婿（应是外甥女婿）是弥尔顿专家，谈了三夜，觉得懂了。要问，问了才懂。"同样是《文学回忆录》，谈爱尔兰文学一章中，陈丹青老师记载，闲聊时舅舅曾提道："六十年代我外甥女婿寄来英文版《叶芝全集》，我设计包书的封面，近黑的深绿色。李梦熊大喜，说我如此了解叶芝，持书去，中夜来电话，说丢了。我不相信，挂了电话，从此决裂。"（王韦：《在天国再相聚言欢：追忆舅舅木心与姐夫郑儒鍼的交往》，《北京青年报》，2013年4月1日）

一九八三年 五十七岁

◎据台湾《联合文学》创刊号中的《木心小传》和日文简历，本年春参加日本第四十七回春季大展，以不透明水溶性颜料绘制的两件画作获"日本艺术新闻社赏"，并获美术家协会颁赠"特别颂"。同时介绍张宏图一起参展。

◎夏，陈英德、张弥弥、姚庆章等艺术家来访，初识陈英德、张弥弥夫妇。

按：陈英德，一九四〇年生于台湾嘉义，台湾师范大学美术系学士，中国文化大学美术研究所硕士，一九六九年到法国巴黎，入巴黎大学艺术史博士班研读。从事绘画及艺术评介。

张弥弥，一九四三年生于福建泉州，台湾师范大学音乐系学士，中国文化大学音乐研究所硕士，一九六九年到法国巴黎，入巴黎大学博士班研读。从事音乐学与美术理论翻译及编写。夫妇两人长期为台北《艺术家》杂志撰文，并出版美术理论、译作与西洋艺术家传记等三十种。

姚庆章（一九四一〜二〇〇〇），生于台湾，台湾师范大学艺术系毕业。一九七〇年赴美，为第二代超写实画家代表之一。绘画创作包括油画、水彩、绢印、颜色铅笔、压克力颜料、陶画等。

今夏在纽约，姚庆章等几位朋友相约到林肯中心附近去看一位自大陆来美不满一年的画家——木心，他们告诉我木心的作品有成熟的特异的风格。我满怀高兴而去，因早就听说上海有极少数韬光养晦苦心孤诣的画家，今天我总算能看到这样一位了！

走进西六十一街三十号大楼，踏入木心的画室，明亮整洁，画具井然。左面墙上挂着一件山石造型的大幅风景画，墨色瀹郁，立时给我一种深沉丰沛的力量，似乎预示着我这次访问将收获良多。

画家摊开一大卷这类长形的横幅，又摆出一叠如小方桌面般大、裱衬完整的别种类型的风景。当看到一幅题名《北暮》时，姚庆章高声说："东山魁夷该拜倒于你的深度。"木心说："不，我是迟到者，迟了二十年，三十年。"

三十年来，画家未曾有过展览。我看着仍然非常年轻的他——挺健、风趣、秀雅，好像并没有受过什么挫折；虽然无机会发表作品，我还是庆幸他能画出这样的画，而且有这样多的数量。那天以后，画家又约见我，向我展示了另一部分作品，那些画幅面颇小，却是密度极高，饱蓄着咫尺千里的气势——我惊异他为何这类画都如此之小，他说"不得已也"，这时我才恍悟他也不是什么幸运者。这些精致缜密的画，用心多于用力，是每日体力劳作之余，在斗室小灯下经年累月的心智结晶——我欣赏画家的耀目的才华，感动于他坚韧的意志，更惋惜他如果当年及时展览问世，以他的学养和艺术表现力，必定是六〇年代新艺术响亮顶尖人物！（陈英德：《看木心的超自然风景画》，《海外看大陆艺术》，陈英德著，台北：艺术家出版社，1987年，351—353页）

木心与陈英德相识后不久，陈英德被他的绘画风格所吸引，决定要为他写一篇评论。随后木心接受陈英德的采访，并被要求提供一点书面资料以供参考。就在木心随意写成的片段中，陈英德、张弥弥夫妇惊见木心文笔超凡，于是力劝木心恢复写作。陈氏夫妇回巴黎后不久就接到木心寄去的一叠稿件，自己读过后又将之寄给了当时主持台湾《联合报》副刊的痖弦。

按：痖弦，本名王庆麟，一九三二年生于河南南阳县。诗人、编辑家。一九四九年八月参加国民党军队，不久随军辗转台湾。一九六六年十二月以少校军衔退伍，一九六九年任台湾"中国青年写作协会"总干事，一九七七年十月起担任台湾《联合报》副刊主编，至一九九八年退休。著有《痖弦诗集》等。

一年前当朋友把他介绍给我时，我喜见到的是一位卓然的"画家"。看他在三十年封闭的环境中能作出那样的画，我在台北《艺术家》杂志写了一篇《看木心的超自然风景画》，表达了我的敬意和感动。为了写那篇文章，我曾要求木心给我一点书面的资料，就在他随意写成的片段中，我们惊见他的文笔锋芒的烁露。我们问："为什么不写？"他答："写的，自己写来，大多散失了。"我们就说："再写！另一大群人将喝彩的。"木心果真提笔了。回巴黎不久，就接到他一叠稿件，我把它们寄给痖弦。痖弦热烈的反应让我高兴自己的文学嗅觉。痖弦在"联副"陆续以重要的版面刊登了那些文章，海内外呼声随即四起。就这样，我所认识的"画家"木心，成了众人瞩目的"文学家"木心。(陈英德：《也是画家木心》，《联合文学》创刊号，1984年11月1日，60—61页)

来美之初，单纯做个画家，倒也糊涂而松泛，画可以卖钱，钱可以买酒，帝力于我何有哉。不料造化弄人，像夏加尔所画的，从埃菲尔铁塔那边飞来一对天使，男的说：尔当作文章，写了交给我。女的说：你答应，我们就回巴黎，不答应，我们坐在这里不走。男女天使一起说：不要结婚，要写文章——记得我当时确乎昏昏沉沉清清楚楚地允承了下来，街头送别天使后上楼就写，一写十六年。命运之神有两只手，这手安排"那"，那手安排"这"，我是一介既不抗命也不认命的碌碌凡夫，而能守信于诺言之践履：是不结婚，是没有停笔。(木心：《迟迟告白：一九八三年～一九九八年航程纪要》，《鱼丽之宴》，木心著，桂林：广西师范大学出版社，2009年，79—80页)

除了陈英德夫妇，王渝和林泠亦向痖弦推荐过木心：

我是怎么认识木心的呢？其实那时我没见过他，也不知道他的作品。一个写诗的诗友，老朋友王渝，在海外编过报纸的副刊，认识木心。她说木心这个人诗与画都了不起，是个大人才。女诗人林泠也来信提到过他，在信上说他生活困苦。不久王渝寄来木心一些文章，我一看为之惊艳。（痖弦：《只种文学作物，不种其他庄稼：说说洪范的出版规》，《文讯》，2016年8月号，82页）

木心写作全用手写，为赶稿全力以赴，一天要完成八千至一万字的写作量：

精致华美的文字后面，是每天八千至一万字的工作量，全部手写。有次为赶一篇稿，他买好牛奶面包把自己关在房间里三四天，稿子寄出，发现衬衫上一层白乎乎的小东西，原来虱子前来造访四天没有洗澡的人。（李宗陶：《木心：我是绍兴希腊人》，《南方人物周刊》，2006年第26期）

按：有关木心恢复写作后的状态，其一九八四年在回答《联合文学》编者问时亦有追述：

写作习惯呢，说来真不怕人见笑，地下车中写，巴士站上写，厨房里一边煮食一边写，并非勤奋，我想：不写又作什么呢，便写了。最喜

欢在咖啡店的一角,写到其他的椅子都反放在台子上,还要来两句:

即使我现在就走,

也是最后的一个顾客了。

进度一天通常是七千字,到半夜,万字,没有用的,都要反复修改,五稿六稿,还得冷处理,时效处理,过一周、十天,再看看,必定有错误发现。如果把某一文的改稿放在读者面前就可知道,我有多窝囊。(木心:《海峡传声:答台湾〈联合文学〉编者问》,《鱼丽之宴》,木心著,桂林:广西师范大学出版社,2009年,19页)

木心从我跟他认识之后不久就开始写作,一出手就很不得了。以他的年纪,写作就是在回顾他的人生了,刚刚出手,他就已经很老练了、很老辣了。在写作的木心其实是很宅的,他就是在家里写作,所以他应该不是那种你会在咖啡馆"遇见"的作家朋友。木心的家也是小小的,后来他搬的家我就没去过,他一九八〇年代在Queens的那个家还是很小,放很多书,有一点凌乱,但是很安闲、安逸,蛮适合他的。(刘道一:《听杨泽谈木心:"文学往事"口述系列之二》,《木心逝世三周年纪念专号:〈温故〉特辑》,刘瑞琳主编,桂林:广西师范大学出版社,2015年,158页)

本季,因未答应王季迁所提展示作画方式的要求,迁出林肯中心,搬到纽约皇后区牙买加(Jamaica,木心译作琼美卡)的米德兰(Midland Estates)地段。

◎八月二十八日作文《七克》，本月另作文《街头三女人》《在日本的第一次讲演》《林肯中心的鼓声》等。

◎九月十六日，陈英德写出《看木心的超自然风景画》。此文原刊于台北《艺术家》杂志，后收入陈英德著《海外看大陆艺术》，艺术家出版社一九八七年版。

◎八、九月间，在纽约经张宏图介绍结识《中国时报》海外版记者、诗人杨泽。此后作品亦陆续在《中国时报》"人间"副刊发表。

按：杨泽，一九五四年生，本名杨宪卿，台湾嘉义县人。曾任教于台湾大学外文系，后赴美国留学，从普林斯顿大学取得博士学位后任教于布朗大学比较文学系。一九九〇年返台，一九九一年出任《中国时报》"人间"副刊主编。著有诗集《蔷薇学派的诞生》等。

我是一九八三年一月进《中国时报》的海外版，做记者跟编辑的工作，木心恢复写作之后，他的稿子我就会拿来登在"人间"副刊。当时的台湾，这边的发稿的编辑里，有一位你们大陆朋友很熟悉，就是作家刘克襄，"自然书写"那一脉的。有一次我碰到他，他还问我当时的情形，因为他那个时候也是不太知道木心是谁，但总之就觉得"这是杨泽选的稿子，肯定不会有错"这样子，也就登了。（刘道一：《听杨泽谈木心："文学往事"口述系列之二》，《木心逝世三周年纪念专号：〈温故〉特辑》，刘瑞琳主编，桂林：广西师范大学出版社，2015年，159页）

◎九月、十月，据日文简历，九件彩墨画入选《I. M. A.展》（国际现代美术家协会主办）。此展在巴黎、东京、横滨巡回展出。同时介绍张宏图一起参展。

◎十月，到波士顿，在此写有小说《一车十八人》。

◎十二月，散文《街头三女人》发表于由旅美台湾诗人王渝任主编的《美洲华侨日报》文学副刊，此为木心自一九四九年以来公开发表的第一篇作品。该文发表后被陈丹青读到，主动联系，从此"密集交往，剧谈痛聊"。

按：王渝，笔名夏云，一九三九年生于重庆，长于台湾，毕业于台湾中兴大学。编有《海外华人作家诗选》，著有小说、诗歌等作品集多种。一九七五年至一九八九年担任纽约《美洲华侨日报》副刊主编。

第一次收到木心的稿件，感觉是惊艳。怎么有人写得这么好，这么与众不同？他的书写不带一丝当时的大陆文风。这位来自大陆定居此地的作家，像是从石头里蹦出来的孙悟空。我当即做了一件非常荒谬的事，不是向他邀稿，而是建议他投稿给台北《联合报》痖弦主编的副刊。我向他保证：他的作品正是痖弦在等待着的。虽然痖弦和我是好朋友，但是我工作的《美洲华侨日报》是一九三九年"美洲华侨洗衣馆联合会"在中共地下党人唐明照、冀朝铸等人支助下创办。在这样的左派报社工作，我不敢给台湾的朋友惹麻烦，和痖弦久已不通音信。但是纽约的华人读者到底太少，我为木心的作品感到委屈，希望更多人读到。当时的情况下，只有选择台湾了。（王渝：《木心印象》，《木心纪念专号：〈温故〉特辑》，刘瑞琳主编，桂林：

编　年

广西师范大学出版社，2013年，133页）

　　一九八三年春（按：记忆有误，应是夏天），当地华侨日报文学副刊出现木心短篇散文《街头三女人》，一读之下，我很惊讶。那时我与王安忆和阿城通信，得到他们持续寄来的小说，写得很好，但是，不消说，是我们这代人的话语和故事。可是木心两篇小文让我读到一种老练的、久违的文体——如今我才明白，那就是民国作家的文风，是我少年时阅读鲁迅等等留下的文字印记——我立刻找人要到他的电话，拨过去，说，木心你写得真好啊。

　　他很平静，说，找时间见面谈。有天下午他来了，进门后点了烟，昏天黑地地聊。我做了夜饭留他，谈到凌晨两点。纽约地铁通宵运行，我送他回到他在杰美卡地区的寓所，上楼继续聊，他热了两杯牛奶，各自喝了，分手时已清晨四五点钟。

　　从此我们隔三岔五见，他带了刚写好的手稿给我看。再后来，我就一拨拨带了画画的哥们儿找他玩。（陈丹青答，何晶、李嘉楠问：《木心使我洗去一点野蛮的根性》，《羊城晚报》，2014年3月23日）

◎是年，初次到陈丹青寓所观看其画作。

◎是年，对四十年的写作经历进行了反思，发现过去写的东西没有找到个性。

　　我探索了四十多年，写了近千万字，大部分毁了。自毁。一直这样过来，以为自己会写的。可是直到一九八三年，才知道以前的东西没有找到个性，好像替别人在写。（木心讲述、陈丹青笔录：《文学回忆录》，桂林：广西师范大学出版社，2013年，980页）

◎是年，参观大都会美术馆举办的特展《凡·高在阿尔》。

一九八四年 五十八岁

◎初春，痖弦接连来信。

一九八四年春初，诗人的信从巴士海峡来，又来，他的诗文本是特别令我心折神驰的，读近代中国诗，至此才深深惊喜叹佩了。他也像伍尔芙夫人他们那样执有某种缪斯的权杖。在一次散文朗诵会上，诗人朗诵了《林肯中心的鼓声》的片段（他竟自己击鼓！）使我不知如何是好——我将会知道如何是好的。（木心：《散文一集·跋》，台北：洪范书店，1986年，237页）

◎四月，在台湾《联合报》副刊发表《大西洋赌城之夜》，此为木心在台湾发表的第一篇文章。

◎夏，接受台湾《联合文学》编者采访，即《海峡传声：答台湾〈联合文学〉编者问》，最早刊登于《联合文学》创刊号，后收录于《鱼丽之宴》。同时应该刊之邀，准备"作家专卷"。

一九八四年，"知名度"已臻及可以办一个"散文个人展览会"了——台湾要创制一份最大型的华美的文学期刊，《联合文学》，主编向我提议：推出一个"作家专卷"，包括散文个展、答客问、小传、著作一览，要在短期内完成而即付快邮。

区区自费留学生，每周至少三天要去学院进修，而在此时期日常撰文脱稿即发，以应纽约各报之约，实在没有库存可提，《联合文学》创刊号出版的日期已公布了，我连说声"有困难"也是多余的，所以我一口答应：好，准时寄到。

时维孟夏，寓处闷热，蓬头跣足，束紧腰带，这是一场恶战，"自"与"己"战，战赢了才好与"世"战。

不堪回首而实堪回味的那些朝朝暮暮，单间小房，下临大街，嚣嘈不舍昼夜，一条支路直冲我的窗子，风水是极凶的，我望之只作'前程远大'观，阵阵熏风中，我埋头疾书——《明天不散步了》，《恒河·莲花·姐妹》，《遗狂篇》，《哥伦比亚的倒影》……上学院签个名，躲进图书室，写，来回的地铁中，写，噢，过头三站了。（木心：《迟迟告白：一九八三年～一九九八年航程纪要》，《鱼丽之宴》，木心著，桂林：广西师范大学出版社，2009年，84—85页）

◎六月，经陈丹青介绍，应邀于纽约林肯艺术中心国家画廊举行水墨画展。此次为群展，展出的画作多半为"文革"期间所画。

作品受到好评。

按：此次画展的时间台湾《联合文学》创刊号和叶瑜荪《孙牧心》均作一九八四年，经陈丹青确认亦为该年。而木心提供给周乾康的简历和《木心画集》（广西师范大学出版社，2010年）中的《木心简历》均误作一九八三年。

◎十二月十日至二十日，经陈丹青介绍，由巫鸿策划和组织，于哈佛大学亚当斯学院举行题为"木心：思想的风景"（Mu Xin：Landscape of the mind）彩墨画展及收藏仪式。此为木心出国后的第一次个展，获得美国美术界和各大艺术杂志的同声赞誉。

按：《木心画集》（广西师大版）亦作一九八四年，叶瑜荪《孙牧心》误作一九八五年。木心在赴哈佛前夕感慨系之，写成诗《赴亚当斯阁前夕》。

巫鸿，一九四五年生于四川乐山。一九六三年考入中央美术学院美术史系，一九七二年至一九七八年在故宫博物院工作。一九八〇年前往哈佛大学求学，于一九八七年获美术史与人类学双重学位。随即在哈佛大学美术史系任教，于一九九四年获终身教授职位。同年，受芝加哥大学聘请主持该校亚洲艺术的教学。目前为该校东亚艺术中心主任和斯马特美术馆顾问策展人。著有《武梁祠：中国古代画像艺术的思想性》等。

甲子（一九八四年）秋暮，予应邀赴波士顿哈佛大学，举事绘画个展，寓亚当斯阁（按：即亚当斯学院），备蒙优渥。时近耶诞，每夕庆娱频呈。犹太裔美籍女史裘蒂，专攻蒲氏《聊斋》。异矣，自名为九迪韵矣。知予悦曩昔之Jazz乐，雪晚相约驰车夜总会。会名"最后之采声"，入见陈设一如卅年代风调，其中憧憧如离魂者，似多"曾经沧海难为水"之态，蓬却继起《卡萨布兰卡》主曲无误也。九迪风姿娴娈，背影仿佛英格丽·褒曼当年。巫鸿君伟岸若古罗马壮士，而锦绣其中，轩轩霞举，与九迪共蹁跹，全池为之生辉。

同座宪卿最幼，精妙现代诗，尤耽南渡词章，拟论吴梦窗辈，取博士学位。斟饮间，以为唐宋踊舞，亦每流癫狂。予然其说，昔张爱玲尝表此见，乃诵宿句"曾记弦歌中宵，舞散青螺髻"。宪卿称赏大，索全阕。惜不复忆逋，唯下半依稀："自别后，胡沙幽雪，风尘几掩玉笛。何日重来？酒润珠喉，更唱那三叠。市桥人静，共看一星如月。"宪卿莞尔目击，知我行窃《两当轩》也。

时九迪、巫鸿舞罢归座，欲悉我等何以为噱，宪卿虽谙英美语，猝然无由信雅而达也。（《西班牙三棵树》三辑·其十七，木心著，桂林：广西师范大学出版社，2009年，148页）

早于一九八四年我在哈佛亚当斯阁举行个展，哈佛的东方学术史教授罗森菲奥说："这是我理想中的中国画。"耶鲁美术史教授列克朋哈说："现代中国画中我最喜爱你的画。"（李宗陶：《木心：我是绍兴希腊人》，《南方人物周刊》，2006年第26期）

巫鸿是这次木心哈佛画展的主要策划人，据他回忆此次展览没有一分钱筹备金，凡事多由他和陈丹青亲力亲为。

一九八四年时我正在哈佛大学文理学院修博士学位，也同时在亚当斯学院做助教。后者以文艺著称，很多知名的艺术家都毕业自这里，我那时负责它的美术和美术史方面的活动。学院里有一幢从西班牙搬来的十六七世纪的大厅，非常宽敞典雅，我觉得很适合做一些精美的展览，所以就和院长商量。院长罗伯特·凯里是做文学的，喜欢中国文化，也来中国访问过，很支持我的想法。我做的第一个展览是陈丹青的个展，他跟我提到木心。之后我在纽约见到木心，同时看到了他的画，我当即就说很愿意在哈佛大学为他办一个展览。

我在美国做大型的中国当代艺术展是一九九〇年代以后，此前做的如木心、陈丹青、罗中立、张宏图、张健君、裘德树等艺术家的个展都不是很专业的。这些展览代表了特殊历史状态中中国和外界的重新相遇。当时的语境很清楚：中国和外界自"冷战"后就脱节了，美国人对中国美术的印象停留于古代山水画和"文革"期间的宣传画。对于陈丹青等写实主义的画家他们不知道，对于木心这样的艺术家也不晓得。当一些鲜活的中国艺术家忽然出现在他们面前，那个时刻就很有意思。这些画家，也包括我自己，在进入那个场合时都很兴奋，在这样的一个完全非商业的地方，而且是在美国的最高学府里展示作品，感到很纯粹也很舒服。

木心那个展览一分钱筹备金都没有，我和陈丹青开着小车把木心的画作从纽约拉到哈佛，在车顶绑了几个画框。途中停下车，发现画框不知去向。那是个不大的展览，但是衍生出来的东西很多，直到今天我们还在谈它。我做过的一些更大型的展览现在已很少有人提及，这也充分证明了木心艺术的力量。（巫鸿：《木心本身即是艺术品》，《木心：告别与重逢》，为《生活月刊》第121期别册，张泉主编，2015年12月，45页）

此次展览巫鸿请来的都是比较有名的美术史家和学者。期间，木心在亚当斯学院里住了一个星期。

第一次展览是非公众性的，我请来的都是比较有名的美术史家和学者，是一种小范围内类似于雅集的观赏和交流。而且他向来尊重哈佛大学，在那里办展览对他的意义不一样。他也很高兴。展览期间，他在亚当斯学院里住了一个星期，后来还写了文章，把它称作"亚当斯阁"，挺有意思。别人不会称它为"阁"，他的独特可见一斑。（巫鸿：《木心本身即是艺术品》，《木心：告别与重逢》，为《生活月刊》第121期别册，张泉主编，2015年12月，46页）

哈佛画展之后巫鸿应木心之约撰有绘画评论《木心·梦·隐》，因文章观点不被木心认可始终未发表。

我于一九八四年在哈佛大学策划木心的首次画展之后，木心告诉我香港的一家杂志计划刊登一篇介绍他的艺术的文章，建议我写。我于是写了一篇题为《木心·梦·隐》的文章，把他和中国传统的"隐居文化"联系起来，又把他的风景画和历史上一些遁世者所想象的"梦境"进行了比较，他很不喜欢这样的联系，所以我始终没有发表那篇文章。（巫鸿：《读木心：一个没有乡愿的流亡者》，《走自己的路：巫鸿论中国当代艺术家》，巫鸿著，广州：岭南美术出版社，2008年，27页）

◎十一月一日，台湾《联合文学》创刊号出刊。刊物由痖弦亲任社长兼总编辑，台静农扉页题字，编辑委员达二十一人，其中包括梁实秋、白先勇、林文月、余英时、李欧梵、夏志清、陈映真、刘绍铭等。作者中有梁实秋、吴大猷、余光中、司马中原、琦君、夏志清、周梦蝶、洛夫、郑愁予、杨牧、周策纵、陈冠学等。本期特设"作家专卷"，题为《木心，一个文学的鲁滨逊》。刊出《木心答客问》《木心小传》《木心著作一览》和陈英德《也是画家木心》。"木心散文个展"中发表《明天不散步了》《恒河·莲花·姊妹》《遗狂篇》《哥伦比亚的倒影》。

我当时主编《联合文学》，挂名社长兼总编辑，第一年是我自己编的，那时心里打算着能不能给木心做点事。

……

一九八四年《联合文学》推出木心专号，题名"散文个展"，还用显著的标题"木心，一个文学的鲁滨逊"。（痖弦：《只种文学作物，

不种其他庄稼：说说洪范的出版规》,《文讯》, 2016年8月号, 82页）

编者在本卷的导言里说：

经由联副，木心在文坛一出现，即以迥然绝尘、拒斥流俗的风格，引起广大读者强烈注目，人人争问："木心是谁？"为这一阵袭来的文学狂飙感到好奇。身逢动乱，木心的经历不平凡，成就也不平凡。在极为特殊的情况下，他始终坚持自我的生活理念、文学立场，像在一座孤岛上一样，不间断地从事创作。因此，所谓"文学鲁滨逊"之说，实深含傲然雄视之情。面对这样一位作家，《联合文学》满怀惊喜。经过长达三个月时间的筹划和联系，终于集木心小传、著作一览、木心答客问及其散文新作四帖等而成此一专卷。本卷含融木心人生观照、艺术风情，是"国内"首度最完整的呈现。（《联合文学》创刊号，1984年11月1日，47页）

据《木心著作一览》统计，木心一九四九年至一九六六年创作的"论文""小说""散文""诗""剧本""旧体诗与词"共二十种，一九八三年十二月（按：应是八月）至一九八四年八月创作的"散文""小说""诗"共四十篇（首）。其中在《联合文学》创刊号推出之前，木心已在台湾公开发表散文、小说和诗歌二十九篇（首），发表的刊物主要集中于《联合报》和《中国时报》。全录如下：

（一九四九年～一九六六年）

【论文】《汉姆莱特泛论》《伊卡洛斯诠释》《奥菲斯精义》[①]《伽米克里斯兄弟们》（九篇集）

【小说】《临街的窗子》《婚假》《夏逖的赦免》《危险房屋》《石佛》《克里米亚之行》《伐哀尔独唱音乐会》《罗尔与罗阿》《木筏上的小屋》

【散文】《凡仑街十五号》（一百篇集）

【诗】《如烟之姿》（长诗）《非商籁体的十四行诗》（一百首集）《蛋白质论》（短诗集）《十字架之半》（短诗集）

【剧本】《进来，主角》

【旧体诗与词】《玉山赢寒楼余烬籑》

（一九八三年十二月～一九八四年八月）（按：一九八三年十二月有误，应为八月起）

【散文】

《联合报》：《大西洋赌城之夜》《林肯中心的鼓声》《街头三女人》[②]《你还在这里》《竹秀》《空房》《S.巴哈的咳嗽曲》《咖啡弥撒》《七克》《爱默生家的恶客》《月亮出来了》《随想录》

《中国时报》：《试问美国人》《烟蒂》《末班车的乘客》《圆光》《同

---

① 即 P85—86 提到的《哈姆莱特泛论》《奥菲司精义》。
② 此文最早发在纽约的《美洲华侨时报》。

车人的啜泣》《上当·荒年》《童年随之而去》《丑书·智蛙·疯树》《草色》《第一个美国朋友》

纽约各报：《在日本的第一次讲演》《大师的废物》《上代的美人》《纽约的鸽子》《失而复得的姓名》《性感未来学》《邪念的实录》《大雅与大俗》《忆"M·D·书屋"》

【小说】

《联合报》：《一车十八人》

《中国时报》：《夏明珠》《两个小人在打架》《完美的女友》《寿衣》《芳芳No.4》

【诗】

《联合报》：《再访巴斯卡》

纽约各报：《托尔斯泰的奢侈品》《俳句九十九》

【笔名】（一九一四年～一九八四年）

吉光、高沙、裴定、马汗、桑夫、林思、司马不迁、赵元莘、杨蕊

给王渝送去一份《联合文学》创刊号中"作家专卷"的复印本：

其实，木心已经给台湾投稿了，而且正如我所料，痖弦非常欣赏他。后来《联合文学》还为他出了专辑。他特地到我办公室来，送一份专辑的复印本给我。向来沉稳、喜怒不形于色的他，那天真正开心了，一脸忍不住的笑意。（王渝：《木心印象》，《木心纪念专号：〈温故〉

特辑》，刘瑞琳主编，广西师范大学出版社，2013年，134页）

◎据台湾《联合文学》创刊号中的《木心小传》，本年被邀请为"国际现代美术家协会"名誉会员，国际现代美术家"I. M. A. 展"评审委员。

按：据叶瑜荪《孙牧心》，一九八二年获日本艺术新闻奖、特别优秀奖，受聘为国际现代美术家协会（IMA）展评审委员。与《联合文学》创刊号中所示时间有出入，有待考辨。

◎是年，据日文简历，《中国时报》美国版、香港月刊《艺术家》、台湾杂志《艺术家》分别刊登、报道了木心的绘画作品，并一致给予了"他独特的画风在世界美术发展进程中占据了与众不同的地位"的高度评价。

◎是年，作诗《门户上方的公羊头》《赴亚当斯阁前夕》，作文《九月初九》。

一九八五年 五十九岁

◎三月，小说《一车十八人》，散文《你还在这里》《街头三女人》《在日本的第一次讲演》《七克》《林肯中心的鼓声》被收录于《海洋文选：〈美洲华侨日报〉文艺副刊作品选集》，《美洲华侨日报》编辑委员会编,三联书店香港分店出版。

◎秋,在纽约陈丹青家中经陈丹青介绍结识作家钟阿城。

按:钟阿城,一九四九年生,北京人。在山西、内蒙古插过队,当过云南农场农工。回城后曾在中国图书进出口公司、东方造型艺术中心、中华国际技术开发总公司工作。一九八四年开始发表作品,著有小说集《棋王》《孩子王》《树王》等。

◎十一月,散文《圆光》发表于《上海文学》本年第十一期"散文之页"栏目。此为中华人民共和国成立后木心在大陆公开发表的第一篇文章。

◎是年,经郭松棻介绍结识童明。

按:据童明回忆,本年稍早时候他经郭松棻介绍与木心相识,"当时人比较多,也比较拘谨,两个人客套一下,没有建立主题"(《童明·陇菲·陈丹青·梁文道谈木心》中童明的发言,2015年8月8日,首都图书馆)。第二次见面时童明已读到木心的《散文一集》,疑是样书。随后,童明与郭松棻、曹又方、木心经常见面,交流愈加频繁。

郭松棻(一九三八～二〇〇五),生于台北。一九五八年发表第一篇短篇小说《王怀和他的女人》,一九六一年毕业于台湾大学外文系,一九六六年赴美国加州大学伯克利分校攻读比较文学,一九六九年获比较文学硕士学位。一九七一年放弃博士学位,投入"保钓运动",被长期列入黑名单,无法返台。曾在联合国任职,旅居美国纽约。著有小说集《郭松棻集》等。

童明，本名刘军，陕西西安人。一九七五年毕业于西安外国语学院，一九八一年获北京外国语大学第一期联合国译员训练班研究生毕业证书，一九八一至一九八四年任联合国纽约总部译员，一九九二年获美国麻省大学英美文学博士。现任加州州立大学洛杉矶分校英语系终身教授。著有《现代性赋格：十九世纪欧洲文学名著启示录》等。

◎据叶瑜荪《孙牧心》，本年于世界贸易中心纽约州政府画廊举行水彩画展。同年入选美国传记中心名人录。

◎是年，大都会美术馆举办卡拉瓦乔特展，曾随陈丹青一同前往参观。

按：木心不喜欢写实画，对卡拉瓦乔、库尔贝、珂罗等写实派画家评价不高。其留美期间，经常性地前往参观相关美术馆和博物馆举行的各类展览。

◎是年，作诗《波尔多的钟声》。

◎是年，作画《情人的坟墓》。

一九八二年至一九八五年

◎作画《人体素描》。

一九八六年 六十岁

◎二月,经痖弦和叶步荣之手,《散文一集》由台湾洪范书店出版。此为木心平生正式出版的第一本书。篇目:《序》《大西洋赌城之夜》《你还在这里》《圆光》《童年随之而去》《试问美国人》《烟蒂》《末班车的乘客》《七克》《同车人的啜泣》《空房》《街头三女人》《林肯中心的鼓声》《草色》《S. 巴哈的咳嗽曲》《竹秀》《恒河·莲花·姐妹》《遗狂篇》《两个朔拿梯那》《爱默生家的恶客》《明天不散步了》《咖啡弥撒》《哥伦比亚的倒影》《跋》。

按:洪范书店于一九七六年八月十五日在台北成立,创办人包括痖弦、杨牧、叶步荣、沈燕士,是一家决意走精致文学路线的出版机构。叶步荣为主持人兼总编辑。

我跟叶步荣讲,木心的书可以出版,虽然现在知道他的人不多,但是绝对有意义。后来叶步荣积极跟他联络,就出了《散文一集》(一九八六)、《琼美卡随想录》(一九八六)。

木心有洁癖,美学上的洁癖,因为他是画家,他的书一定要自己设计封面,字型、纸张、纸质、台数通通都非常严格的定好,叶步荣样样都合他的意。(痖弦《只种文学作物,不种其他庄稼:说说洪范的出版规》,《文讯》,2016年8月号,第82页)

◎二月二十三日,元宵节,参加彭亨宴后作旧诗一首:

雪消春临，骤暖若惊，繁花领露，细草贺晴。窃念野隐不得，朝隐不欲，市隐则身丁大劫，缧绁十二载。今作奇隐，隐于异国，息交绝游，晏如愚如也。

乱世受人制，早明莱公妻。
阊阖复东渐，我住阊阖里。
群狐正丘首，孔雀西北飞。
不知多许事，低头餐蛤蜊。
围阒高明户，魑魅呼魍魉。
衣锦终不归，长安难安长。
盗泉水自甘，恶木荫可留。
所欢在风尘，故作风尘游。
交谊美忘年，率性即天伦。
牛背新稚子，浮屠故情人。
竹林风流尽，海外酒常佳。
捐弃万古愁，勿复读《南华》。
昔无今有余，昔有今不足。
我亦行我素，毋劳季主卜。
大风吹南冠，投簪别洪流。
嚄唶在四海，志若无神州。
年来气转清，临岐少踟蹰。
灯下记落寞，不涉椎心事。

丙寅上元纽约彭亭宴后

（木心：《西班牙三棵树》三辑·其十九，桂林：广西师范大学出版社，2009年，151页）

◎三月二十三日，陈丹青在纽约家中为木心过六十岁生日。

丙寅二月十四日，予满甲子，海外孤露，唯丹卿置酒相祝。（陈丹青：《孤露与晚晴：纪念木心逝世两周年》，《木心逝世两周年纪念专号：〈温故〉特辑》，刘瑞琳主编，桂林：广西师范大学出版社，2014年，318页）

按：陈丹青在《孤露与晚晴：纪念木心逝世两周年》一文中将此次过生日时间误作一九八七年。

◎五月九日下午，由美国华语报《中报》"东西风"副刊主编曹又方发起并主持的"木心的散文专题讨论会"在纽约《中报》会议室举行。木心本人出席了此次讨论会，与会者另有旅美台湾小说家、联合国高级翻译组资深翻译家郭松棻，旅美台湾诗人、《中国时报》"人间"副刊主编杨泽，旅美台湾文艺史论家、纽约市立大学教授李渝，旅美台湾诗人林泠，旅美大陆学者、北美中文季刊《知识分子》主编梁恒，旅美大陆画家陈丹青。（《关于木心》，《哥伦比亚的倒影》附册，桂林：广西师范大学出版社，2006年）

按：曹又方（一九四二～二〇〇九），本名曹履铭，曾用光虹、金名、衣娃等笔名。出生于上海，台湾世新大学毕业，旅居纽约，创办并主编美洲《中报》"东西风"文艺副刊。后定居台北，主要从事报纸、图书公司、杂志社的编辑工作，曾任台湾圆神出版社、方智出版社发行人。著有小说、散文、杂文等各类著作六十余种。

李渝（一九四四~二〇一四），生于重庆，五岁时随家人到台湾。一九六二年第一篇小说《夏日·一街的木棉花》刊登于《文星》月刊。一九六四年毕业于台湾大学外文系。后赴美定居，任教于纽约市立大学。系郭松棻的妻子。

林泠，本名胡云裳，生于一九三八年。台湾大学化学系毕业，后获美国弗吉尼亚大学博士。一直服务于美国化学界，主持药物合成研究。同时又是一位女诗人，著有《林泠诗集》等。

梁恒，湖南长沙人，毕业于湖南师范大学，后赴美国哥伦比亚大学攻读硕士。一九八四年在纽约创办中文季刊《知识分子》，并担任主编。因受索罗斯的邀请，出任其中国事务私人顾问以及在中国的私人代表。

出于我的缘故，木心在纽约也开始有了一个台湾文学的小圈子。木心当时在台湾发表文章，慢慢地就也成了一个作者。那个时候，我、木心、曹又方，还有郭松棻，我们四个人，三男一女，经常在一起聚，吃饭、聊天，有的时候也去China Town里面的"东方书店"，郭松棻老师的夫人李渝是一位很有影响的艺术评论家，她倒是没有来参加。我们这个小圈子后来做的一件事，就是给木心办了一次作品讨论会，发表在曹又方当时所在的《中报》副刊上。……当时我们四个人的聚会，主要都是在谈文学，也是郭松棻为主的，木心当时还主要是一个画家的身份。(刘道一:《听杨泽谈木心:"文学往事"口述系列之二》,《木心逝世三周年纪念专号:〈温故〉特辑》,刘瑞琳主编,桂林:广西师范大学出版社,2015年,161—162页)

关于此次讨论会,曹又方在主持人开场白中做了如下交代:

"东西风"为了充实广大读者的艺术欣赏,推助华裔作家的文学活动,尝试举办专题座谈会,以后将在取得经验和效果的基础上,拓展这一设想和计划。

我们认为:一位优秀的作家,必然与不同层面的读者有着不同层次的内在联系,而又必然与文学同行依存着"疑义相与析"的学术契缘。因此,我们邀请了几位文学经验丰富的作家、评家,对近年崛起于海外文坛备受赞扬的木心先生的作品(此次以他的《散文一集》为对象)进行一次评鉴讨论。虽然限于时间和条件,还不可能做到周致详畅,然而我们希望有所裨益于读者们对一位作家的特性风格的理解和品赏,从而透视到文学潮流的客观规律的繁复性,和作家本身的主观因素的自为能动性,两者的深刻关系是十分饶有兴味而发人省思的——我们编辑工作者,在加强华裔作家共同构成的文学事业的整体功能上,尽一份媒介催化的作用,是应尽的责任,也是赏心乐事。(《关于木心》,《哥伦比亚的倒影》附册,桂林:广西师范大学出版社,2006年,2页)

◎六月二十日，"木心的散文专题讨论会"发言文本在《中报》"东西风"副刊连续三天整版刊出。

◎夏，作《西班牙三棵树·引》。

◎八月，《大西洋赌城之夜》被收录于《海的哀伤》，田新彬选编，台湾希代书版股份有限公司出版。

◎九月，《琼美卡随想录》由台湾洪范书店出版。篇目：第一辑《如意》《剑柄》《我友》《王者》《圆满》《心脏》《将醒》《呼唤》《休息》《除此》《无关》《烂去》《问谁》《败笔》《迟迟》《走了》《出魔》《笔挺》《缀之》《尖鞋》；第二辑《嚏语》《俳句》《风言》；第三辑《上当》《但愿》《福气》《真的》《再说》《很好》《智蛙》《疯树》《不绝》《棉被》《步姿》《新呀》《荒年》《同在》《笑爬》《邪念》《放松》《某些》《认笨》《引喻》《怪想》《多累》《呆等》《卒岁》《后记》。

◎十月，台湾女学者郑明娳的学术专著《现代散文纵横论》由台湾长安出版社出版，该书分两辑"综论"和"个论"，"个论"中包括"木心论"（另有"陆蠡论""琦君论""余光中论""林耀德论"）。

木心的散文，确然有它不可多得的优点。这种以知性、智慧以及生命来建构的心血结晶，必不容易登上销售排行榜的名次，也不容易进入年度选集中。因为大部分读者没有耐心及精力来细读理解这类厚重、凝练的知性作品。然而，就现代散文的发展而言，这样的散文实在是值得开拓的一种类型，值得作者去努力耕耘，也值得读者去细心再三品味。（郑明娳：《木心论》，《现代散文纵横论》，郑明娳著，台北：长

安出版社，1986年初版，1988年再版，87页）

◎十一月十一日，《寒砧断续》刊载于《联合报》。

◎是年，从纽约艺术学生联盟（按：台湾称为纽约联合艺术学院）毕业。(《台湾美术年鉴·一九九四美术人名录》，雄狮台湾美术年鉴编辑委员会编著，雄狮图书股份有限公司，1994年）

◎是年，为纪念席德进逝世五周年作《此岸的克利斯朵夫》，另作文《晚来欲雪》。

◎据叶瑜荪《孙牧心》，本年于纽约市政府画廊举行版画展。

◎是年，入选《海外华人名人录》（北京）。

一九八七年 六十一岁

◎分别于一月十六日、九月二十八日给台湾读者林慧宜回信（总共给林慧宜回信五封，其中一封被同学窃走，写作时间和内容不明），其中说道：

来信收悉，感谢您数年来的关怀。

从信上看，您极有文学的气质，如果准备考大学的文科，希望您进外文系（中文可以自学）。倘若志愿是别的，那么文学作为一种素养，而业余也可以从事文学的欣赏和写作——别辜负了您优异的禀赋。

您爱读俄罗斯文学家的作品，我很高兴，俄国文学朴厚精深，充满伟大的仁慈，年轻人从这一点上开始他的文学生涯，预示着您的美好的前程。

（一月十六日）

来信都收到，每次看完就想好好作复（你的信内涵很丰富），而繁琐的世务总是纷至沓来。即使此刻决意为你执笔了，也自知是写不透彻的。

祝贺你考入外文系，什么大学呢？下信请示知。

你喜欢看我的书，不要急于写读后感。将来你该写的是"评论"。

然要到你四五十岁时才适宜此类评论。你现在就要努力写作（写你自己的）。

不能等什么知识经验够了才写作，因为文思文笔是靠从小就训练起来。

如无"幼功"，就成不了大器。读完大学，即来纽约留学，然后再去英国取博士学位。为时虽尚早，而要立定志向。你有极佳的天赋，是台湾青年中的"异数"。可惜以前没有得到好的指导，所以急需重新启程。举些小例子，写字要临碑帖的根基，你得安排出时间来练习（毛笔字）。照理应从篆隶起手，再转楷书、行书、草书。但已不可能。你就临王羲之的《圣教序》吧。写信呢，也得符合基本的格式。起首没有称谓是不礼貌的。

你寄来的《艺术家肖像》，我从前瞥见，文中描述的那个人，我认为算不上艺术家，只不过是古之"清客"，今之"ＵＰ"。他无大爱、大恨，所以创造不出足以传世的艺术品，他，还是"俗"的。

再者，你翻覆地阅读我的两本散文，这是不良的读法。一本书看过后，至少要隔半年，重看起来才有新的感觉和发现。而像《卡拉马助夫兄弟们》这样的巨著，你的年龄、经历是不胜负荷的。你急于看西欧及俄罗斯的诗、散文、小说等，先看了再说，不要以为就此看懂了。

中国只有古代文学，现代则除了鲁迅、张爱玲，就没有什么中国现代文学可言（这也正是你的见解）。

我觉得你目前急需补的是历史、哲学、音乐、美术这几方面的常识和专门性研究，所以希望你早日能到纽约来，下五年十年的苦功，你才能奠定基础。而目前我等待你寄作品来。

（诗、散文、随感），今后把写信的心力放在你自己的作品上。

一支笔的成熟至少需要二十年不停不歇的磨练。

在美国的几个朋友，都感叹没有人可以评论我写的书，我却十分明白，并非我有什么特异，而是这个中国根本没有文学，没有文学家——我对你抱着洪大的希望。二十年后，你写《木心评传》。

（九月廿八日）

◎春，接受台湾《中国时报》编者采访，内容见《雪夕酬酢：答台湾〈中国时报〉编者问》（木心：《鱼丽之宴》，广西师范大学出版社，

2009年，41—58页）。回答中说平均每天两三个小时阅读，十一二个小时写作。

◎据叶瑜荪《孙牧心》，本年于纽约格林威治村维斯贝茨画廊举行版画展。

◎是年，在画家李全武的介绍下于纽约曼哈顿上城一家餐厅结识画家曹立伟。

按：李全武，一九五七年生于湖北黄冈。一九八一年毕业于湖北艺术学院美术分部，一九八二年在中央美术学院油画系进修，后担任湖北艺术学院美术教师。现旅居美国。

曹立伟，一九五六年生于辽宁沈阳。一九八二年毕业于中央美术学院油画系并留校任教。后赴美留学，一九八六年进入纽约州立大学纽波斯学院攻读硕士，一九八九年毕业。一九八九年至二〇〇四年为纽约画廊画家。二〇〇四年回国，任教于中国美术学院，系中国美术家协会会员。

◎是年，作诗《牛奶·羊皮书》《FARO》《俄国纪事》《夜宿伯莱特公爵府邸有感》《点》《中古一景》《恋史》《骰子论》《春舲》。

◎是年，《夏天最后的赋格》刊登于纽约《知识分子》杂志本年第二期。

一九八八年 六十二岁

◎二月二十二日,《法兰西备忘录》刊登于《中报》"东西风"副刊。

◎二月,《即兴判断》《温莎墓园》《西班牙三棵树》由台湾圆神出版社出版。

《即兴判断》篇目:《代序(答中国时报〈人间〉编者问)》《论美貌》《塔下读书处》《昆德拉兄弟们》《九月初九》《游刃篇》《夏阑三简》《眸子青青》《圣安东尼再诱惑》《已凉未寒》《麦可和麦可》《寒砧断续》《寄白色平原》《晚来欲雪》《从前的上海人》《聊以卒岁》《普林斯顿的夏天》

《温莎墓园》篇目:《序》《美国喜剧》《一车十八人》《夏明珠》《两个小人在打架》《SOS》《完美的女友》《七日之粮》《芳芳No.4》《魔轮》《月亮出来了》《第一个美国朋友》《寿衣》《静静下午茶》《五更转曲》《此岸的克利斯朵夫》《出猎》《西邻子》《温莎墓园》

《西班牙三棵树》篇目:《引》,一辑《中世纪的第四天》《咕嗄》《寄回哥本哈根》《祭叶芝》《赴亚当斯阁前夕》《北美淹留》《〈凡·高在阿尔〉观后》《西岸人》《夕殿》《毋与歌德言》《夏夜的婚礼》《春寒》《十四年前一些夜》《丙寅轶事》《FRACTURE》《十八夜 晴》《泥天使》《面对面的隐士》《JJ》《斗牛士的袜子》《雪后》《论拥抱》《旋律遗弃》《如歌的木屑》《涉及爱情的十个单行》《甜刺猬》《我的主祷文》《末期童话》《晚祷文》《托尔斯泰的奢侈品》《啊 米沙》《再访巴斯卡》《剑桥怀波赫士》，二辑《艾华利好兄弟》《啊，回纹针》《第二个滑铁卢》《南极·青草》《埃及·拉玛丹》《无忧虑的叙事诗》，三辑《其一》《其二》《其三》《其四》《其五》《其六》《其七》《其八》《其九》《其十》《其十一》《其十二》《其十三》《其十四》《其十五》《其十六》《其十七》《其十八》《其十九》。

按：曹又方与简志忠合作，参与了这三本书的出版。简志忠，一九五五年生于台湾彰化县，为圆神出版社创办人，圆神出版集团董事长。

◎四月二十四日、五月十四日前后两次给林慧宜回信，其中说道：

四月十四日来信收到。由于过久不闻音讯，颇费猜测。

读了你此次的信，仍不解前一段如此漫长沉默的真实原故。

盼你的"暮春长简"寄来，或能释我大惑。

你的诗，我翻覆读了，情致是深的，前后构思是妙的。表现的方式却流于散文化。分行分句不要学时尚的取巧。在你目前的阶段，写作第一要自然，如果强求深刻，奇特，便造作了。深刻奇特是要经过长期修炼才得到的。初始而强求，反而阻塞深刻而奇特的路。

圆神出版社已经将我的《即兴判断》（散文）、《西班牙三棵树》（诗）、《温莎墓园》（小说）印行了。

（四月廿四日）

五月四日之札顷悉，四月十一日的信也收到。这几个月来忙于画展，还得忙一阵子，故先草草简复，免你焦念。

二月二日的信怎会退回？请检视一下，是否地名或邮政编号有误，一一四三二，错一字就收不到。

该信请再寄给我，好吗？其实我可以付印的书手上有着三部稿本，洪范书店认为"不通俗"，赚不了大钱，（其实《散文一集》和《随想录》按销书的单据看，一上市差不多就卖完的。大概书店主人本来认为我的作品能成为畅销书，那是估计错了）。

《雄狮美术》杂志二月号有《此岸的克利斯朵夫》，写我与画家席德进的一段往事，或者你可以找来看看。（此文在纽约、加州等处反应颇强，接到不少信和电话。）《温莎墓园》在北美华人文学圈中几乎没有回响，台湾则痖弦先生来信表示赞许，诗人杨泽也以电话叫了两三声好。

你问："有没有人告诉您他是您最好的读者？"有，不止其一，但仅只含有这样的意思。

话可不是这样直接出来的。你要的"位子"无疑是得到了，前提是：在三十岁以下的读者中，你是最最好的读者，首席读者。

"浪漫"与"节制"在字面上不能对称，也不确切。但我能明白你的见解。

"发乎情，止乎礼"，这情也许大了一点，礼也大了一点，所以与常情常理不同，一般人就觉舛谬，群起而斥我为异端。而你确（却）认为这情这礼是"极大"的，那么，惭愧地谢谢你的勉慰了。

你目前正处于毕业和会考的重要阶段，暂时忘掉这些文学的事吧。以后我们有机会细细谈。纪念册、毕业赠言这类有趣的韵事，我拙于措辞，只能赠你以别的礼物，容后寄奉。

（五月十四）

◎九月二十一日，《良俪（外二章）》（按："外二章"为《口哨》和《雪礼》）刊登于《中报》"东西风"副刊。

◎年底，李全武、金高、章学林、曹立伟恳请木心以讲课方式定期谈论自己的写作，遭木心婉拒。

按：金高（一九三三～二〇〇六），女，北京人，油画家。一九五二年毕业于中央美术学院绘画系，曾任中国美术家协会内蒙古分会专业画家、副主席。一九八三年与丈夫王济达移居纽约。

章学林，版画家，二十世纪六十年代毕业于浙江美术学院，现居杭州。

◎据叶瑜荪《孙牧心》，本年于台湾鼎典艺术中心举行版画展。

◎是年，作诗《艾斯克特赛马纪要》《寄回波尔多》《南欧速写》《致H·海涅》《参徐照句》《无鱼之奠》《咖啡评传》《爱斯基摩蒙难记》《古拉格轶事》《巴珑》《白夜非夜》《罗马停云》《东京淫祠》《五岛晚邮》《魏玛早春》《埃特鲁里亚庄园记》。《埃特鲁里亚庄园记》附注：

今岁平安夜风雨凄其，翻书翻到那十卷（普林尼自纂其九，其十系他人所搜），在二百四十七帖中，我择了致弥提乌斯的之一，致塔西陀的之二，试加分行、断点、叶韵，删之增之，蘧蘧结体——（木心：《埃特鲁里亚庄园记》附注，《巴珑》，木心著，桂林：广西师范大学出版社，2008年，244—245页）

一九八九年 六十三岁

◎从本年始至一九九四年，应旅居纽约的一批艺术家之请，开讲"世界文学史"。元月十五日，在画家高小华家开课。

自一九八三到一九八九年，也是木心恢复写作、持续出书的时期。大家与他相熟后，手里都有木心的书。逢年过节，或借个什么由头，我们通宵达旦听他聊，或三五人，或七八人，窗外晨光熹微，座中有昏沉睡去的，有勉力强撑的，唯年事最高的木心，精神矍铄。

木心在大陆时，与体制内晚生几无来往，稍事交接后，他曾惊讶地说："原来你们什么都不知道啊！"这样子，过了几年，终于有章学林、李全武二位，纠缠木心，请他正式开课讲文艺，勿使珍贵的识见虚掷了。此外，众人另有心意：那些年木心尚未售画，生活全赖稿费，大家是想借了听课而交付若干费用，或使老人约略多点收益。"这样子算什么呢？"木心在电话里对我说，但他终于同意，并认真准备起来。

劝请最力而全程操办的热心人，是李全武。他和木心长期协调讲课事项，转达师生间的种种信息，改期、复课、每课转往谁家，悉数由他逐一通知，持续听课或临时听课者的交费，也是他负责收取，转至木心，五年间，我们都称他"校长"。

事情的详细，不很记得了。总之，一九八九年元月十五日，众人假四川画家高小华家聚会，算是课程的启动。那天满室哗然，很久才静下来。木心，浅色西装，笑盈盈坐在靠墙的沙发，那年他六十二岁，鬓发尚未斑白，显得很年轻——讲课的方式商定如下：地点，每位听课人轮流提供自家客厅；时间，寒暑期各人忙，春秋上课；课时，每次讲四小时，每课间隔两周，若因事告假者达三五人，即延后、改期，一二人缺席，照常上课。

开课后，渐渐发现或一专题，一下午讲不完。单是《圣经》就去两个月，共讲四课。上古中古文学史讲毕，已逾一年，越近现代，则内容越多。原计划讲到十九世纪收束，应我们叫唤，木心遂添讲二十世纪流派纷繁的文学，其中，仅存在主义便讲了五课。（陈丹青：《〈文学回忆录〉后记》，《文学回忆录》，木心讲述、陈丹青笔录，桂林：广西师范大学出版社，2013年，1086—1088页）

我们讲课，称作学校、学院，都不合适。当年柏拉图办学，称逍遥学派，翻译过来，就是散步学派，很随便的，不像现在看得那么郑重。

学林、全武，是筹办者。平时交谈很多，鸡零狗碎，没有注释，没有基础，如此讲十年，也无实绩。很久就有歉意了，今年就设了这个讲席。（木心讲述、陈丹青笔录:《文学回忆录》，桂林：广西师范大学出版社，2013年，2页）

木心开讲后，则每次摊一册大号笔记本，密密麻麻写满字，是他备课的讲义。但我不记得他低头频频看讲义，只目光灼灼看着众人，徐缓地讲，忽而笑了，说出滑稽的话来。当初宣布开课，他兴冲冲地说，讲义、笔记，将来都要出版。但我深知他哈姆雷特式的性格：日后几次恳求他出版这份讲义，他总轻蔑地说，那不是他的作品，不高兴出。前几年领了出版社主编去到乌镇，重提此事，木心仍是不允。（陈丹青：《〈文学回忆录〉后记》，《文学回忆录》，木心讲述、陈丹青笔录，桂林：广西师范大学出版社，2013年，1084—1085页）

我聆听了几堂先生的"世界文学讲座"，一帮滞留纽约的中国留学生（内有台胞），推举木心为大家讲点什么，"为解乡愁"或"集体取暖"，也为我们的听课费（一次美金二十元）可解决他的部分生计？在我聆听的最初几堂讲授中，木心随口吟诵多首古代波斯阿拉伯人的诗篇，让全体敬异不止。（夏葆元：《木心的远行与归来》，《中国随笔年选2012》，朱航满编，广州：花城出版社，2012年，148页）

二十三年前，一九八九年元月，木心先生在纽约为我们开讲世界文学史。初起的设想，一年讲完，结果整整讲了五年。后期某课，木心笑说：这是一场"文学的远征"。（陈丹青：《〈文学回忆录〉后记》，《文学回忆录》，木心讲述、陈丹青笔录，桂林：广西师范大学出版社，2013年，1084页）

◎二十九日，在薄茵萍家讲"世界文学史"第一讲"希腊罗马神话（一）"。

◎二月十二日，在薄茵萍家讲"世界文学史"第二讲"希腊罗马神话（二）"。

◎三月六日，讲"世界文学史"第三讲"希腊史诗"。

◎三月十九日，在李全武家讲"世界文学史"第四讲"希腊悲剧及其他"。

◎四月十六日，在章学林家讲"世界文学史"第五讲"新旧约的故事和涵义"。

◎五月七日，在殷梅家讲"世界文学史"第六讲"新旧约再谈"。

◎六月十日，在殷梅家讲"世界文学史"第七讲"福音"。

◎六月二十五日，在薄茵萍家讲"世界文学史"第八讲"新旧约续谈"。

◎七月十六日，讲"世界文学史"第九讲"东方的圣经"。

◎八月二十日，讲"世界文学史"第十讲"印度的史诗、中国的《诗经》"。

◎八月二十七日，讲"世界文学史"第十一讲"《诗经》续谈"。

◎夏，到美国东北海岸的罗德岛消暑。

夏天，在罗德岛消暑，曾以此篇请一位诗弟过目，他说有释家的经卷味，也许把好的散文撙撷为诗，顺利时，会起这个现象，可惜全篇并不都是顺利的。（木心：《洛阳伽蓝赋》附注，《巴珑》，木心著，桂林：广西师范大学出版社，2008年，175页）

◎九月，《爱是一种天才行为》被收录于包黛莹执行编辑的《名家谈爱》，台湾方智出版公司出版。

◎九月十日，讲"世界文学史"第十二讲"楚辞与屈原"。

◎二十四日，讲"世界文学史"第十三讲"中国古代的历史学家"。

◎十月八日，讲"世界文学史"第十四讲"先秦诸子：老子"。

◎十月二十九日，在李全武家讲"世界文学史"第十五讲"先秦诸子：孔子、墨子"。

◎十一月十二日，在李全武家讲"世界文学史"第十六讲"先秦诸子：孟子、庄子、荀子及其他"。

◎十二月十日，讲"世界文学史"第十七讲"魏晋文学"。

◎年末，一次与夏葆元聚餐，探讨如何把H从上海接到纽约来。

一九八九年岁末，先生约我去纽约唐人街金国超市门口等候，下了"神殿"的他轻车熟路穿越于唐人街迷宫般的小巷，终停在一家猪油菜饭店的门口。我们上了二楼，此行他要专门和我谈谈关于H的事，探讨如何把H从上海弄到纽约来。H者，是木心居住上海外白渡桥边的一个邻居，一个修理汽车的强壮的大男孩、"愣头青"，多年来木心在他身上花出心血、教他写作并寄予很多期望。在H身上可以感到礼数的过分周全，这是木心长年调教所致吧！此时木心六十又三，已考虑到老年人的需求，而着意寻觅一位如同现今环绕四周、能事事照应他的人选并认同"义子"。不久H成功抵达，不久H又从先生身旁消失，据称是独自结婚去了，似再无联络。对此，先生又一次采取了"欢送"，他不信有"浪子回头"这回事，因为头也"浪"掉了，还回什么？（夏葆元：《木心的远行与归来》，《中国随笔年选2012》，朱航满编，广州：花城出版社，2012年，149页）

◎据叶瑜荪《孙牧心》，本年获美国奈希·珂恩版画奖。同年南京大学主编《海外华裔作家辞典》邀其入列。

◎是年，参加纽约华人在唐人街银宫酒楼举行的聚餐。邂逅多年不见的张宏图。

◎是年，曾前往参观大都会美术馆举办的委拉斯开兹画展。

◎是年，作诗《地中海》《茴香树》《佐治亚州小镇之秋》《即景》《在雅尔塔》《俄国九月》《阿尔卑斯山的阳光面》《致霍拉旭》《旷野一棵树》《某次夜谭的末了几句》《中古构图》《夏误》《科隆之惊》《去罗卡拉索之前》《伦敦街声》《我辈的雨》《从薄伽丘的后园望去》《道院背坡》《末度行吟》《智利行》。

◎是年，《童年随之而去》被收录于《中华现代文学大系·散文卷》，台湾九歌出版社出版。

◎是年，作画《魔鬼的花园》。

◎是年前后,童明将木心的小说列入"世界文学"课讲授,受到欢迎。

童明教授是英文本 *The Windsor Cemetery Diary* 的主译者,他在开讲"世界文学"的课程计划中,拟将我的作品列入,……在NDQ发表《温莎墓园日记》等文之前,童明曾向校长递呈"世界文学"课程的计划大纲,涉及我的作品时,校长阅《温莎墓园日记》才两页,就对童明说:"能不能请这位先生来我校讲课?"童明答曰:"他专心于写作,恐怕不会来的。"校长就授命他作一次专访,成一篇对话(即本集第四章)(按:即《仲夏开轩:答美国加州大学童明教授问》,收录于《鱼丽之宴》),童明曾知道"哈佛"曾邀我作'驻校'而我未同意,故代我推却免多周折,而这次他可不让步了,说:"既然《温莎》《空房》《对话录》都已发表,情况方兴未艾,你就让我正式开课吧。"

事后,童明来电话急匆匆地说:"非同小可的成功啊,学生、研究生、外国学者都听得出神了,课后议论纷纷,请求我再讲、专讲,他们惊喜中国作家写西方写得这样博大精深……"(木心:《迟迟告白:一九八三年~一九九八年航程纪要》,《鱼丽之宴》,木心著,桂林:广西师范大学出版社,2009年,97—98页)

一九八四年至一九八九年

◎在纽约艺术学生联盟进修期间创作了上百幅抽象版画,为此被评为优秀学生并受到奖励。

那段日子,我们混在曼哈顿五十七街"艺术学生联盟学院",木心尚未取得绿卡,为维持学生身份,直到讲述文学课头两年,仍须常去那所学院点卯。他穿着三楼版画工作坊的围裙,像个工人:能想象浑身石墨的木心吗?他忘乎所以做了逾百幅抽象版画,被评为优秀学生,还得奖。在美国,没有人会惊讶五六十岁的老者仍做学生。[陈丹青:《绘画的异端:写在木心美术馆落成之后》,《木心研究专号(2016):木心美术馆特辑》,木心作品编辑部编,桂林:广西师范大学出版社,2016年,140页]

一九九〇年 六十四岁

◎是年起住在曹立伟家,长达近两年时间。

按:曹立伟家的住址是纽约皇后区森林小丘六十七街与奥斯丁街交叉路口处(67 Rd & Austin St., Forest hills, Queens)。据曹立伟回忆:

木心生活很有规律,在我家住的日子,早晨六点起身,抽烟,肯特牌超淡型的香烟(Kent Ultra Light, 100),早餐常是糯米甜饭团,牛奶，有时是酒酿或烤馒头片。早餐后，他伏案写作直到中午。午饭菜通常是咸肉腊肉、炖肉、红烧肉，辅以炒青菜，有时一份罐头凤尾鱼，他喜欢这种焖烂的鱼骨鱼刺。晚饭，则多是中午的剩菜。木心的口味是典型的江南苏浙一带，嗜好甜食，糯米甜饭团、黑米糕、年糕、绿豆糕。

……

木心午饭后总要小睡到一点半，起身写到傍晚，饭后散步一小时，回屋接着写，直到深宵，有时竟会写到凌晨三四点。文学讲座的备课讲义，每次写一整个下午，没有例外，他笑道，会对得起讲课费的。(曹立伟：《回忆木心》，《木心纪念专号：〈温故〉特辑》，刘瑞琳主编，桂林：广西师范大学出版社，2013年，256—257页)

按：住曹立伟家期间，有一次送童明出门，被几个中学生用手枪顶住脑门，抢走雨伞，几天后心情才恢复常态。据曹立伟告诉笔者，木心"是九〇年搬到我那里的，当时他自己的租约到期，一时没找到理想的地方，就暂时住在我那里"。

◎元月七日，在薄茵萍家讲"世界文学史"第十八讲"谈音乐"。

◎二月四日，讲"世界文学史"第十九讲"陶渊明及其他"。

◎二月二十五日，讲"世界文学史"第二十讲"中世纪欧洲文学"。

◎三月十六日，在陈丹青家讲"世界文学史"第二十一讲"唐诗（一）"。

◎三月三十日，讲"世界文学史"第二十二讲"唐诗（二）"。

◎四月十三日，讲"世界文学史"第二十三讲"唐诗（三）"。

◎四月二十八日，讲"世界文学史"第二十四讲"宋词（一）"。

◎五月十一日，讲"世界文学史"第二十五讲"宋词（二）"。

◎六月一日，讲"世界文学史"第二十六讲"中世纪波斯文学"。

◎六月十五日，讲"世界文学史"第二十七讲"阿拉伯文学"。

◎六月二十九日，讲"世界文学史"第二十八讲"中国古代戏曲（一）"。

◎九月七日，讲"世界文学史"第二十九讲"中国古代小说（一）"。

◎九月二十日，讲"世界文学史"第三十讲"中世纪日本文学"。

◎十月十五日，讲"世界文学史"第三十一讲"文艺复兴与莎士比亚"。

◎十月×日，讲"世界文学史"第三十二讲"英国文学、法国文学"。

◎十一月二日，讲"世界文学史"第三十三讲"中国古代戏曲（二）"。

◎十一月二十三日，讲"世界文学史"第三十四讲"中国古代小说（二）"。

◎是年，作诗《我纷纷的情欲》《巴黎俯眺》《大卫》《HAROLD Ⅱ》《还值一个弥撒吗》《夜晚的臣妾》《论鱼子酱》《中古对话》《老桥》《醉史》《在波恩》《纸骑士》《雪掌》《指纹考》《塞尔彭之奠》《萨比尼四季》《夏夜的精灵》。

一九九一年 六十五岁

◎元月四日,讲"世界文学史"第三十五讲"十八世纪英国文学"。

◎元月十八日,讲"世界文学史"第三十六讲"十八世纪法国文学、德国文学"。

◎二月九日,讲"世界文学史"第三十七讲"歌德、席勒及十八世纪欧洲文学"。

◎二月二十四日,讲"世界文学史"第三十八讲"十八世纪中国文学与曹雪芹"。

◎三月十日,讲"世界文学史"第三十九讲"十九世纪英国文学(一)"。

◎三月二十四日,讲"世界文学史"第四十讲"十九世纪英国文学(二)"。

◎四月七日,讲"世界文学史"第四十一讲"十九世纪英国文学(三)"。

◎四月二十一日,讲"世界文学史"第四十二讲"十九世纪英国文学(四)"。

◎五月×日,讲"世界文学史"第四十三讲"十九世纪法国文学(一)"。

◎六月二日,讲"世界文学史"第四十四讲"十九世纪法国文学(二)"。

◎六月十六日,讲"世界文学史"第四十五讲"十九世纪法国文学(三)"。

◎六月三十日，讲"世界文学史"第四十六讲"十九世纪法国文学（四）"。

◎九月十五日，讲"世界文学史"第四十七讲"十九世纪法国文学（五）"。

◎十月六日，讲"世界文学史"第四十八讲"十九世纪德国文学"。

◎十月二十日，讲"世界文学史"第四十九讲"十九世纪德国文学、俄国文学"。

◎十一月三日，讲"世界文学史"第五十讲"十九世纪俄国文学再谈"。

◎十一月十七日，讲"世界文学史"第五十一讲"十九世纪俄国文学续谈"。

◎十二月一日，讲"世界文学史"第五十二讲"十九世纪波兰文学、丹麦文学"。

◎是年，作文《醉舟之覆：兰波逝世百年祭》，作诗《雨后兰波》《论白夜》《夏末致Pushkin》《兰佩杜萨之贶》《圣彼得堡复名》《我劝高斯》《海岸阴谋》《洛阳珈蓝赋》。

今寓海外，以为能免而竟亦不免偶兴去国离忧，在"哈佛"赋闲期间，燕京图书馆气氛寥落，临窗的乌木小桌上堆着大开本的书，是英译的《世说新语》，隔洋靴而搔国痒毕竟无济……（木心：《洛阳珈蓝赋》附注，《巴珑》，木心著，桂林：广西师范大学出版社，2008年，174页）

一九九一、一九九二年间

◎通过一位留学生,将《狱中手稿》从国内带至美国。

按:据曹立伟告诉笔者,该留学生"是个上海人,我替他联系过学校,后来他没去注册,跑到芝加哥的一所学校去了,记得当时和木心有过通信来往,木心念过给我听"。

他出国时没有携带六十六页狱中手稿,怕海关查出没收,出国后,却念念不忘,一直惦记着。好几次我听他喃喃自语:算了,不要了。有时又说:还是得找人带出来,看看那时究竟写了些什么,想的是什么。说着说着,又回到老念头:丢掉算了,托人带也不妥,万一美国的海关拦下来,岂非惹祸……就在那年,终于有熟人来美的机会,木心再四斟酌,忽然决定试试看。那段日子我明显看出他的坐立不安,他说:要不要把笔记分散了,缝到不同的衣服里带出?因为当年他就是把手稿一页页缝进棉袄的。那一天到来了,承木心信赖,委托我亲往接机。来人行李大包小包,待我问及那些笔记,木心的朋友转头就从外衣口袋掏出一大沓,像倒土豆那样倾入我的手,说:都在这里了。(曹立伟:《回忆木心》,《木心纪念专号:〈温故〉特辑》,刘瑞琳主编,桂林:广西师范大学出版社,2013年,254页)

一九九二年 六十六岁

◎元月五日,讲"世界文学史"第五十三讲"十九世纪挪威文学、瑞典文学"。

◎二月十六日,讲"世界文学史"第五十四讲"十九世纪爱尔兰文学"。

◎二月二十三日,讲"世界文学史"第五十五讲"十九世纪美国文学"。

◎三月八日,讲"世界文学史"第五十六讲"十九世纪中国文学"。

◎三月二十二日,讲"世界文学史"第五十七讲"十九世纪日本文学"。

◎四月五日,讲"世界文学史"第五十八讲"二十世纪初期世界文学"。

◎四月十九日,讲"世界文学史"第五十九讲"二十世纪现代派文学"。

◎五月三日,讲"世界文学史"第六十讲"影响二十世纪文学的哲学家(一)"。

◎五月二十三日,讲"世界文学史"第六十一讲"影响二十世纪文学的哲学家(二)"。

◎六月六日,讲"世界文学史"第六十二讲"象征主义"。

◎六月二十一日,讲"世界文学史"第六十三讲"意识流"。

◎十月四日,讲"世界文学史"第六十四讲"未来主义"。

◎十月十八日，讲"世界文学史"第六十五讲"未来主义、表现主义及其他"。

◎十月二十四日，讲"世界文学史"第六十六讲"卡夫卡及其他"。

◎十一月八日，讲"世界文学史"第六十七讲"表现主义、达达主义、超现实主义"。

◎十一月二十二日，讲"世界文学史"第六十八讲"意象主义（一）"。

◎初冬，已住到杰克逊高地（25-24A，82 Street Jackson Heights, NY 11372）。作文《媚俗讼》。

去岁春日，偶见米兰·昆特拉一九八五年五月在耶路撒冷文学奖的典礼上的讲词，随记了些感喟，拟作《媚俗讼》以抒郁结，无奈拖宕经年一时难以成篇，不如录出例为断想，仍用《媚俗讼》冠之，有贻大题小作之讥，或示蓄意兴讼事犹未已可也。（木心：《媚俗讼》，《素履之往》，木心著，桂林：广西师范大学出版社，2009年，166页）

◎是年，经陈丹青介绍，结识留美画家刘丹。

按：刘丹，一九五三年生于南京。一九八一年江苏省国画院研究生毕业，一九九三年移居美国。著有《刘丹水墨长卷》等。

◎是年，作诗《旗语》《帝俄的七月》《冬旅新英格兰》《湖畔诗人》《共和国七年葡萄月底》。

一九九三年 六十七岁

◎元月九日，讲"世界文学史"第六十九讲"意象主义（二）"。

◎元月二十四日（年初二），讲"世界文学史"第七十讲"存在主义（一）"。

◎二月七日，讲"世界文学史"第七十一讲"存在主义（二）"。

◎二月二十一日，讲"世界文学史"第七十二讲"萨特再谈"。

◎三月七日，应听课生再三恳请，本日起至九月十一日，以九堂课的半数时间讲述自己的文学创作。据《木心谈木心：〈文学回忆录〉补遗》，本日为第一讲，谈《〈即兴判断〉代序》和《塔下读书处》。

返回八十年代，这份"课业"并不是听讲世界文学史，而是众人撺掇木心聊他自己的文章。初读他的书，谁都感到这个人与我辈熟悉的大陆文学，毫不相似，毫不相干。怎么回事呢？！我相信初遇木心的人都愿知道他的写作的来历，以我们的浅陋无学，反倒没人起念，说：木心，讲讲世界文学史吧。

……

一九九三年，文学史讲席进入第四个年头，话题渐入所谓现代文学。其时众人与老师混得忒熟了，不知怎样一来，旧话重提，我们又要他谈谈自己的写作、自己的文章。三月间，木心终于同意了，拟定前半堂课仍讲现代文学，后半堂课，则由大家任选一篇他的作品，听他夫子自道。查阅笔记，头一回讲述是三月七日，末一回是九月十一日,共九讲。之后,木心继续全时谈谈论现代文学,直到一九九四年元月的最后一课。(陈丹青:《〈木心谈木心〉后记》,《木心谈木心:〈文学回忆录〉补遗》,木心讲述、陈丹青笔录,桂林:广西师范大学出版社,2015年,211—213页)

◎三月二十一日,上课,上半堂课讲"世界文学史"第七十三讲"萨特续谈",下半堂课谈《九月初九》。

◎四月四日,上课,先讲完萨特,随后谈《S. 巴哈的咳嗽曲》《〈散文一集〉序》《明天不散步了》。

◎四月十八日,上课,上半堂课讲"世界文学史"第七十四讲"加缪及其他",下半堂课谈《明天不散步了》《童年随之而去》。

◎五月九日,上课,先讲完存在主义,随后谈《哥伦比亚的倒影》。

◎五月十六日,上课,上半堂课讲"世界文学史"第七十五讲"新小说(一)",下半堂课继续谈《哥伦比亚的倒影》《末班车的乘客》。

◎六月,童明来访,受其所在的加州州立大学委托首次正式采访木心,访谈稿《仲夏开轩:答美国加州大学童明教授问》后收录于《鱼丽之宴》。

一九九三年八月(按:记忆有误,应为六月)的一天,我从美国西岸飞到纽约,兴冲冲前去拜访木心。他已经搬过好几次家,那时租居在杰克逊高地的一栋连体屋里,门口正对路口交叉处。我下午到达,他早就站在门前的楼梯上眺望,见我到了,快步下来。我们热烈拥抱。

木心兴奋时，眼里闪光；沉思时，眼睛会像午后的日光暗下来。接下来的两天，我们不停地谈话，大小话题，东西南北。

木心住的屋子呈横置的"山"字，中间的厨房兼餐厅较小，"山"字中间的一横短了下去。进了门，前面很小很小的一间算作客厅，一张桌，两把椅，右面墙上是红字体的王羲之《兰亭序》拓片；穿过通道，经中间的厨房兼餐厅，后面一间是卧室。我们一会儿在前厅，一会儿在中间的厨房，晚上在后面卧室就寝，他睡床上，我睡地铺，继续说话，直到睡着。到了第三天晚上，木心半开玩笑地说："童明呀，你再不回洛杉矶，我要虚脱了。"

第二天傍晚，在街上散步，我向他重复我们谈话的一些亮点，木心突然说："人还没有离开，就开始写回忆录了。"两人都不再说了，沉默。这句话我一直记着，一直在心里写回忆录，久了，反而不知如何落笔。

谈话平缓时如溪水，遇到大石头，水会转弯，语言旋转起舞，激荡出浪花。第三天晚上，十一点半左右，坐在前面小厅里，话题进入平日不会涉及的险境，话语浓烈起来，氛围已经微醺。这时，街对面的树上一只不寻常的鸟开始鸣唱。木心打开门查看，我也看到了，是一只红胸鸟……

通常的模仿鸟无非是模仿两三种曲调，而这只红胸鸟可以鸣唱五六种曲调，居然有 solo 的独唱，还有 duet 的和声。是天才的羽衣歌手，还是天外之音？最不寻常的是，它叫得如醉如痴，一直激昂到凌晨三点，等到我们躺下了，它才转入低吟。梦里还能听到它。

木心说，我们的谈话触及了人类的险境，或许就触动另一个维度。这样解释有点神秘，有点暗恐，但没有比这个更合适的解释了。（童明：《代序》，《豹变》，木心著，桂林：广西师范大学出版社，2017年，34—36页）

我去的时候是下午到的，第二天、第三天两个整天跟木心在一起，第四天的早上离开了。

第二天和第三天，差不多是从早上九点起来就谈，我们也没出门。木心早就准备了一些食品，如果缺什么，会打一个电话列一个食品单，叫别人买了送过来。我们就没有离开那个房子。有时候休息一下，接着聊，聊到晚上三、四点。我走的那一天，木心说："你得走了，要不然我就虚脱了。"我当时还年轻。

谈得很多很多。我的问题的调查单只是很少的一部分。到了第三天晚上九点多了，我说，不行，要谈"问题单"上这些事了。木心不愿意谈"正事"，他谈别的事的兴趣很大。

谈到的都是大问题，会谈到"文革"，谈到中国的历史上的人物。我去年写过一篇关于木心对联的文章，那里边就谈到了几个历史人物，他后来又加了几个字，把近代的历史和中国的古代历史接起来了。他后来给我的一个新版本的对联，历史的跨度又更长了。这只是我们在中间茶歇的时候谈到的。

会谈到生命，尤其是一个观点，这也是我们中国文化里经常回避的一个问题，生和死是紧密相关的。他会谈到死亡。因为自然界的生命是包括死亡的。我也是从木心那儿学来的。以前自己读到西方的诗，也会谈到死,但不太理解。我还向他请教。他就用《圣经》里的话讲这个。当时拿起一个水果,这个水果是生,还是死?它既是生,又是死,自然界是包括死的。生死、宇宙。

谈到老子的《道德经》应该改一改了,因为现在的知识范围扩大了很多;会谈到时空;也会谈到西方的启蒙运动;中国的五四。好像没有不谈的事。现在坐在这儿,多少有一点紧张,不可能很全面地呈现当时讲了什么。(《童明·陇菲·陈丹青·梁文道谈木心》中童明的发言,2015年8月8日,首都图书馆)

其间木心还谈到如何写俳句和做对联。

其间木心谈到如何写俳句、做对联,自然提到他的这副对联。闲谈中他随手拿起一张纸头,添加几字,改成一个稍长的版本。所以,这副对联有一长一短两个版本。(童明:《张之洞中熊十力,齐如山外马一浮:从木心的一副对联说起》,《木心逝世三周年纪念专号:〈温故〉特辑》,刘瑞琳主编,桂林:广西师范大学出版社,2015年,97页)

访谈中童明提出要翻译木心的小说。同时商定将十六篇文章编为一本书,计划先出英文版,再出中文版。十六篇的篇目是:《SOS》《童年随之而去》《夏明珠》《空房》《芳芳No.4》《地下室手记》《西邻子》《一车十八人》《同车人的啜泣》《静静下午茶》《魏玛的早春》《圆光》《路工》《林肯中心的鼓声》《明天不散步了》《温莎墓园日记》。

◎六月十三日，因要回答童明的问题，无暇备课，就以《仲夏开轩：答美国加州大学童明教授问》为素材谈如何访谈。

今天是奇妙的一天。刘军来住了几天。他们学院让他来采访我，是公务，不是私事。正式、非正式地谈了很多。因为要写"答"，没有时间备课。所以今天就用这个访谈来讲——刘军译成我的短篇，出书，要用我的问答作序。（木心讲述、陈丹青笔录：《木心谈木心：〈文学回忆录〉补遗》，桂林：广西师范大学出版社，2015年，133页）

◎六月十六日，《肉体是一部圣经：仿古情诗》刊载于《中国时报》"人间"副刊。

◎六月二十日，上课，先继续讲新小说，随后谈《遗狂篇》。

◎六月二十七日，讲"世界文学史"第七十六讲"新小说（二）"。

◎六月，《素履之往》由台湾雄狮图书股份有限公司出版。篇目：《自序》，一辑《庖鱼及宾》《朱绂方来》《白马翰如》《巫纷若吉》《亨于西山》《翩翩不富》《十朋之龟》《贲于丘园》《丽泽兑乐》《与尔靡之》《困于葛藟》《舍车而徒》《向晦宴息》，二辑《一饮一啄》，三辑《亡文学者》《晚祷》《媚俗讼》。

◎八月，《寒砧断续》被收录于《崛起的山梁》，此为"台港澳暨海外华文文学大系·散文"卷二，楼肇明编选，中国友谊出版公司出版。

◎九月十一日，谈《素履之往》中的《自序》《庖鱼及宾》《朱绂方来》。刘丹来听课。

◎十月十日,在李斌家讲"世界文学史"第七十八讲"原样派、荒诞剧、垮掉的一代"。

◎十月二十四日,在殷梅家讲"世界文学史"第七十九讲"垮掉的一代再谈"。

◎十一月七日,讲"世界文学史"第八十讲"垮掉的一代续谈"。

◎十一月二十一日,讲"世界文学史"第八十一讲"黑色幽默"。

◎十二月五日,讲"世界文学史"第八十二讲"魔幻现实主义(一)"。

◎十二月十九日,讲"世界文学史"第八十三讲"魔幻现实主义(二)"。

◎冬,写出《战后嘉年华》。

◎是年,取得美国绿卡。一度暂停散文写作,也不再画抽象石版画。

从一九八三年至一九九三年,这样就写了十年散文,之后,报刊和杂志上不再出现我的名字和作品,除了两三篇应时的悼文。(木心:《迟迟告白:一九八三年~一九九八年航程纪要》,《鱼丽之宴》,木心著,桂林:广西师范大学出版社,2009年,87页)

一九九三年获得绿卡,他不必再上学,便扔开玩具,再没碰过"纯抽象"。他也不再写被他称为"粉墨登场"的意识流散文,虽然那批散文远远超过他早年的写作。[陈丹青:《绘画的异端:写在木心美术馆

编 年　　　　　　　　　　　　　　　　　　　　　　　211

落成之后》,《木心研究专号（2016）：木心美术馆特辑》,木心作品编辑部编,桂林：广西师范大学出版社,2016年,144页]

◎是年,作诗《肉体是一部圣经：仿古情诗》《库兹明斯科一夜》《琴师和海鸥》《维斯瓦河边》《通心粉》《我的体温》《渔村夜》《年轻是一种天谴》《杰克逊高地》《在维谢尔基村》《槭Aceraceae》。

◎是年,《童年随之而去》被收录于《二十世纪旅外华人散文百家》,杨际岚主编,福建教育出版社出版。

◎是年,作画《那年战况》。

一九九四年 六十八岁

◎一月九日,在纽约陈丹青家中讲完《文学回忆录》中的最后一课。

一九九四年元月九日,木心讲毕最后一课。那天是在我的寓所,散课后,他穿上黑大衣,戴上黑礼帽,我们送他下楼。步出客厅的一瞬,他回过头来,定睛看了看十几分钟前据案讲课的橡木桌。此后,直到木心逝世,他再没出席过一次演讲。(陈丹青：《〈文学回忆录〉后记》,《文学回忆录》,木心讲述、陈丹青笔录,桂林：广西师范大学出版社,2013年,1084页）

◎一月十六日，在女钢琴家孙韵家举行结业典礼，学员们向木心呈上金笔和金表志谢。作家钟阿城从洛杉矶赶往参加活动。纽约《世界日报》对此做了报道。

"结业"派对，是"李校长"安排在女钢琴家孙韵寓所。应木心所嘱，我们穿了正装，分别与他合影。孙韵母女联袂弹奏了莫扎特《第二十三钢琴协奏曲》。阿城特意从洛杉矶自费赶来，扛了专业的机器，全程录像。席间，众人先后感言，说些什么，此刻全忘了，只记得黄秋虹才刚开口，泪流满面。

木心，如五年前宣布开课时那样，矜矜浅笑，像个远房老亲戚，安静地坐着，那年他六十七岁了。就我所知，那也是他与全体听课生最后一次聚会。他的发言的开头，引瓦莱里的诗。每当他借述西人的文句，我总觉得是他自己所写，脱口而出："你终于闪耀着了么？我旅途的终点。"（陈丹青：《〈文学回忆录〉后记》，《文学回忆录》，木心讲述、陈丹青笔录，桂林：广西师范大学出版社，2013年，1092页）

本报纽约讯　作家木心在纽约主讲的"世界文学史"课程，历时五年，日前因木心将赴英伦作人文与自然之旅，而告一段落。

从一九八九年起，木心的"世界文学史"课程每年开讲九个月，每月两场，每场四小时。前后九十堂课中，不少人一课不缺。

该讲座于一月九日结束，十六日举行结业典礼，学员向木心呈上金笔和金表志谢。作家钟阿城亦自洛杉矶前来参与活动。（《主讲世界

文学史 五年不辍：木心将赴英伦 划上句点》，载1994年某期的纽约《世界日报》，见《木心逝世两周年纪念专号：〈温故〉特辑》书后彩页，刘瑞琳主编，桂林：广西师范大学出版社，2014年）

◎六月六日，在刘丹的邀请和安排下与陈丹青启程造访英国，停留三周。期间参观了大英博物馆，探访了莎士比亚故居。归国后草成《英伦夜谭》，手稿共九页，未完成。此行是木心唯一一次到欧洲。

◎夏，童明着手翻译木心的部分作品。

◎九月，《肉体是一部圣经：仿古情诗》被收录于《八十二年诗选》，梅新、鸿鸿主编，现代诗季刊社出版。鸿鸿在该诗后的"编者按语"中说：

以古诗歌咏的旋律，刻写的却是日日生活的现实：从生活中，提炼出真挚绝美的情感。三段十行诗，写一名女子生命的三个阶段。第一段是纯爱飞行的速度，第二段写成为家妇后被全家忽视、蔑视的处境，第三段则往复重觅爱的环境与心境：异国的衣饰寝具，被重新看见的灵魂与肉体。爱恨俱深，才知是无可取代的。音律到意象，体验与感怀，这是全年最深刻，因而也最美的一首情诗。（《八十二年诗选》，梅新、鸿鸿主编，台北：现代诗季刊社，1994年，103页）

◎十二月，回到中国，前后四十天。

◎是年，作诗《风筝们》《达累斯萨拉姆海港》《琥珀号》《布拉格》《以云为名的孩子》《论悲伤》《论命运》《论陶瓷》《论快乐》《论幸福》《普罗旺斯》《波兰》《奥古斯答》。

一九九五年 六十九岁

◎一月，借回国之际独自一人回到暌违五十多年的乌镇，夜宿某小旅馆。

坐长途公车从上海到乌镇，要在桐乡换车，这时车中大抵是乌镇人了。

五十年不闻乡音，听来乖异而悦耳，麻痒痒的亲切感，男女老少怎么到现在还说着这种自以为是的话——此之谓"方言"。

"这里刚刚落呀，乌镇是雪白雪白了。"

高吭清亮，中年妇女的嗓音，她从乌镇来。站上不会有人在乎这句话，故像是专向我报讯的。我已登车，看不见这个报讯人。

童年，若逢连朝纷纷大雪，宅后的空地一片纯白，月洞门外，亭台楼阁恍如银宫玉宇。此番万里归来，巧遇花飞六出，似乎是莫大荣宠，我品味着自己心里的喜悦和肯定。

车窗外，弥望桑地，树矮干粗，分枝处虬结成团，承着肥肥的白雪——浙江的养蚕业还是兴旺不衰。

到站，一下车便贪婪地东张西望。

在习惯的概念中，"故乡"，就是"最熟识的地方"，而目前我只知地名，对的，方言，没变，此外，一无是处。夜色初临，风雪交加，我是决意不寻访旧亲故友的，即使道途相遇，没有谁能认出我就是传闻中早已夭亡的某某，这样，我便等于一个隐身人，享受到那种"己知彼而彼不知己"的优越感。

在故乡，食则饭店，宿则旅馆，这种事在古代是不会有的。我恨这个家族，恨这块地方，可以推想乌镇尚有亲戚在，小辈后裔在，好自为之，由他去吧，半个世纪以来，我始终保持这份世俗的明哲。（木心：《乌镇》，《中国时报》，1998年11月22日）

按：木心回乌镇后不久，曾给乌镇东栅居委会写去一封信，信封上写的是"乌镇东栅父老乡亲收"，署名"上海孙仰中寄"。随后，乌镇植材小学校友会会长徐家堤从木心在上海的表哥王松生处得知木心纽约的地址，由此取得联系。

本月，《林肯中心的鼓声》被收录于《雅人乐话》，为《大家随笔丛书》之一种，陈子善编，文汇出版社出版。

◎五月二十四日，第一次给徐家堤回信，寄回个人信息表格两张。

◎七月十二日，给徐家堤写第二封信，其中说道：

六月廿二日之札照悉，多谢您附来的资料。故里音息，虽点滴，亦感亲切。……县志、镇志上有关我的履历，拜托您代为过目，只要文字无谬即可，不必寄来。……沈叔韬等老友，请谨此致候。若干年后，我还将到乌镇，届时定当约晤叙。

◎七月三十日，植材小学校友会会刊《通讯》第四十六期刊登徐家堤根据木心所寄资料及王松生、吴柏松、陆渠清、魏午堃等校友的回忆整理而成的《木心校友简介》，并注"未及送本人审阅"。

◎九月上旬，陈丹青夫妇到乌镇寻访木心故居，给木心带回两截雕花窗棂。

一九九五年秋我有归国行，忽然兴起，便从杭州搭车到桐乡，又从桐乡搭车去乌镇：破败萧条，古意淳淳，我一路寻到先生在东栅财神湾的旧宅与故园，果然如他所描述，杂草丛生，院墙倾坏，一进一进到深处，是当地一家乡镇铁工厂，燃着火，几个工人鬼一般劳作着。这就是《上海赋》《遗狂篇》与《九月初九》的作者当年生长的家园么？我伫立良久，四顾废园，临走从一处腐朽窗框掰下两截雕花木栏杆，包起来，带回纽约给先生。此后十年，那小小的雕花木栏放在先生书桌上，直到上周归国，又给包好了带回来。（陈丹青：《在乌镇》，见陈丹青2006年9月15日新浪博客）

◎九月二十一日，《一生常对水精盘：读张爱玲》刊载于《中国时报"人间"副刊。此文后收录于《同情中断录》，改题为《飘零的隐士》，旭侑文化事业有限公司一九九九年十月版。

◎是年，三十三幅转印画为罗森克兰兹基金以二十万美金购藏，生活用度遂无后顾之忧。

◎是年，作诗《金色仳离》《号声》《莱茵河》《香歌》《蚕歌》《KEY WEST》《奥地利》《复仇之前》《那人如是说》《陌生的国族》《春雷》《芹香子》。

◎是年，作画《诺曼底之夜》。

◎年底，名字被英国剑桥版《世界文化名人录》著录。

一九九六年 七十岁

◎二月十四日，给徐家堤写第三封信，其中写道：

我之所以与乌镇未尽因缘，是由于你们的热忱感动我，打破了我秉持了半个多世纪的自甘沉默，但还不足以扬眉吐气回馈故乡，仅只出明心迹，期之于后耳。你每信都提到陆渠清、吴柏松、魏午堃、钱履坤、沈铃（罗凡）、沈品年……你的做法，令我叹佩，引我记忆复萌。他们的音容笑貌，肤色步姿，一一宛然在目矣。虽属童年蕉雨，俨然越洋新知。无奈我漂流海外，浪得虚名，离我的目标远之又远，旦夕伏案写作，孜孜不敢稍息。归期未可预卜，还望诸位善自珍摄，幸得相见，乐何如之。

沈顺英，确是我家女佣。请代致意问好，感谢她曾照顾我的童年、少年，将来我回国，会去探望她的。

◎二月，《一生常对水精盘：读张爱玲》被收录于《作别张爱玲》，陈子善编，文汇出版社出版。

◎三月五日，给徐家堤写第四封信，同时寄回八百元资助植材校友会《通讯》的编印。

◎是年，从杰克逊高地迁往皇后区森林小丘与黄秋虹一家同住，直至回国。

◎是年，开始筹备全美博物馆级巡回展。

一九九六年开始筹备全美博物馆级巡回展，经费浩大过程复杂，有关文字部分要求高臻峰顶，一字一句一标点，务必完美至善。理念修辞上的中西争执，我始终分寸不让，最后总是尊重艺术家的主见，所以虽然劳神苦思，还是心情愉快。那本由耶鲁出版的《木心画集》全球发行后，一直高居五星级，各博物馆及大书店都用玻璃柜置于显著地位，备极荣宠。（李宗陶：《木心：我是绍兴希腊人》，《南方人物周刊》，2006年第26期）

◎是年，叶瑜荪以《孙牧心》为题，在《桐乡文史资料》第十五辑中对木心的生平和文艺成就做了介绍。

◎是年，作诗《论物》《五月窗》《脚》《夏风中》《择路》《杜唐卡门》《泡沫》《晚声》《拉丁区》《咆哮》《中国的床帐Ⅰ》《中国的床帐Ⅱ》《草叶》《它们在下雪》《醍醐》《美味无神论》《是爱》《命运》《保加利亚》《WELWITSCHIA》《眉目》《佛芒海燕》《SOLITUDE》《另类欧罗巴》《五月街》《海风No.1》《海风No.2》《西西里》。

◎是年，作画《会走路的石头》。

一九九七年 七十一岁

◎三月，《寒砧断续》被收录于《未能忘情：台港暨海外学者散文》，陈子善编，上海教育出版社出版。

◎是年，美国《北达科他文学季刊》（简称NDQ）春季号以首席版位发表了两篇由童明翻译的木心小说及十二题长篇《答客问》。NDQ的编辑在按语中说："这一期本来是没有什么特别，后来收到了木心的作品而变得特别了。"（童明辑译：《有朋自西方来：木心珍贵的文友们》，《鱼丽之宴》，木心著，桂林：广西师范大学出版社，2009年，139页）

◎是年，与巫鸿有过一次长谈。

◎是年，作诗《印度》《蒙特里奥》《明人秋色》。

◎是年，作画《山水赋Ⅱ》。

一九九八年 七十二岁

◎一月，散文《塔下读书处》刊发于上海《书城》杂志本年第一期。

◎五月，《巴珑》《会吾中》和《我纷纷的情欲》由台湾元尊文化企业有限公司出版。

《巴珑》篇目：《巴珑》《白夜非夜》《罗马停云》《东京淫祠》《伦敦街声》《我辈的雨》《夏末致Pushkin》《从薄伽丘的后园望去》《兰佩杜萨之觇》《彼得堡复名》《高斯耽误》《海岸阴谋》《雪掌》《明人秋色》《波斯湾之战》《雅謌撰》《在维谢尔基村》《指纹考》《波尔多的钟声》《索证者》《塞尔彭之奠》《道院背坡》《共和国七年葡萄月底》《槭Aceraceae》《萨比尼四季》《末度行吟》《五岛晚邮》《西西里》《洛阳伽蓝赋》《智利行》《门户上方的公羊头》《魏玛早春》《米德兰》《倒影之倒影》《夏夜的精灵》《维苏威馀烬录》《埃特鲁里亚庄园记》

《会吾中》篇目：《同袍》《郁林》《簠簋》《载芟》《南有》《佼人》《贝锦》《黄鸟》《子覆》《七襄》《覃耜》《玉尔》《苌楚》《忎忎》《柔至》《康明》《繁霜》《肃肃》《有摽》《祁祁》《弄椒》《谷风》《采唐》《有裳》《将谑》《焕焕》《西门》《彼黍》《负暄》《粲者》《子渭》《伐木》《棘心》《污瀚》《执手》《绿衣》《衡门》《野有》《关关》《木德》《凱凱》《其雨》《投之》《无罝》《彼采》《将骐》《朝出》《且春》《厥初》《瞻乌》《桃之》《汜彼》《逞飞》《七月》《桢桢》《曰归》《允荒》《春申》《南田》《如响》《雾豹》《多揭》《如英》《胡荽》《乌镇》《怀里》《载阳》《常棣》《三捷》《斯恩》《无寄》《昔我》《趯趯》《三星》《笃公》《中露》《不如》《蟋蟀》

《鸱鹗》《维幅》《彤管》《恒骚》《鲍有》《斯尤》《天骄》《三世》《白鸟》《俍人》《隰桑》《嚳斯》《何草》《如夷》《葛生》《西门》《溱洧》《载蜇》《芬芬》《采薇》《谓尔》《椒聊》《终南》《既见》《他山》《鱼丽》《长睽》《有駜》《中谷》《绵绵》《叔也》《有车》《溯风》《君门》《昔之》《芃芃》《击壤》《束薪》《駉駉》《扣槃》《淇奥》《防有》《在怀》《丧乱》《鹿鸣》《有颀》《遵云》《终识》《炰然》《英玉》《入觳》《寿眉》《无侣》《骍骍》《反驹》《辖兮》《上天》《鬖沸》《傅天》《娈兮》《王事》《朝隮》《贪乱》《鸠鸣》《柳斯》《为猷》《棠棠》《淞江》《醉止》《鱼在》《采菽》《蹙景》《权之》《日益》《方难》《嗜彼》《振鹭》《营营》《胡逝》《壹者》《维昔》《人有》《瞻印》《白圭》《方虐》《不肖》《有客》《自度》《尊之》《屡盟》《犟息》《個兮》《桑扈》《白华》《捷捷》《采绿》《心之》《倬彼》《大风》《为慝》《采葑》《有秋》《缁衣》《终风》《日居》《江有》《翀雉》《偃偻》《偧》《于征》《沔彼》《皎皎》《丘中》《扤我》《凶矜》《渐渐》《有命》《旂旐》《上权》《复届》《雎雎》《丝衣》《如遗》《甫田》《高沙》《昌兮》《鸿飞》《子袭》《仲门》《保艾》《以濯》《如陵》《差池》《中林》《不我》《芁兰》《如晦》《蒹葭》《有卷》《思乐》《其雷》《泂彼》《子衿》《叔于》《伯氏》《因心》《询尔》《帝谓》《穆穆》《南山》《不盈》《温温》《茬染》《柔木》《于戏》《凤凰》《山有》《俟我》《敞笱》《小戎》《驷驖》《岖逸》《委蛇》《班兮》《维鹊》《雨雨》《旨否》《蓼蓼》《夷怿》《我龟》《中田》《者木》《有桃》《乐土》《靓子》《鹑之》《子子》《我行》《大车》《有狐》《崔崔》《体原》《是达》《瓜瓞》《国如》《十亩》，外篇：《吾闻》《君命》《人异》《沧浪》《有馈》《人之》《场师》《贵者》《余师》《多术》《观水》《饥者》《道则》《为关》《子好》《视弃》《与少》《斧斤》《钧是》《舞雩》《挟山》《滕问》《觑赞》《子产》《眸子》《逢渊》《吹呴》《天下》《芴漠》《混沌》《仰之》《明道》《将欲》《回曰》《美名》《色重》《其苏》。

《我纷纷的情欲》篇目：一辑《我纷纷的情欲》《地中海》《牛奶·羊皮书》《艾斯克特赛马纪要》《巴黎俯眺》《茴香树》《FARO》《寄回波尔多》《佐治亚州小镇之秋》《即景》《在雅尔塔》《俄国九月》《阿尔卑斯山的阳光面》《我与大卫》《南欧速写》《俄国纪事》《夜宿伯莱特公爵府邸有感》《致H.海涅》《参徐照句》《点》《中古一景》《无鱼之奠》《咖啡评传》《爱斯基摩蒙难记》《致霍拉旭》《旷野一棵树》《某次夜谭的末了几句》《中古构图》《夏误》《阿里山之夜》《恋史》《古拉格轶事》《骰子论》《贡院秋思》《科隆之惊》《HAROLD Ⅱ》《春龄》《还值一个弥撒吗》《夜晚的臣妾》《论鱼子酱》《中古对话》《老桥》《醉史》《在波恩》《纸骑士》《肉体是一部圣经》《风筝们》，二辑《一些波斯诗》《金发·佛罗伦萨人》《雨后韩波》，三辑《思绝》《论白夜》《论绝望》《旗语》《帝俄的七月》《冬旅纽英格兰》《湖畔诗人》《库兹明斯科一夜》《琴师和海鸥》《维斯瓦河边》《达累斯萨拉姆海港》《琥珀号》《英国》《布拉格》《以云为名的孩子》《论悲伤》《论命运》《论陶瓷》《论快乐》《论幸福》《论物》《后德里斯坦》《金色仳离》《号声》《莱因河》《香歌》《蚕歌》《KEY WEST》《奥地利》《复仇之前》《五月窗》《脚》《夏风中》《择路》《杜唐卡门》《泡沫》《晚声》《拉丁区》《咆哮》《中国的床帐Ⅰ》《中国的床帐Ⅱ》《草叶》《那人如是说》《它们在下雪》《醍醐》《美味无神论》《是爱》《命运》《保加利亚》《WELWITSCHIA》

《眉目》《陌生的国族》《佛芒海燕》《SOLITUDE》《另类欧罗巴》《印度》《蒙特里奥》《五月街》《普罗旺斯》《歌词》《通心粉》《春雷》《芹香子》《我的体温》《渔村夜》《波兰》《年轻是一种天谴》《奥古斯答》《去罗卡拉索之前》《杰克逊高地》《海风 No.1》《海风 No.2》。附一九八八年版《西班牙三棵树》选篇：《中世纪的第四天》《咕嗳》《寄回哥本哈根》《祭叶芝》《赴亚当斯阁前夕》《北美淹留》《〈凡·高在阿尔〉观后》《夏夜的婚礼》《十四年前一些夜》《泥天使》《我的主祷文》《FRACTURE》《甜刺猬》《末期童话》《涉及爱情的十个单行》《晚祷文》《乔乔》《如歌的木屑》《旋律遗弃》《论拥抱》《剑桥怀波赫士》《无忧虑的叙事诗（两首）》。

◎十月四日，作《迟迟告白：一九八三年～一九九八年航程纪要》。

◎十月，个人简介被收录于《台港澳暨海外华文文学大辞典》，秦牧等主编，花城出版社出版。

同月，散文《昆德拉：精神世界的漂泊者》刊发于上海《书城》杂志本年第十期。

◎十一月二十二日至二十三日，散文《乌镇》在台湾《中国时报》副刊连载。

◎冬，《乌镇》一文见报后，旅居台湾的乌镇人金其全将之寄给时任乌镇植材小学校友会会长徐家堤，徐家堤又将此文转送给时任乌镇旅游开发有限公司总经理陈向宏。陈向宏读过该文后开始四处打听木心的消息。

按：陈向宏，一九六三年出生于乌镇。自一九九九年起主持乌镇古镇旅游保护开发，曾任乌镇党委书记、乌镇古镇保护和旅游开发管委会主任，现为乌镇旅游股份有限公司总裁。

◎是年，经古根海姆美术馆亚洲区策展人阿历克珊德拉·梦露的介绍，与美国中国水墨画收藏家弗里德·高登相识。

阿历克珊德拉·梦露，是古根海姆美术馆亚洲区策展人，她介绍我认识了木心。我在纽约见到木心的画，当场就买了两件，第二次去画廊，又买了三件。我向画廊请求安排一次和木心面对面的机会，那天木心带了翻译，彬彬有礼，他很会打扮。我仍然清晰记得第一次和他的见面，他非常有魅力，但是很害羞，一开始的谈话缓慢艰难。幸运的是，当我告诉他我认为他的画作深受塞尚的影响，他非常高兴，突然不那么害羞了，显得非常友好。（"木心先生乌镇追思会"上弗里德·高登的发言，《木心纪念专号：〈温故〉特辑》，刘瑞琳主编，桂林：广西师范大学出版社，2013年，26页）

在遇到木心先生之前，我已经收藏了他的五件作品，后来正式请求木心先生在纽约画廊认识。在中国当下，很多人追捧喜欢林风眠、徐悲鸿、吴冠中。这三位先生都去欧洲游学，受到西方影响。木心先生去了美国。我想要表达的是，林风眠、徐悲鸿、吴冠中，都是大师，但还是有些局限于传统的束缚，我认为木心没有受到这种局限。（"木心走了：木心读者北京追思会"上弗里德·高登的发言，《木

心纪念专号：〈温故〉特辑》，刘瑞琳主编，桂林：广西师范大学出版社，2013年，63页）

◎是年，《海峡两岸》第十二期刊载卿桐的《木心：视创作有如修道》。

一九九九年 七十三岁

◎二月，散文《此前的上海人》刊发于上海《书城》杂志本年第二期。

◎八月，汕头大学文学院教授陈贤茂主编的《海外华文文学史》第四卷由鹭江出版社出版。该书第二章"美国华文文学（中）"第九节为"庄因、木心"，着重对木心散文创作的思想内涵进行了探讨。

◎十月，《马拉格计画》《同情中断录》《鱼丽之宴》分别由台湾翰音文化事业股份有限公司和旭侑文化事业有限公司出版。

《马拉格计画》篇目：上辑《路工》《两个朔拿梯那》《吉雨》《同车人的啜泣》《鱼和书》《空房》《虎》《九月初九》，下辑《竹秀》《卖翅膀的天使》《上海赋》《遗狂篇》《醉舟之覆：韩波逝世百年祭》《法兰西备忘录》《狭长雾围》《马拉格计画》。

《同情中断录》篇目：《童年随之而去》《第一个美国朋友》《草色》

《战后嘉年华》《此岸的克利斯朵夫》《双重悲悼》《飘零的隐士》《上海在哪里》《乌镇》《同情中断录》。

《鱼丽之宴》篇目：《序》《江楼夜谈：答香港〈中报〉月刊记者问》《海峡传声：答台湾〈联合文学〉编者问》《雪夕酬酢：答台湾〈中国时报〉编者问》《仲夏开轩：答美国加州大学童明教授问》《迟迟告白：一九八三年～一九九八年航程纪要》，附录：《〈木心的散文〉专题讨论会》(纽约《中报》文艺副刊主办)、《有朋自西方来：木心珍贵的文友们》(童明辑译)。

◎是年，作画《预像》《艾格顿荒原》。

按：据陈丹青所述，本年起至二〇〇九年为木心转印画制作的第二个时期，总数逾两百幅。[陈丹青：《绘画的异端：写在木心美术馆落成之后》，《木心研究专号（2016）：木心美术馆特辑》，木心作品编辑部编，桂林：广西师范大学出版社，2016年，150页]

二〇〇〇年 七十四岁

◎十月十八日，在纽约森林小丘家中就《狱中手稿》的相关问题接受童明访谈。

◎十一月十一日，第五届茅盾文学奖在乌镇颁奖，陈向宏向王安忆打听木心，并通过王安忆与陈丹青取得联系，邀请木心回乌镇安度晚年。

按：陈丹青《木心逃走了：木心美术馆开馆典礼致辞》误作"元月"。

◎是年，部分散文与小说被翻译成英文，成为美国大学文学史课程范本读物，并作为唯一的中国作家与福克纳、海明威作品被编入同一教材。

同年，应罗森克兰兹基金会（Rosenkranz Foundation）之请，从《狱中手稿》中选出五个短篇，由童明译成英文。

二〇〇一年 七十五岁

◎五月，陈子善向本年五月号《上海文学》"记忆·时间"栏目推荐木心的散文《上海赋（一）》，经金宇澄（责任编辑）编辑发表。《上海赋（一）》的内容除引言外，包括"过去的过去"（收入广西师大出版社版《哥伦比亚的倒影》时改为"从前的从前"）、"繁花巅峰期""弄堂风光""亭子间才情"。陈子善在"主持人的话"中说：

木心者，何许人也？即便是研究中国现当代文学的专家，恐怕也感到很陌生吧。其实，他是享誉台港和美国华文文坛的著名散文家，只不过他一贯低调，专心绘画和作文，以至长期以来此间对他以艺术家的慧眼和心智，观察环境思索生命驰骋想象的隽永散文，几乎一无所知。

曾长期在上海居住，富于诗人气质的木心，可说是一位标准的"老上海"。他对这个二十世纪二十年代初到四十年代末堪与巴黎媲美的远东大都市情有独钟。他定居纽约后,在中西文化的撞击中,更对大洋彼岸的上海梦兹念兹,接连写下《从前的上海人》《上海在那里》等忆念上海的动人篇章。特别是这篇《上海赋》、以"三都""二京""一市"的联想起兴,铺陈当年上海的畸形繁华,展示当年上海的形形色色,对"迪昔辰光格上海"的都市文化风格和精神内涵的勾勒尤为精到。文字的幽默生动,细韧绵密,种种警辟微妙的思维和意象,使全文平添一层诱人的艺术魅力。

由于《上海赋》篇幅较长,本刊将分三期连载。(《上海文学》,2001年5月号,36页)

◎六月,陈丹青带着木心的书信前往乌镇与陈向宏相见。这之后陈向宏开始与木心通信,持续将近五年时间。

我四处打听,但没有人知道联系木心的途径。二〇〇一年的茅盾文学奖颁奖典礼我去参加,在现场碰到王安忆,因知道她在美国聂华苓国际写作中心待过,就问她认不认识木心,她说不曾谋面,但可以帮我介绍木心的学生陈丹青。于是我跟丹青联系,他二〇〇一年六月份回国的时候,我们见了一面,他提起在美国的木心年纪渐渐大起来了,他很担心其生活无人照料,如果能回到乌镇,是很好的。

这之后我开始跟木心通信,持续了将近五年,在信里头,他总是称我为"宏弟",这期间我主要在做的,就是打消他的顾虑,请他不必担心我们有任何商业企图,在我看来,他是一位文化大家,应该受到家乡的礼遇。（陈向宏：《将先生请回乌镇》，《木心：告别与重逢》，为《生活月刊》第121期别册，张泉主编，2015年12月，35页）

本月，陈子善向本年六月号《上海文学》"记忆·时间"栏目推荐木心的散文《上海赋（二）》，经金宇澄（责任编辑）编辑发表。《上海赋（二）》的内容为"吃出名堂来"。陈子善在"主持人的话"中说：

本期续刊木心《上海赋》第五章"吃出名堂来"。文中追忆三四十年代上海的小吃，上海的京、粤、川、扬和本帮菜，上海的西餐和西点，乃至上海街头巷尾的阳春面和咸豆浆，同样如数家珍，引人遐思。一个国际性的大都市，不可能不注重饮食文化，不可能不是全国乃至世界美食荟萃之地，香港是如此，上海更应如此。木心先生九十年代初重返上海，还写过一篇《上海在那里》，对当时上海一些老字号菜馆的"中听中看不中吃"颇多批评。近十年过去了，今天上海的饮食文化是否已有长足的进步，是否足以与当年媲美？值得都市文化研究者留意。（《上海文学》，2001年6月号，34页）

◎七月，陈子善向本年七月号《上海文学》"记忆·时间"栏目推荐木心的散文《上海赋（三）》，经金宇澄（责任编辑）编辑发表。《上海赋（三）》的内容包括"只认衣衫不认人"和"后记"。陈子善在"主持人的话"中说：

木心的长文《上海赋》到本期连载结束了。在最后一章"只认衣衫不认人"中，木心追述十里洋场男女认知"人生如戏"，对"行头""皮子"刻意追求的种种，从男士的长衫到女士的旗袍，描绘细致而风趣，从而为三十年代上海的服饰文化留下了一份宝贵的文字纪录。在全文的结尾部分，木心又讨论上海的都市性格，虽未大加发挥，毕竟提出了"当年的上海，亦东西方文明之混血也，每多私生也"的观点，值得注意。（《上海文学》，2001年7月号，50页）

◎十月二日，由巫鸿和梦露策划，芝加哥大学大卫和阿尔弗雷德艺术博物馆（David and Alfred Smart Museum of Art）与耶鲁大学美术馆（Yale University Art Gallery）共同组织，罗森克兰兹基金赞助的"木心的艺术：风景画与狱中手稿"（The Art of Mu Xin: Landscape Paintings and Prison Notes）大型博物馆级全美巡回展于康涅狄格州纽黑文市耶鲁大学美术馆隆重开幕。展出的作品包括三十三幅风景画和《狱中手稿》，引来媒体竞相报道。画展期间木心在亚当斯学院住了一个星期。此后历芝加哥、夏威夷、纽约数处巡回展览。展览结束后，三十三幅画作被罗森克兰兹基金捐赠给了耶鲁大学美术馆收藏。

按：三十三幅风景画分别是《清筠凉川》《梦回西湖》《会稽春明》《石屋无恙》《飞泉澄波》《渤海晨兴》《金陵秋色》《辋川遗意》《玄峰塞天》《萧闲寻胜》《富阳曦明》《浦东月色》《素心云霞》《夏木蝉吟》《枯崖石窟》《环滁皆山》《秋山长风》《唐咏蜀道》《弱水半千》《雁来

亭上》《净石山庄》《黄山夕曛》《黄河古源》《销融汉刻》《武夷茶岭》《池静石眠》《梅雨双塔》《孤山夜宴》《苏堤春阴》《榕荫午雷》《山阴古道》《魏晋高居》《纠缦卿云》。

　　木心是二十世纪最不寻常的艺术家之一。一九二七年生于中国，见证了中国二十世纪历史中的起起伏伏，从抗日战争到人民共和国的建立，从"大跃进"和"文化大革命"到毛泽东的去世。一九八二年他来到纽约，一直居住至今。展出的三十三幅风景画均来自罗森克兰兹基金收藏，包括他七十年代在中国遭软禁期间创作的套画。这些画作以特殊的风格融合了东西方文学与艺术的敏感性。《狱中手稿》写于稍早"文革"期间他的单独禁闭。二者都展现了木心以理性生活战胜牢狱生涯的意志，他因此可以与中国文化与西方文化中的伟大历史人物自如交流。

　　两位馆长，纽约日本协会会长阿历克珊德拉·梦露（Alexandra Munroe）与巫鸿（Wu Hung），芝加哥大学中国艺术历史专业的哈里·A. 万德斯德彭（Harrie A. Vanderstappen）杰出贡献教授，设计并指导该项目。亚洲艺术馆长大卫·A. 森萨博（David A. Sensabough）监管了在耶鲁的布置过程。

　　"木心的艺术：风景画与狱中手稿"由芝加哥大学大卫和阿尔弗雷德艺术博物馆与耶鲁大学美术馆共同组织。罗森克兰兹基金赞助了展出。（据耶鲁大学美术馆木心个展预告手册选页，木心故居纪念馆提供，邓天中译）

这个展览由我和Alexandre Munroe女士一起策划，展览的场合都是正式的美术馆，看的人也比较多。展览图录中的文章由四五位学者写成，包括历史学家史景迁，每个人都从不同角度谈木心。实际上没有一个人能完全说清楚木心，对于学者和学界，木心是一个问题。这次的画展也同时展览了他的《狱中手稿》，由木心作品的英译者，后任加州大学教授的童明做的笔译。（巫鸿：《木心本身即是艺术品》，《木心：告别与重逢》，为《生活月刊》第121期别册，张泉主编，2015年12月，46页）

二〇〇一至二〇〇三年，罗森克兰兹基金会和芝加哥大学联合举办《木心的艺术》巡回画展，在欧美艺术界引起巨大反响，《纽约时报》《华尔街日报》《美国艺术》等报刊纷纷撰文评论。此次展出的三十三幅画作后由耶鲁大学博物馆（按：即耶鲁大学美术馆）收藏。（据木心提供给周乾康的简历，见本编年2010年6月28日木心给周乾康的回信。）

◎十月，耶鲁大学出版社出版评论木心绘画和文学成就的专辑画册《木心的艺术》，好评不断，被列为"五星级"杰作。

◎十二月六日，耶鲁大学美术馆麦克内尔演讲厅（McNeil Lecture Hall）举办斯特林历史教授（Sterling Professor of History）江奈森·斯宾斯（Jonathan Spence）的讲座《木心的艺术：政治与社会背景》。

◎十二月九日，木心在耶鲁大学美术馆的画展结束。

◎是年，于某画廊与建筑家贝聿铭会面。

按：贝聿铭，一九一七年生于广州，祖籍苏州，享誉世界的美籍华人建筑师。木心在纽约期间与贝聿铭时有交往。据贝聿铭学生、木心美术馆设计师林兵回忆木心曾请贝聿铭在其工作室将他的一幅画作放大尺寸，而受贝聿铭嘱托完成此事的正是林兵。

◎是年，巫鸿作《读木心：一个没有乡愿的流亡者》，后收入巫鸿著《走自己的路：巫鸿论中国当代艺术家》，岭南美术出版社二〇〇八年五月出版。

◎是年，作画《生与死》《战争前夜》。

二〇〇二年 七十六岁

◎一月二十四日至三月三十一日，题为"木心的艺术：风景画与狱中手稿"巡回展于芝加哥大学艺术博物馆展出。二十四日当天，巫鸿、阿历克珊德拉·梦露分别围绕木心画展做了讲座。

木心，一九二七年生于中国，见证了中国二十世纪历史中的起起伏伏，从抗日战争到人民共和国的建立，从"大跃进"和"文化大革命"到毛泽东的去世。一九八二年他来到纽约，一直居住至今。"木心的艺术：风景画与狱中手稿"是这位当代中国作家兼画家的第一次主要画展，主要包括两类作品。木心七十年代后期在中国遭软禁期间创作了一套风景画，这些画作以特殊的风格融合了东西方文学与艺术的敏感性。他在稍早的"文革"期间的单独禁闭中写了《狱中手稿》。

这些作品中的细腻美感、苦行道德与智力精准度都展现了木心以理性生活战胜苦难与牢狱生涯的意志，他因此可以与中国文化与西方文化中的伟大历史人物自如交流。

两位嘉宾馆长，巫鸿，芝加哥大学中国艺术历史专业的哈里·A.万德斯德彭杰出贡献教授，以及纽约日本协会会长阿历克珊德拉·梦露，设计并指导该项目。该展展现了木心的特殊历史地位，也通过对立的方式，比如"传统与现代"与"东方与西方"等呈现另一种探索当代亚洲艺术的途径。通过木心作品中观念、方法与主题的多样性，本展出将现代性作为全球性现象来探讨。（据芝加哥大学艺术博物馆木心个展巡回海报之一，木心故居纪念馆提供，邓天中译）

◎二月十六日，芝加哥大学艺术博物馆讲解员理查德·波恩（Richard Born）与斯蒂芬尼·史密斯（Stephanie Smith）与公众讨论该馆永久收藏品中木心的作品与传统中国绘画的对比。

◎二月二十四日，芝加哥大学艺术博物馆举行"木心与冯梦波"特别巡回展。

◎六月，刘昌汉的《百年华人美术图像》由湖北美术出版社出版，本书评述了李铁夫、潘玉良、张大千、常玉、林飞龙、贝聿铭、木心、陈丹青等一百位海外华人优秀艺术家的绘画作品。有关木心的这篇题为《素履之往》：

一位对于文化有心的艺术工作者定然不甘满足在固定的创作形

式之中，对他而言艺术是探索的过程，不是结果。人们经常轻易地用"超越"一词形容艺术家的这份追求，其实他很难定义在单纯的超越上，其中还包括了割舍，并且往往是反复的，回绕的，作者在左冲右突中开辟道途，木心即是属于这一类型的画家。一九二七年生，原名孙牧心，浙江桐乡乌镇人，毕业于上海美专西画系，最后致力文学与水墨创作，这个途径是二十世纪许多中国画家共走的路，徐悲鸿、刘海粟、林风眠等人也是从西入中，这一路途包含了对民族文化的依恋与反刍，也成为使命感思虑的课题。在连年创作中木心的作品发表得不多，作品与作品总的面貌从具象、半具象到接近抽象可谓丰富多变，由于对于中西文化有深厚的底蕴，探求的心从未停歇过。纽约许多画家对木心十分尊崇，常以上课的心态定期与他聚首，这些画家们本身学有专精，共同的思辨对于彼此艺术内质的掌握常有正面的提升意义。

在数十年不停地探索创作中，木心思深而行勤，得以保留了可观的作品。从参酌民俗石刻拓印和陶艺织锦发展的村舍房宇风景画，这类题材吴冠中也常为之，表现的是流畅活泼的线色组合；木心则尽量让线色的作用内敛隐匿，以强调全幅图画的整体感觉，它不是不同乐器的起伏呼应，而是合响。吴冠中着眼艺术的醇度，木心却着意它的深度。另一类的作品木心先以玻璃水印墨渍，像屋漏痕般，于迷离朦胧中添置树石楼阁，随遇定形成为山水，常采宏观广袤的视点，广契的胸臆与传统渊源使作品融筹了荆、关、董、巨、范、李的雄奇博巍，于传承中上接中国画最辉煌的山水命脉，又兼具有一份偶得的轻松。他另外一类与前两种完全不同的作品表现了静穆沈博、半抽象近似特效摄影的黑底巉石绵延迤逦，把所有树石等细节一概舍弃，统摄进一片空寂微茫之中，恰似苏轼的名句"挟飞仙以遨游"，蹑虚御风，俯瞰众山小。

木心的文章偏重思想举一反三的感悟，与美国思想家霍佛尔（Eric Hoffer）常有相似的洞烛人生的智慧观察。以他的画和文章相观照，画足森莽而有边际，文则在更大的时空中上穷碧落下黄泉。写意，向来是中国文人画家的大事，木心的画不在这方面作过多的徘徊，他更偏向探求技法来表述一己的心境——写心。观他的画像是能够听到艺术家心中沙沙、滔滔、淅淅、沥沥的感触，使人联想起宋人蒋捷"虞美人"中听雨的阶段，从红烛昏罗帐、江阔云低断雁叫西风到一任阶前点滴到天明，伴随绘画走过的有酒浓的轻狂，萧散的孤寂与沧桑的彻悟。他曾自述自己"继看破红尘之后也看破自然"，风景山水于他是缘物寄情心声的呢喃，一种无由而发的抒发。表面上技法、形式、内容虽然每有常变的外貌，内里仍有画家坚持的不变本质，艺术创作的吸引人处，往往就在这份变与不变的折冲上面。（刘昌汉：《素履之往》，《百年华人美术图像》，刘昌汉著，武汉：湖北美术出版社，2002年，84页）

◎是年，乌镇旅游开发有限公司搬迁了木心祖居旧址上的翻砂轴承厂，开始重新修造总面积三千平方米的木心花园。

这个时候木心觉得回乡定居的事情比较"靠谱"了，他样样都有设想，又画图又写字地跟我说明，巨细靡遗到楼梯的栏杆、室内的陈设，还有故居亭子里的那块碑怎么做。他是很认真又追求完美的人，图纸修修改改多次，花了很长时间，那幢小楼和花园终于有些模样了。（陈向宏：《将先生请回乌镇》，见《木心：告别与重逢》，为《生活月刊》第121期别册，张泉主编，2015年12，35页）

二〇〇三年 七十七岁

◎春，陈丹青携尹大为（笔名尹庆一）到乌镇探访孙家旧居。

二〇〇三年春，他（陈丹青）去乌镇接洽，邀我同往。那时去乌镇旅游的人远没现在这么多，木心故居缩在东大街上，一堵三人高的白墙，两扇黑旧铁门长年紧锁，走来走去的行人如不留心，根本不会注意到它的存在。……我们推开喑哑的大门，好一派破败荒凉的景象。时值阳春三月，万木生发，园中却阴晦异常，杂草丛生，苍苔遍地，小楼半颓，间杂外间拖来的废弃小船与木料，老墙上残留着斑驳支离的红漆标语，砌了一半又敲掉的赤膊新墙，一切似乎像极了荒废已半个世纪的鲁迅笔下的"百草园"。据说"文革"时此地被征作为工厂，现刚清出。看不出原来住宅的格局，闻不到故人生活的气息，怎一个"乱"了得。只有园中残存的小楼上遗落的木刻纹饰，龙纹、花卉，依然挺健，提醒着我们这里曾经有过的生气与光耀。真不敢想象这就是才智独绝、心气高贵的木心童年生活过的地方。小院的一头有扇无门的小"门",出门即是煌煌隆隆的高速公路,车来车往,好不喧闹,与小院的清寂、杂乱、落伍形成鲜明的反差。(尹大为:《木心先生三年祭》,《木心逝世三周年纪念专号:〈温故〉特辑》,刘瑞琳主编,桂林:广西师范大学出版社,2015年,54—55页)

◎本季,"木心的艺术:风景画与狱中手稿"画展巡回至夏威夷檀香山艺术博物馆。

◎六月十日至九月七日,题为"记忆的风景:木心的艺术"(Landscape of Memory : The Art of Mu Xin)画展巡回至纽约亚洲协会展出。

本次展览由芝加哥大学的大卫与阿尔弗雷德艺术博物馆和耶鲁大学美术馆共同组织并发布。由阿历克珊德拉·梦露与巫鸿充当讲解。得到德尔斐金融集团与罗森克兰兹基金支持。(据此次巡回展的照片,木心故居纪念馆提供,邓天中译)

二〇〇四年 七十八岁

◎是年,作画《废谷》。

二〇〇五年 七十九岁

◎一月十四日,上海《文汇报》刊出作家陈村写的《关于木心》,宣称读罢木心的文章"如遭雷击,不可能再忘记这个人的存在"(陈村《关于木心》,见《文汇报》笔会版,2005年1月14日)。

◎四月,在陈向宏多年的诚恳邀请下,决定回故乡安度晚年。十六日,启程回国做迁居前的准备,先到上海,陈丹青、王淑瑾、尹大为前往迎接。当晚由陈丹青安排在徐龙森家与陈村、孙甘露、王淑瑾、尹大为等聚会。

按:陈丹青《木心逃走了:木心美术馆开馆典礼致辞》误作"五月"。[《木心研究专号(2016):木心美术馆特辑》,木心作品编辑部编,桂林:广西师范大学出版社,2016年,38页]

他是来做些迁居前的准备,丹青师赶到上海,与我和太太同去浦东机场接机。车至机场苦等几小时,飞机终于着陆,我们忙奔上二楼俯瞰出口处内景。平日里丹青师谈笑风生、嬉笑怒骂,那日却神情肃穆,高度紧张。遥遥似乎见到了先生的身影,还没等我反应过来,他一甩头,大步流星,直奔将下去。神秘、传奇的"神仙中人"木心先生,终于推着小车施施然踱出来了。他穿一钓鱼马甲,乍看似与平常老头无异。介绍、握手,他疲倦而欣喜,脸上是糯糯的微笑,或许是和生人少有接触,似乎总带着一丝小孩般纯真的羞怯。

当晚,他们下榻在一朋友的欧式别墅,我和作家陈村、孙甘露等诸位老师前去"朝圣"。再见木心先生，显然已精心打扮过，一身浅灰色粗细条纹西装，白色簇新的衬衫，琥珀领带，银戒，配上一头微卷的银发，让人眼前一亮。国中的长者，似没见过谁有如此风度。我们带去多本他的台版著作（当时还没大陆版），央他签名。他含笑摸出钢笔，欣然为我们一一签来。墨水经过长途颠簸，似乎郁结难驯，一笔下去，断断续续，似乎暗示着先生此刻复杂又跌宕的心境。其中有一本，应是"〇五春"，他提笔写成了"五〇春"，经我们指出，他察觉后笑而不改，照样递过来，足见先生的通透。我心里暗想，如果先生能活到二〇五〇年，那该多好啊！

先生说的沪语，是"老法"上海话。悦耳，生动，气度高贵。他妙语如珠，烟不离手，直让我们听得目瞪口呆又笑得前仰后合。和他笔下的严肃文字迥然不同，没想到他是个"滑稽人"（沪语中指幽默的人）。说起笑话，张口即来，还能模仿各色人等的不同口气，节奏层层推进，把我们绕进去之后，突然又甩出一个短包袱，满堂粲然。他倒不似一般说笑话的人自己不笑，他边说，边自己也笑得投入，好像他也是头一回听到的听众一般。

我问先生，学写文章该看些什么书？他又摸出笔，裁了张纸条，缓缓写下几个俊逸疏阔的繁体字："论语（言文对照）/地粮（纪德盛澄华译）。"写完，递给我。他悠悠地解释道："白话文要写得好，必须精通文言。看外国译本要挑译者，译者不佳，神采全无。"（尹大为：《木心先生三年祭》，《木心逝世三周年纪念专号:〈温故〉特辑》，刘瑞琳主编，桂林：广西师范大学出版社，2015年，55—56页）

陈村电话通知，木心先生来上海，陈丹青约了晚上去徐龙森先生位于虹桥路的住处。丹青面色严峻，当晚正有他请辞清华教职一事的电视访问。木心先生衣饰雅致，神定气闲。说故论今，侃侃而谈。你不由得想，上海正是为他这等人准备的。（孙甘露：《上海流水》，《上海流水》，上海：上海书店出版社，2010年，50页）

◎回乌镇期间实地勘察了已经开始建造的居所，亲自画了图纸，并取名"晚晴小筑"。

按：木心返美后通过书信仍与陈向宏保持密切交流，对"晚晴小筑"的图纸做了修改，对居所的布置、陈设、厅堂名等提出了自己的一系列看法。

古有"晚晴亭"而未见有"晚晴小筑"，故仍具新意。区区垂暮侥幸，乌镇后来居上，皆"晚晴"可喻也。"小筑"乃屋主之谦词，意谓"造了一点小房子"。而屋名不可由寓者题，当由造屋者自命，方为得体。恕代庖。木谨识。（此为木心留给陈向宏的纸片。）

◎返美前一天，在陈丹青、陈向宏陪同下到杭州游览，期间与陈丹青、章学林等专程探访了林风眠故居。当天陈向宏在楼外楼为木心践行。

◎五月二日，给王淑瑾、尹大为寄信，两封，同时寄回王淑瑾《手工》一文的修改意见稿，其中说道：

你的第一批印稿，还很不成熟，路子欠正，故未作声，只对丹青说"我想题赠一句话：'文学是一上来就要归真返璞的'，可以吗？"丹青想了想，叹道："太重，她也不能懂。"这样就过去几年了。此番的新作，大有改观，脱去了时尚呀美眉呀的纠缠，而进入"他人"的境界，你面临极其宝贵的转折点。我所选出来的这个片段，是你的路，正路，蕴藉你自己的"风格"——祝贺你！

◎五月十日，给王淑瑾、尹大为寄台湾圆神版《西班牙三棵树》《温莎墓园》。

◎八月十日，给尹大为写信，至十二日寄出。其中肯定郭松棻对自己的评价，亦提及委托陈丹青处理国内的出版事宜：

那天我们走在四川路海宁路上，你几次说"郭松棻的评论写得好"，我听了很高兴，认为你有眼光，识货。（郭氏最近逝世，是中风，脑溢血，我很悲伤，我们有过一场美好的交往，我将静静地写一篇悼文，可能不止一篇吧。）他的"主体（主体＋客体）"这一论断，既剀切又优美。我寄望由你来发挥个透彻，你不是说愿意为我做些事吧，那我就热切地恳请你做个大评论家。

……

我已委托丹青作为国内出书的代理人，第一集是《哥伦比亚的倒影》。在出书过程中请你和淑瑾帮帮丹青的忙。我相信你的智慧和才干所能起的作用。

眼迷糊，手无力，夏天真是个灾难，上海如何，请多来信为盼。

◎九月八日，给尹大为写信，将近四千字。十月五日寄出。其中谈及本人小说在美国高校中受到关注，并对纽约散文座谈会上各家的发言做了回应：

我的小说在美国大学中作为教材运作时，教授和学生都是用世界性的观点来欣赏研究的，相与比较的是普鲁斯特、福楼拜、斯当达等等。将我摆在张爱玲、胡兰成一淘，就混乱了，她是那个时期中的比较杰出的作家，他是政客、报人、诡辩术士，不能称"异数"，她和他当时是红得很，流行得很，现在又被人津津乐道，哪里是异数呢——你要谈"异数"，就先要弄清什么是"异数"，如谈"上承XXX，下启XXX"，这还算"异数"么，这是个逻辑的错误。张、胡、陈、钟，在美学上与我无涉，若说我有"承先启后"的作用，那是先后茫茫，莫知所始莫知所终，而以东方西方相映照，我宁是偏于西方的。美国的评论家亦持此见，笑着劝我移居到欧陆去。

这样也好，谬误既露，准确伊始。你一步步端正观点，营造架构，做学问，下功夫要真实，且举一例：你对散文座谈会的阅读还只是浅赏，郭的发言当然最好，而陈的"神智器识"一说，亦可再作深究。杨对《同车人的啜泣》的分析是剀切有见地的。林泠看出了"来自中世纪"的隐衷。梁恒说《明天不散步了》中有五十个意象。好，凭你的眼光，找出这五十个意象来，就可以作为你的论文中的一个"华彩乐段"（会引起读者各自去找心目中的意象，形成热潮）。生活在大陆，很容易落入"公式化""概念化"的思想方法中。所谓"宇宙观"不是一个高级思维，郭氏的宇宙观是黑格尔式的，形而上的，观念先于存在。我几乎从来就没有表白过一己之宇宙观，只是在心目中排了一排程序：宇宙观→世界观→人生观→艺术观。要说在中国历史上，那末就文学家而言，是屈原、陶潜、曹雪芹。（说来话长，以后面谈吧。）

二〇〇六年 八十岁

◎一月，经陈丹青推介，《哥伦比亚的倒影》由广西师范大学出版社出版。篇目：上辑《九月初九》《童年随之而去》《竹秀》《空房》《论美貌》《遗狂篇》《同车人的啜泣》《带根的流浪人》《两个朔拿梯那》《林肯中心的鼓声》《哥伦比亚的倒影》《明天不散步了》，下辑《上海赋》（"从前的从前""繁华巅峰期""弄堂风光""亭子间才情""吃出名堂来""只认衣衫不认人"）。书后附带一册《关于木心》，为一九八六年六月二十日《中报》发起的"木心的散文专题讨论会"发言文本。此为木心在大陆正式出版的第一本书。

◎一月四日，陈丹青到出版社验收样书。

终于等到主角登场了，这是摄人魂魄的时刻。新书发布会，过几天就要在静安庄亮相。小心翼翼翻阅，质检，丹青先生与出版社同事不自觉围成一团。封面印色正是"已凉未寒",一贯素朴的美学。开本,纸张,装订,把玩良久。释然。刘瑞琳女士也笑了,松了一口气,说着,这道把关,幸好你在。丹青先生找到了奇文《上海赋》新近添写的一段文字,又叹不绝口——推动此书出版最力的这位"木心先生的学生"宣称,"阅读木心",是"意料之外、之外",是"情理之中、之中"。[曹凌志:《我所读到的木心先生》,《书之旅:一个出版社20年的故事(1986—2006)》,王建周(等)著,桂林:广西师范大学出版社,2006年,96页]

按:据广西师范大学出版社编辑曹凌志回忆,木心对书籍的校改、排版、装帧设计等均精益求精:

行首择字避免重复,这是细节中的细节,"假定两人曾住在这寺院中""如若良一个人曾在这里""要是梅先死""如果良于梅死后殉了情""倘系日本式的双双坠崖、跳火山""除非良是遭人谋害""要说良是因政治事件被逮捕",《空房》里的七个假设,"又排列了一下",真是 essay 的风格。

排版设计则可以称是苛求简约,木心先生给社内编辑的答言说,"本书的字体应限制在一两种之内,变化只在大小耳","切弗用此正楷(我反对手书正楷体印书)","请注意文字在页中的位置,摆坏了则前功尽弃","该集不用序跋,也好:我认同"。所以,出版社寄信推荐之开本和版式,"既疏朗,亲切,又会有书卷气,这也是爱书的读者所乐见的",会博得老先生的夸奖:"极好,完全同意,编辑先生高明!"

文章更在不停地改,《昆德拉兄弟们》一文换了标题,收入手上这一本散文集,即今天读到的《带根的流浪人》;也欣然接受编校建议,繁体字版《哥伦比亚的倒影》和《明天不散步了》行文中出现过的惊叹号、问号都改为了逗号,一逗到底,说,"改得好,谢谢您";回信又说,"来件收到,感德无任,谨就原信作答,如尚有疑点,请告丹青转我可也"。那么,当初就《上海赋》所提的一个编校问题——"老妪们端然坐定在竹椅上,好像与竹椅生来就是一体,剥蚕豆,以葱油炒之,折纸锭锡箔,祖宗忌辰焚化之,西娘家桃花缸(请确认?)收音机都是这样的。"——木心先生怎么作答呢?"潜台词是'西凉界''桃花江',老媪不解,讹言之。"哦,好玩,缠着木心迷的这个问题原来如此。[曹凌志:《我所读到的木心先生》,《书之旅:一个出版社20年的故事(1986—2006)》,王建周(等)著,桂林:广西师范大学出版社,2006年,97页]

◎一月五日,《南方周末》刊出学者陈子善、作家何立伟对《哥伦比亚的倒影》的评论文章。

木心先生有高远的抱负,他要打破传统意义上的散文的界限,在散文创作中融入诗、小说、评论诸多因素,使之成为一种崭新的文体。木心的散文实践证明了他其实是一位文体家,在鲜明亮丽的文字背后,深邃的思想,形而上的思考汩汩而出。写散文于木心先生,就像是散步,"闲庭信步",散步散远了,就成就了这部别具一格、气象万千的《哥伦比亚的倒影》。(陈子善:《姗姗来迟,毕竟还是来了》,

《南方周末》，2006年1月5日）

木心的文章，字字句句，无不给人意外的喜悦。我把那些文章慢慢读完，叹一回气，如同见了高人，被他的识见同言语及人格所吸引，作声不得，唯有默然。(何立伟：《意外之人，意外之文》，《南方周末》，2006年1月5日）

◎一月七日，广西师范大学出版社在北京中国国际展览中心举办的全国书市上举行《哥伦比亚的倒影》发布会，陈丹青出席并做题为《我的师尊木心先生》的演讲，演讲稿后收入《退步集》(陈丹青著，广西师范大学出版社2005年1月版）。

按：有关《哥伦比亚的倒影》的销售情况，据陈丹青一月十六日在其新浪博客中透露："出版社告诉我第一次印刷的一万本《哥伦比亚的倒影》已经被各地订货一空。""《哥伦比亚的倒影》三天来都是三联书店销售排行榜的第一名。"

再按：刘瑞琳《他没有说话：木心美术馆开馆典礼致辞》误作"一月八号"。

◎一月十一日，《中华读书报》刊出陈丹青的《木心：一个无解的谜》。

◎五月九日，《北京日报》刊出赵鲲的《木心：当代文学的"天外来客"》。

◎六月，《琼美卡随想录》《温莎墓园日记》由广西师范大学出版社出版。

《琼美卡随想录》篇目：第一辑《如意》《剑柄》《我友》《王者》《圆满》《心脏》《将醒》《呼唤》《休息》《除此》《无关》《烂去》《问谁》《败笔》《迟迟》《走了》《出魔》《笔挺》《缀之》《尖鞋》，第二辑《嘁语》《俳句》《风言》，第三辑《上当》《但愿》《真的》《再说》《很好》《智蛙》《疯树》《不绝》《棉被》《步姿》《新呀》《荒年》《同在》《笑爬》《邪念》《放松》《某些》《认笨》《引喻》《怪想》《多累》《呆等》《卒岁》《后记》。

《温莎墓园日记》篇目：《序》《美国喜剧》《一车十八人》《夏明珠》《两个小人在打架》《SOS》《完美的女友》《七日之粮》《芳芳No.4》《魔轮》《月亮出来了》《第一个美国朋友》《寿衣》《静静下午茶》《五更转曲》《此岸的克利斯朵夫》《西邻子》《温莎墓园日记》。

◎八月，《中国图书评论》本年第八期刊出童明的《世界性美学思维振复汉语文学：木心风格的意义》、赵鲲的《"安谧地一惊"：再读木心印象》、访谈《再谈木心先生：陈丹青答客问》。

◎九月，《即兴判断》《西班牙三棵树》由广西师范大学出版社出版。阅读木心成为年度读书热点，读书界甚至将本年称为"木心年"。

《即兴判断》篇目：上辑《游刃篇》《夏阑三简》《眸子青青》《圣安东尼再诱惑》《已凉未寒》《麦可和麦可》《寒砧断续》《寄白色平原》《晚来欲雪》《聊以卒岁》《普林斯顿的夏天》，下辑《路工》《吉雨》《鱼和书》《卖翅膀的天使》《醉舟之覆》《法兰西备忘录》《狭长雾围》。

《西班牙三棵树》篇目：《引》，一辑《中世纪的第四天》《咕嗄》《寄回哥本哈根》《祭叶芝》《赴亚当斯阁前夕》《北美淹留》《〈凡·高在阿尔〉观后》《西岸人》《夕殿》《毋与歌德言》《夏夜的婚礼》《春寒》《十四年前一些夜》《丙寅轶事》《FRACTURE》《十八夜 晴》《泥天使》《面对面的隐士》《JJ》《斗牛士的袜子》《雪后》《论拥抱》《旋律遗弃》《如歌的木屑》《涉及爱情的十个单行》《甜刺猬》《我的主祷文》《末期童话》《晚祷文》《托尔斯泰的奢侈品》《啊 米沙》《再访帕斯卡尔》《剑桥怀博尔赫斯》，二辑《艾华利好兄弟》《啊，回纹针》《第二个滑铁卢》《南极·青草》《埃及·拉玛丹》《无忧虑的叙事诗》，三辑《其一》《其二》《其三》《其四》《其五》《其六》《其七》《其八》《其九》《其十》《其十一》《其十二》《其十三》《其十四》《其十五》《其十六》《其十七》《其十八》《其十九》。

本月，与中国艺术研究院副研究员李春阳初次见面。

◎九月五日，据陈丹青新浪博客显示，海运公司货车运走归国物件。

◎九月八日下午四时，应故乡乌镇的盛情邀请，在陈丹青陪伴下踏上归国航班。黄秋虹、章学林送行。通过海运公司运回大小五十四件行李，包括古董家具和画作，其余大半赠送给在美的朋友和学生。

他其实心里很激动。我们坐着轮椅到飞机场的时候，他说："走了，美国。"飞机到了北京，先要停一下。先生一直像小孩一样，飞机往下降落的时候他有点不耐烦，说飞机降落怎么这么慢啊，苍蝇一

停就停住了。(《如何评价木心？如何阅读木心？》引陈丹青的话，《时代周报》，2011年12月29日）

◎九月九日，夜里近十一点到上海，住进衡山宾馆。

◎九月十日，在陈丹青、尹大为、王淑瑾陪同下游览上海。

◎九月十一日，由上海启程回乌镇，住进通安客栈。回乌镇定居后，除吃饭、睡觉和偶尔出门散步外，每天至少创作八小时。

一九八二年出国时没有想到会回故乡，倒是准备一去不复返的了。二十四年过去，乌镇（桐乡市）的贤达诸公的诚意感动了我，我决定告别美国，带着文稿画件归去来兮，"天意怜幽草，人间重晚晴"，说是野叟曝背，实为临老一搏，冀有所胜于以前。（李宗陶：《木心：我是绍兴希腊人》，《南方人物周刊》，2006年第26期）

今日之乌镇非昔日之乌镇矣，一代新人给予我创作艺术的足够的空间，所以我回来了。（沈秀红、孙飞翔：《木心先生六日在乌镇度中秋》，《嘉兴日报》，2006年10月7日）

回故乡是人情之常，自然而然，何况乌镇很符合我的美学判断。（陈晖：《木心：难舍乌镇的倒影》，《名仕》，2006年12月）

◎九月三十日，给桐乡市文联负责人叶瑜荪回信。

顷接大札，不胜忻悦，我此番归来，承桐乡市府礼遇，优渥备至，心怀感德，自当有以报效而终老故里矣。阁下为一时之隽彦，日后将有以教我也，待稍事养息后，再约会晤畅叙。

◎十月，《南方文坛》本年第五期刊出李静的《"你是含苞欲放的哲学家"：木心散论》。

◎十月五日，接受《名仕》杂志访谈。

◎十二月十五日，《鲁迅祭》刊载于《南方周末》。此为回国后唯一一次为大陆报刊写文章。

◎是年，作诗《格瓦斯》。

◎是年前后，童明与木心的文学代理人向新方向出版社（New Directions）提交《空房》（*An Empty Room*）英译书稿，共十六篇。出版社很快通过决议，愿意出版，但只采纳其中的十三篇，不肯出《SOS》《路工》《林肯中心的鼓声》三篇。经交涉无果，木心颇有些沉闷，但仍坚持己见。

二〇〇七年 八十一岁

◎一月，《素履之往》《我纷纷的情欲》《鱼丽之宴》由广西师范大学出版社出版。

《素履之往》篇目:《自序》,一辑《庖鱼及宾》《朱绂方来》《白马翰如》《巫纷若吉》《亨于西山》《翩翩不富》《十朋之龟》《贲于丘园》《丽泽兑乐》《与尔靡之》《困于葛藟》《舍车而徒》《向晦宴息》,二辑《一饮一啄》,三辑《亡文学者》《晚祷》《媚俗讼》。

《我纷纷的情欲》篇目:一辑《我纷纷的情欲》《地中海》《牛奶·羊皮书》《艾斯克特赛马纪要》《巴黎俯眺》《茴香树》《FARO》《寄回波尔多》《佐治亚州小镇之秋》《即景》《在雅尔塔》《俄国九月》《阿尔卑斯山的阳光面》《大卫》《南欧速写》《俄国纪事》《夜宿伯莱特公爵府邸有感》《致H.海涅》《参徐照句》《点》《中古一景》《无鱼之奠》《咖啡评传》《爱斯基摩蒙难记》《致霍拉旭》《旷野一棵树》《某次夜谭的末了几句》《中古构图》《夏误》《阿里山之夜》《恋史》《古拉格轶事》《骰子论》《科隆之惊》《HAROLD Ⅱ》《春舲》《还值一个弥撒吗》《夜晚的臣妾》《论鱼子酱》《中古对话》《老桥》《醉史》《在波恩》《纸骑士》《肉体是一部圣经》《风筝们》,二辑《一些波斯诗》《金发·佛罗伦萨人》《雨后兰波》,三辑《思绝》《论白夜》《论绝望》《旗语》《帝俄的七月》《冬旅新英格兰》《湖畔诗人》《库兹明斯科一夜》《琴师和海鸥》《维斯瓦河边》《达累斯萨拉姆海港》《琥珀月》《英国》《布拉格》《以云为名的孩子》《论悲伤》《论命运》《论陶瓷》《论快乐》《论幸福》《论物》《叶绿素》《金色仳离》《号声》《莱茵河》《香歌》《蚕歌》《KEY WEST》《奥地利》《复仇之前》《五月窗》《脚》《夏风中》《择路》《杜唐卡门》《泡沫》《晚声》《拉丁区》《咆哮》《中国的床帐Ⅰ》《中国的床帐Ⅱ》《草叶》《那人如是说》《它们在下雪》《醍醐》《美味无神论》《是爱》《命运》《保加利亚》《WELWITSCHIA》《眉目》《陌生的国族》《佛芒海燕》《SOLITUDE》《另类欧罗巴》《印度》《蒙特里奥》《五月街》《普罗旺斯》《歌词》《通心粉》《春雷》《芹香子》《我的体温》《渔村夜》《波兰》《年轻是一种天谴》《奥古斯答》《去罗卡拉索之前》《杰克逊高地》《海风No.1》《海风No.2》。

《鱼丽之宴》篇目:《江楼夜谈:答香港〈中报〉月刊记者问》《海峡传声:答台湾〈联合文学〉编者问》《雪夕酬酢:答台湾〈中国时报〉编者问》《仲夏开轩:答美国加州大学童明教授问》《迟迟告白:一九八三年～一九九八年航程纪要》,附录:《战后嘉年华》《有朋自西方来:木心珍贵的文友们》(童明辑译)。

◎二月二十二日,杭州朱绍平一家偕同海宁洪惠明来访,共进晚餐。席间谈及"九一一"事件后大型博物馆级全美巡回展的成功举办。

下午至乌镇,住通安客栈一三七房。四点三刻左右,拜访木心先生,木心先生住二楼一个套间,现在是暂时借住,其自己的住房,当地政府正在布置中。洪惠明陪我一同拜访。带上五册木心作品,请木心先生签名。木心先生送我另外三册,其中一册只剩一本,文洁问是否也送我,木心先生一口答应。为了不中断我们的谈话,木心先生让我先把书留下,等他签好名后再请小文送回来。洪惠明大胆求木心先生,能否也送他几本,先生竟也一口答应,搞得我好羡慕。洪不好意思多要,要了跟我一样的三册,木心先生要洪惠明留下姓名,便于签名。

谈话中,我跟木心先生谈及我的闲章"谁非过客,书是主人"时,木心先生建议我下次刻一枚椭圆形的闲章,内容就为"书长寿"。谈话间,不觉已过六点,我邀请木心先生能否一起吃晚餐。先生欣然答应。下楼前,我和洪惠明分别与木心先生合影留念。开了一瓶绍兴六年陈的黄酒。木心先生吃得不多,当我请教先生保健(先生虽已七十六岁,仍然清瘦矍铄)时,回答道:"吃饭六分饱。"人们常说是"七分饱",而先生比常人还少一分,这也许就是至今精神的秘诀。但是后来谈到朱艺还在长身体时,他又笑着补充道:"吃饭六分饱(孩子要吃饱)。"吃饭过程中,有一件事,木心先生谈及时兴致很高。当我问及"九一一"发生时,先生应该尚在纽约时,先生说,他当时正在看电视,起先还以为是好莱坞的特技表演。过二十多天,他举办了个人画展,有三十三幅画展出,轰动全美。各大媒体,一片叫好。在当时情况下,是否如期举办,还是进行一番斗争。最后,木心先生决定如期进行。木心先生说,根据一般心理学,最悲伤的人,一般经过二十天,也会得到初步恢复。正是在这种理念支配下,先生毅然决然做出了不改变展期的决定。事实证明,先生的决策是英明而正确的。吃饭结束后,我提议,朱朱、凯美、我们全家分别与木心先生合影留念。(朱绍平:《晤木心先生日记》,《梧桐影》总第十二期,夏春锦主编,梧桐阅社2018年8月印)

◎三月,《北京文学(中篇小说月报)》刊出《〈寿衣〉点评》(木心著、孙郁点评)、访谈《游走于世界的狂士:与孙郁谈木心的创作》。

本月,本年第三期《名作欣赏》刊出桐乡严僮伦的评论文章《木心意识流散文〈明天不散步了〉解读》。

◎三月二十四日,上海作家陈村、孔明珠等一行八人来访,经陈向宏安排与大家共进晚餐。

当天傍晚时分,在通安酒店,我们屏息静气等在接待大厅,花白头发的木心先生身着深蓝色西装,里面是蓝色条纹衬衫,脚步轻盈地走过来。关于那次拜见,我去翻看当时的日志,发现自己只记下几行字:"木心先生是一个儒雅、整洁、完美主义的老先生,他讲普通话,也会讲上海话,常有英文单词蹦出来,声音轻软妥帖。没聊多久,就发现他老人家很幽默。我说,我们见你很紧张。他说,你们紧张,我也紧张呀。"

因为事先被告知先生不爱被人拍照,再一见木心的风度,那气场之下,我们这些"狗仔"惯了的队员都不敢私自拿出相机来,我更是慌乱之中感觉气也透不过来,亦不知自己说过些什么话。同去的八〇后网友"小转铃"回来后写的那段帖子非常好,引在这里,权作延迟的现场转播:

"二〇〇七年三月二十四日,在乌镇见木心先生。木心走路很慢,面目清癯,瞳仁黑而大,深不见底,像两汪冰冻的潭水,潭上如蒙着一层薄烟。他注视着我的时候,仿佛掉进他眼睛里,心里会有点害怕,他笑起来的时候，顿觉如春江开冰般融暖。他穿一身深蓝色的西装，身形瘦削，慢慢地走，也有章法，仿佛一杆狼毫。听人讲话的时候安静仔细，自己讲话的时候温文尔雅，他讲，不必臣门如市，只愿臣心如水。

"木心先生烟瘾很大，或者是情绪不稳，短短半小时内已吸了六七支，烟头笔直地竖在烟缸里，和人也很像。有人说到请他写回忆录，他说，我也想写，只是每次去写，都觉得太累。说着，神情疲倦地伸指去把一个竖着的烟头推倒。

"看得出，是一个很自爱，有洁癖的人，讲话的时候，会不自觉地轻轻向下撑一下袖子，令人顿觉自己面目可憎，唐突佳人，不配坐在他的身边。

"木心先生美丽阴柔，像一个老派的大家闺秀——不是老克勒，是大家闺秀，我等的祖母一类。看到这样的人，再想到其作品中对美近乎病态的热爱，想到的比喻是王尔德。这些是人间美的化身，美的儿子，存在先于本质，存在的本身就是目的，相比之下，那些作品有也好，没有也好，好也好，不好也好，都不重要。"（孔明珠：《去乌镇见木心先生》，《爱木心：〈梧桐影〉特辑》，夏春锦主编，济南：山东画报出版社，2015年，28—29页）

◎四月十八日，严僮伦来访，聊其所作之《木心意识流散文〈明天不散步了〉解读》。

◎五月，广西师范大学出版社总编辑刘瑞琳偕几位编辑第一次到访乌镇，在陈丹青的引荐下拜会木心。

二〇〇七年五月，陈丹青引荐我和几位出版社同事第一次到乌镇，拜访木心先生。跟先生一起晚饭后，我和同事坐在月光下的石桥上，惊叹见到天人，尤其印象深刻的是先生说到他和陈丹青在纽约第一次长谈后，他用"好悬啊"三个字来表达幸亏人生相遇。[刘瑞琳：《他没有说话：木心美术馆开馆典礼致辞》，《木心研究专号（2016）：木心美术馆特辑》，木心作品编辑部编，桂林：广西师范大学出版社，2016年，36页]

◎七月，《读书》本年第七期刊出孙郁的《木心之旅》。
◎十一月五日，《无锡日报》某记者以读者身份来访。
◎深秋，诗人仲青首次来访。
◎是年，《哈了一下没有成佛》刊于《视野》第十六期。

二〇〇八年　八十二岁

◎年初，陈丹青来访，选了八幅木心的转印画带到北京，寻求展出。

按：这八幅画一直放在陈丹青家里，未能展出，现存木心美术馆。

◎二月，刘瑞琳偕几位编辑第二次到乌镇拜会木心，住在晚晴小筑。谈话中木心提起想写一本《论读者》，还想做一本《雪句》给年轻读者做情人节的礼物。

二〇〇八年二月，我和几位出版社同事第二次来到乌镇，拜见木心先生。

这次见面，我们已出版前八种先生著作，多本新书整齐排在先生客厅壁炉边的柜子上。我们住先生家两天，第一天晚饭中先生说，一直想写《论读者》，"天地君亲师"之外，还有作者与读者这一层关系。第二天早上，告诉我们，他已经开始写起来了。还想着如何做一本《雪句》，给年轻读者做情人节的礼物。

第二天晚饭后，先生领我们进画室，第一次看到他的画，我忍不住冒失地问：如此精微，先生是如何画出来的？先生笑而不语。[刘瑞琳：《他没有说话：木心美术馆开馆典礼致辞》，《木心研究专号（2016）：木心美术馆特辑》，木心作品编辑部编，桂林：广西师范大学出版社，2016年，36—37页]

本月，《文景》本年一、二月合刊刊出许志强的《论木心》。

◎五月，上海书评人顾文豪来访。

◎五月十七日，与陈巨源在乌镇重逢。

按：可参见陈巨源《与一代奇才木心的交往》，见《木心逝世两周年纪念专号：〈温故〉特辑》(刘瑞琳主编，桂林：广西师范大学出版社，2014年)。

◎九月，《巴珑》《伪所罗门书：不期然而然的个人成长史》由广西师范大学出版社出版。

《巴珑》篇目：《巴珑》《白夜非夜》《罗马停云》《东京淫祠》《伦敦街声》《我辈的雨》《夏末致Pushkin》《从薄伽丘的后园望去》《兰佩杜萨之贶》《圣彼得堡复名》《我劝高斯》《海岸阴谋》《雪掌》《明人秋色》《波斯湾之战》《雅謌撰》《在维谢尔基村》《指纹考》《波尔多的钟声》《索证者》《塞尔彭之奠》《道院背坡》《共和国七年葡萄月底》《槭Aceraceae》《萨比尼四季》《末度行吟》《五岛晚邮》《西西里》《洛阳伽蓝赋》《智利行》《门户上方的公羊头》《魏玛早春》《夏夜的精灵》《维苏威馀烬录》《埃特鲁里亚庄园记》

《伪所罗门书：不期然而然的个人成长史》篇目：一辑《汗斯酒店》《窥视和劫掠》《第六年呀》《诸圣瞻礼节》《荷兰画派》《汗斯·奥特逊》《老梨树》，二辑《艾伦》《小神殿》《黎巴嫩》《匈牙利》《快乐的伤兵》《尼罗河》《开罗》《那末玫瑰是一个例外》《福迦拉什城堡的夜猎》《入埃及记》，三辑《锦绣前程》《夜糖》《预约》《沙萨》《莫斯科之北》《屠格涅夫》《雪橇事件之后》《在保加利亚》《兹城·勒城》《我的农事诗》，四辑《贝壳放逐法》《生日》《黑海》《普里茨道院》《沙漠之德》《两种职业》《欧鳊》《巫女》《海》《望着苏门答腊海岸》《两瓶敏托夫卡》《威尔斯口音》《大回忆》《吉普赛学者》，五辑《夏痊》《与米什莱谈海》《两月天堂》《哈巴谷书考》《北方的浓雾》《卖艺的背教者》《梅德捷斯村》《奥温先生那边》《六百万马克》，六辑《战争第一夜》《一九一四》《波兰晚餐》《华沙四日》《OK》《Captain》《锡耶纳》

《中尉的祈祷》《生命》《斯维纳蒙台》《白阑干》《柏林留言》,七辑:《〈田野报〉的读者》《立陶宛公使馆》《瑞士》《偌大的花圈》《赛拉比吉号》《西班牙的蔼列斯》《绿河口》《SOFIA》《罗马无假期》《伦敦》《RENAISSANCE》《BULGARIA》《〈厨房史〉的读者》《储蓄俱乐部会员》《丹·伯克小馆》《都灵》《山茱萸农场》,附录。

◎九月下旬,桐乡画家戴卫中来访。

他由另一小伙子挽着左手慢慢进来,我心一紧,人老先老脚呀,他真的老了,他穿着很普通的灰黑的衣服,但很整洁,初看如常见的在家老人一样,但他坐下时和坐下后架势显示了他的儒雅风范,趁他微笑地打量我时,我恭敬递上印有我几幅画的小页,他看了看,似乎立即反应:"喔!C君办公桌后的屏风是你画的吧!"我大惊,这老人真厉害!他在完全不知我的任何情况下,竟然凭这几幅小小的印刷画面就断定某处的某画出自我手,而这画页与那画并不相同,只是同属传统画范围,但学传统的人也很多呀!我只好点头承认,他亦点了一下头,不知是表示肯定我的"成绩"还是其他意思。然后,他和蔼地望着我,缓缓而认真地说:"搞艺术的,重在创新,要有自己的面貌。"这是我知的老生常谈,但出自他口自然并非泛泛之言。我如实回答先生:"我并非不知道绘画创新的重要性和必要性,但我现在的情况是,许多精力用在他处,画画只是养家糊口的来源,而且许多人是冲着这传统画法来买我画的,我如改变画风,一定会断了生计。我并不认为我现在是在搞艺术,仅是谋生而已。"他望着我听着,一时不语,像在思考。(戴卫中:《"欢迎你再来!"》,《桐溪书声:〈梧桐影〉文选》,夏春锦主编,北京:海豚出版社,2014年,282—283页)

◎十月,仲青来访。

本月,《云雀叫了一整天》《诗经演》由广西师范大学出版社出版。

《云雀叫了一整天》篇目:甲辑《大心情》《火车中的情诗》《哭》《格瓦斯》《哈理逊的回忆》《女优的肖像》《贵客》《二十世纪三十年代的美国》《伏尔加》《巴黎六条新闻》《伊斯坦堡》《论诱惑》《永井荷风的日本国》《爪哇国》《谢肉节的早晨》《时间囊》《多罗德娅》《惠特曼》《帆船颂》《论悲伤》《论德国》《象征关》《道路的记忆》《古希腊》《蒸汽时代》《而我辈也曾有过青春》《安息吧,仇敌们》《如偈》《梦中赛马》《知与爱》《德国》《卡夫卡的旧笔记》《佩特拉克》《宽容的夜色》《知堂诗素录》《路菜》《好吃》《欧陆小子在抬头》《假的》《从前慢》《辛亥革命》《风吹作响的板扉》《爱尔兰》《修船的声音》《克里斯港旧居》《河边楼》《春汗》《素描旅者》《拥楫》《白香日注》《谵庵片简》《天慵生语》《香奁新咏》《京师五月》《北京秋》《城和桥》《杨子九记》《西湖》《少年朝食》《单衣》《伯律珂斯的演说》《甲行日注》《甲行日注又》《明季乡试》《加拿大魁北克有一家餐厅》《慕尼黑市政府广场有好餐馆》《我与德国》《西班牙人》《我至今犹在等候》《浮世绘》《清嘉录一》《清嘉录二》《春》《水仙》《普希金的别调》《我》《跟秋天的落叶一样多》《一九〇一年》《韩家潭》《取人篇》《肤色颂》《人香》《抱背篇》《跟踪者》《夜謌》《叶赛宁》《五月》《天意人工》《卢梭》《失去的雾围》《农家》《色论》《浣花溪归》《夏日山居》《灯塔中的画家》《波斯王卡斯宾》《荷兰》《面包》《寂寞》《唯音乐如故》《Parma》《二十世纪的最后一天》《巴黎—法兰克福》,乙辑,《后记》。

《诗经演》篇目:《同袍》《郁林》《簋簋》《载芟》《南有》《佼人》《贝锦》《黄鸟》《子覆》《七襄》《罩粗》《玉尔》《苌楚》《忞忞》《柔至》《康明》《繁霜》《肃肃》《有摽》《祁祁》《弄椒》《谷风》《采唐》《有裳》《将谑》《焕焕》《西门》《彼黍》《负暄》《粲者》《子湄》《伐木》《棘心》《污浣》《执手》《绿衣》《衡门》《野有》《关关》《木德》《虱虱》《其雨》《投之》《无罝》《彼采》《将骐》《朝出》《且眷》《厥初》《瞻乌》《桃之》《氾彼》《逗飞》《七月》《桢桢》《曰归》《允荒》《春申》《南田》《如响》《雾豹》《多揭》《如英》《胡荽》《乌镇》《怀里》《载阳》《常棣》《三捷》《斯恩》《无寄》《昔我》《趡趡》《三星》《笃公》《中露》《不如》《蟋蟀》《鸤鹗》《维愊》《彤管》《恒骚》《匏有》《斯尤》《天骄》《三世》《白鸟》《俍人》《隰桑》《鹭斯》《何草》《如夷》《葛生》《西门》《溱洧》《载蜇》《梦梦》《采薇》《谓尔》《椒聊》《终南》《既见》《他山》《鱼丽》《长睽》《有驰》《中谷》《绵绵》《叔也》《有车》《溯风》《君门》《昔之》《芃芃》《击壤》《束薪》《駉駉》《扣槃》《淇奥》《防有》《在怀》《丧乱》《鹿鸣》《有颎》《遵云》《终识》《炰烋》《英玉》《入穀》《寿眉》《无侣》《骍骍》《反驹》《辖兮》《上天》《霱沸》《傅天》《娈兮》《王事》《朝跻》《贪乱》《鸠鸣》《柳斯》《为歃》《棠棠》《淞江》《醉止》《鱼在》《采菽》《蹠景》《权之》《日益》《方难》《嚄彼》《振鹭》《营营》《胡逝》《壹者》《维昔》

《人有》《瞻卬》《白圭》《方虐》《不肖》《有客》《自度》《尊之》《屡盟》《犟息》《僴兮》《桑扈》《白华》《捷捷》《采绿》《心之》《倬彼》《大风》《为厉》《采葑》《有杕》《缁衣》《终风》《日居》《江有》《翀雉》《偯偯》《于征》《沔彼》《皎皎》《丘中》《扤我》《凶矜》《渐渐》《有命》《旐旟》《上权》《复届》《雕雕》《丝衣》《如遗》《甫田》《高沙》《昌兮》《鸿飞》《子褎》《仲门》《保艾》《以濯》《如陵》《差池》《中林》《不我》《芃兰》《如晦》《蒹葭》《有卷》《思乐》《其雷》《泂彼》《子衿》《叔于》《伯氏》《因心》《询尔》《帝谓》《穆穆》《南山》《不盈》《温温》《茬染》《柔木》《于戏》《凤凰》《山有》《俟我》《敝笱》《小戎》《驷骥》《岷逸》《委蛇》《班兮》《维鹊》《雨雨》《旨否》《蓼蓼》《夷怿》《我龟》《中田》《者木》《有桃》《乐土》《靓子》《鹝之》《子子》《我行》《大车》《有狐》《崔崔》《体原》《是达》《瓜瓞》《国如》《十亩》，外篇：《吾闻》《君命》《人异》《沧浪》《有馈》《人之》《场师》《贵者》《余师》《多术》《观水》《饥者》《道则》《为关》《子好》《视弃》《与少》《斧斤》《钧是》《舞雩》《挟山》《滕问》《觑赞》《子产》《眸子》《逢渊》《吹呴》《天下》《芴漠》《混沌》《仰之》《明道》《将欲》《回曰》《美名》《色重》《其苏》《注后记》。

本月，孙郁、李静编的《读木心》由广西师范大学出版社出版。

编此书时，会随着作者一起重读木心先生的作品。一种莫名的诗学烈度，让人总想停下来，与谁说说话，说说这些文字惊起的思绪，说说曾经潜隐心底轻盈无告几已忘怀致命重要的一切，那无以名之的一切。然而未能，唯有静默——静默地唤醒内心的瀚海，那是人在孤独之中，与自我的相遇。

也许正是木心作品浩瀚而陌生的自我对话性质，使批评界审慎地沉默，使读者们不息地争议。我们认为此种争议是十分有益的现象——它意味着中国当代文学的疆界正向本质与精微之域拓展，而如此高难度的动作，却获得了汉语写作者和阅读者异常广泛的关切。

本书无意标榜"客观"，而在表呈相契却未必相识的人们对一颗诗性心灵的惊奇与理解。之所以作此选择，是因为我们对这位"文学鲁滨逊"的诗学建树，怀抱深切的体认，并且相信：公正的批评，绝非对卓异的创造无动于衷，相反，它理应参与她的命运，并对之奉上毫无保留的热忱。(《读木心·编后记》，《读木心》，孙郁、李静编，桂林：广西师范大学出版社，2008年，293页）

◎十一月一日，给乌镇地方文史研究者周乾康回信，答复所问：

来信敬悉，关于《后汉书》下半原本是在乌镇发现此一说，我是见及于纽约中文报端的。那是十多年前的事了，不过我认为此说是有一定的可靠性的。

二〇〇九年 八十三岁

◎年初,外甥王韦专程从北京来探亲,带来一张仅存的全家福。

按:此照约摄于一九三一至一九三二年间,地点为杭州西湖三潭印月。

◎二月九日,木心身体不适,陈向宏首次邀请桐乡名中医徐树民前来为之诊病。赠徐树民著作集一函八册,为之题词签名。

木心先生出来了,他招呼我在大茶几南边朝北坐下,他自己隔茶几朝南对面坐下。寒暄过后,他问我要红茶还是绿茶,我要了绿茶。过了一会,小代砌了二杯茶端来了。他对我的到来表示高兴,我们喝着茶,一面闲谈。我说了木心先生"学贯中西,素所景仰"的话,他谦逊着说:"我不懂医,是小学生。"接着木心先生邀我到靠壁桌子旁的朝北的椅子上坐了,他也在我右手一面坐定。我看他步履沉稳,显得气定神闲。我给他左右手分别按脉之后,看过舌苔,问过饮食起居的大概情况,定方如下:

"八秩大年,精神矍铄,此必有过人者。诊脉尺偏弱,冬令四末欠温,脾肾之虚显然。先拟温补脾肾,养血舒络,当归四逆汤合还少丹:全当归十二克,川桂枝三克,北细辛三克,杭白芍十二克,白通草三克,炙甘草三克,净萸肉十克,淮山药十五克,细生地十二克,绵杜仲十二克,淮牛膝十克,补骨脂十克。五剂。"

处方写好后,重新坐到茶几边吃茶。我对着木心先生,已没有了初来时的拘束。那天是正月十五元宵节，天气晴朗，连日阴霾一扫而空。木心先生已八十多岁，与之交谈，没有大人物的架子，却充满青年人的机智，偶杂以诙谐幽默，令人解颐。问籍贯，则自称"希腊人"。他面容清癯，但精神很好，这时我脑际不觉浮现出王世贞形容李时珍的那几句话："睟然貌也，癯然身也，津津然谭议也，真北斗以南一人。"（徐树民：《我第一次见木心先生》，《桐溪书声：〈梧桐影〉文选》，夏春锦主编，北京：海豚出版社，2014年，268—269页）

◎三月六日，桐乡钱宜东、嘉兴市图书馆范笑我、《美术报》编辑谢海一行来访。

那是一个初春的午后，木心穿着一件宽松的衣服，戴着帽子，很有派头地说："有人说我的作品忧郁，我说，忧郁后面是快乐。能发现快乐吗？今天不发现，明天、后天一定能发现。"还说："在美国，我的绘画和文学已开了局面，得了收获，但以我的志愿而言，还只是小焉者，是故我将在美国做不到的事，转到中国来做。"那天，是我记者生涯中最闭气的一天，木心习惯不拍照、不录音、不签名，我的所有要求都被拒绝，直到临走时，我还说："我没有看过你的原作，可以看看你的画吗？"他说："房子太小，不方便。"木心对我说："你笔记上记录的，不要去发表。将来找时间做个专访，请你来看画。"我说："好。什么时候？"木心说："到时候联系，我写信给你。"（谢海：《这个真文人真的走了》，《美术报》，2011年12月31日）

◎三月九日，近日大便闭结，深以为苦。请徐树民前来诊病，徐树民为之拟增水行舟法：

炒白术三十克，全当归十二克，黑元参十二克，细生地十二克，麦门冬十二克，生首乌十二克，肉苁蓉十二克，大麻仁十二克，怀牛膝十二克，广陈皮六克，炒苏子十二克，炒桃仁十二克，潞党参十二克，桔梗六克。

◎三月十八日，给安徽读者刘向阳回信，其中说道：

您的评文写得好，观照有所深，体会有所切，气度有所大。贺贺。希望您再写，成一集专著而出版。
读者的信、的文，是作者的"文学黄丝带"。

◎三月十九日，身体不适，请徐树民前来诊病，期间与之闲谈屈原、杜甫。

◎四月三日，身体不适，请徐树民前来诊病。

◎四月九日，因担心书信遗失，致信刘向阳。

◎四月二十日，给刘向阳回信，谢其赠茶：

多谢赐茶

欣慰奚如

余志茶

独钟清清

亟盼来信

以解悬念

◎春夏之交,上海独立摄影师郑阳首次来访。

先生也喜爱摄影,给我看过他年轻时在各国留影的很多照片,他说摄影最重要的是"构图、光线、细节",以及"要像哲学又不是哲学,要像诗又不是诗"。我给诗人拍过一些黑白肖像,他喜欢,而最喜欢的,还是那双手的照片。诗人说:"你把肖像拍成和这双手一样,就可以了。"以后我与先生每次见面,都会带上相机,为先生拍摄。先生告诉过我:"以前是国外的摄影师为我拍摄,现在让你给我拍摄,你要超过他们呀。"而在得知我的上海工作室依据诗集《巴珑》而起名为"巴珑艺术",先生亲笔为我题了字,这是他赠予我最珍贵的礼物。

熟悉先生的朋友都知道,他是一位非常幽默的人,与人聊天,笑话可以说几十个,读者胡贝和我提过,有次他与先生聊天,笑得从沙发上跌落下来,先生说他沉船了啊。多有意思的话。我还听黄帆说,有次聊到我,先生说是那个哈利·波特吧。原因是我戴着一副圆眼睛。

从二〇〇九年到二〇一一年,我每年两三次去乌镇,先生喜安静,我也不想太多打扰到他。平时先生基本不出门,只在家中写作、绘

编年

画,属于一位艺术上的隐士,生活则由两位青年管家代威与杨绍波照顾。……先生教了代威绘画,现在先生已故,而绘画手艺由代威得到传承,是我们读者很高兴见到的事情。(郑阳:《忆木心先生》,《木心纪念专号:〈温故〉特辑》,刘瑞琳主编,桂林:广西师范大学出版社,2013年,127页)

◎五月,《爱默生家的恶客》由广西师范大学出版社出版。篇目:一辑《圆光》《草色》《你还在这里》《烟蒂》《末班车的乘客》《七克》《街头三女人》《马拉格计划》,二辑《大西洋赌城之夜》《恒河·莲花·姐妹》《爱默生家的恶客》,三辑《韦思明》《大宋母仪》,附录《诛枭记》。

◎八月二十六日,徐宗帅偕同美国朋友受潘其鎏之托,前往乌镇拜访木心,不遇。

◎九月十二日,患呃逆,请徐树民前来诊病。徐树民嘱咐如中药无效,可服参。

◎十月十三日,致电徐树民,说服参后果然见效,准备一整个冬天均服参。

◎年底,读者赵国君在北京组织了两场木心诗歌朗诵会。

◎是年,在与童明联系时提议将中文版短篇循环体小说集命名为《豹变》(按:此书由童明编选,广西师范大学出版社2017年10月出版)。两人达成共识,认为《豹变》与海明威的《在我们的时代》在结构原则上不谋而合。

二〇一〇年 八十四岁

◎一月一日,身体不适,请徐树民前来诊病。徐树民为之处膏方:

高年矍铄逾恒,自是松柏之姿。夜尿较多,肾气未免不足。酌投膏方,以助闭藏:红参、西洋参、杭白芍、净萸肉、当归身、茯神、熟枣仁、枸杞子各一百克,细生地、淮山药各一百二十克,炒白术二百克,补骨脂六十克,远志、五味子、炙甘草三十克,另阿胶、冰糖各二百五十克。

◎六月二十八日,给周乾康回电子邮件,附简历一份:

木心,原名孙牧心,一九二七年二月十四日生,自小读私塾,接受严格家教。十七岁赴上海美术专科学校学习绘画,后就学杭州艺专,师从林风眠。一九四九年,木心任杭州绘画研究社社长,一九五一至一九六一年,历任全国性展览美术设计工作,一九八〇年,任上海工艺美术协会秘书长,同年,木心的画作获日本神奈川县春季美术大展首奖。

一九八二年,木心移居纽约。一九八三年,在纽约林肯中心国家画廊举办水墨画展,一九八四年,在哈佛大学亚当斯阁举办水墨画展及木心绘画收藏仪式。二〇〇一至二〇〇三年,罗森克兰兹基金会和芝加哥大学联合举办"木心的艺术"巡回画展,在欧美艺术界引起巨大反响,《纽约时报》《华尔街日报》《美国艺术》等报刊纷纷撰文评论。此次展出的三十三幅画作后由耶鲁大学博物馆收藏。二〇〇三年,耶鲁大学出版社出版评论木心绘画和文学成就的专辑画册,好评不断,被列为"五星级"杰作。

木心在文学领域亦成就斐然。虽然其早期作品都毁于"文革",他到海外后又发奋创作,在欧美和港台的华文刊物发表大量文章,由此声名鹊起。台湾圆神、远流等出版社先后出版其作品十二集。木心在纽约还曾为中国艺术家和学者开办"世界文学史讲座"长达五年,深受颂扬,二〇〇六年,木心回故乡乌镇定居。迄今大陆已经出版的木心作品计有散文集《哥伦比亚的倒影》《琼美卡随想录》《即兴判断》《素履之往》;诗集《巴珑》《伪所罗门书》《诗经演》《云雀叫了一整天》《西班牙三棵树》《我纷纷的情欲》;小说集《温莎墓园日记》;问答录《鱼丽之宴》;《爱默生家的恶客》(按:散文集)等十多种。其时北京三联书店售书企划打出醒目标题"二〇〇六年是木心年"。

罗森克兰兹先生曾引用布克哈特一八六〇年描述"文艺复兴式人物"的话,借以称赞木心先生:"当这种高度自我实现的意愿与强健而丰沛的天赋结合,并精通一个时代的文化的各种要素,一个'全方位的人',一个通达世界精神的人(homouniversale)应运而生……"木心,是这样一位世界性的艺术家。

◎八月,《木心画集》由广西师范大学出版社出版。

◎八月三十日,读者匡文兵来访。

◎是年夏,童明来访,带来《空房》清样。

后来,木心的健康每况愈下,我建议他让一步。……二〇一〇年夏,我去乌镇,带去清样。木心双手接过,显然很兴奋:"来来来,让我看看这些混血的孩子。"翻看一阵之后,木心缓缓说了一句:"创作是父性的,翻译是母性的。"我心里一热。(童明:《代序》,《豹变》,木心著,桂林:广西师范大学出版社,2017年,32—33页)

◎九月,理想国在北京举办第一届文化沙龙,拟请木心前往参加活动,木心起先答应,后因故终未成行。

二〇一〇年九月,我们在北京办第一届理想国文化沙龙。跟活动策划人梁文道商量敦请木心先生从乌镇来北京,与读者见面。先生一度答应。但最后出于身体原因,没能成行。[刘瑞琳:《他没有说话:木心美术馆开馆典礼致辞》,《木心研究专号(2016):木心美术馆特辑》,木心作品编辑部编,桂林:广西师范大学出版社,2016年,37页]

本月,曹万生主编的《中国现代汉语文学史(第二版)》由中国人民大学出版社出版,该书第六编第二节"旅外华人现代汉语散文"中对木心的散文创作进行了简要论述。

◎十月,广西师范大学出版社编辑曹凌志来访,商量新作品集出版事宜,精神状态很好,还打算出自己的照片集。

◎十月三十日，答豆瓣网友问。

◎秋，身体出现明显而急骤的衰弱。

明显而急骤的衰弱，始于二〇一〇年秋，先生虽无触目的病象，但已极度衰老，形销骨立。他瘦伶伶盘踞着他的座椅，默然不动，不再如过去那样悉心打理自己；勉力启唇，出声轻哑，惟目光灵动潮润，如孩子般来回仰看我们。稍有起坐走动，是必须两位侍护的青年，小代、小杨，左右搀扶了。[陈丹青：《守护与送别：木心先生的最后时光（上篇）》，《木心纪念专号：〈温故〉特辑》，刘瑞琳主编，桂林：广西师范大学出版社，2013年，150—151页]

◎十二月，经陈丹青牵线，接受美国独立电影制片导演弗朗西斯科·贝罗和蒂姆·斯丹伯格为其录制纪录片，前后相处十天。据两位导演回忆：

我们曾在二〇一〇年十二月幸运地见到木心并采访了他，他在我们心中是世界上最杰出的艺术家之一，有幸见过木心的人都曾被他感染，而对于大多数没有见过他的人来说，他的作品传达的感染力是同样强烈的。事实上他养成了的那种低调，给他带来了一种令他舒服的距离，因为他坚信福楼拜的信条：呈示艺术，隐藏艺术家。在我们亲眼见到木心之前，我们曾听说他不一定会那么耐心，但我们从未感觉到这些，他很生动、爽朗，在各种话题中跳跃，并机智地与我们说笑。

他自由地从东西方文学和艺术传统中举例,在对话中穿梭于古典和现代之间,他谈起这些的时候有一种令人难以置信的轻松。木心的脸几乎没有皱纹,他的眼神明亮又开阔,并没有表现出他的年龄或他的那些遭遇给他刻下的东西。是的,他会同我们讲起他的过去,但他真正想同我们说的是他依然在创作。对木心来说,最重要的是,他这样告诉我们,是对得起少年时他对艺术所做的承诺。在历经了六七十年代的牢狱和之后远走美国初期的拮据,他千万里回到中国,依然怀着热情继续写、继续画,直到生命最后一刻。他是一个真正的艺术家,一个美妙的人,他上了一堂课:他告诉我们如何在阴影和逆境中对待生活,他向我们展示了使用你的自由去做些什么比空谈更重要。(弗朗西斯科·贝罗、蒂姆、斯丹伯格为"木心先生乌镇追思会"写来的信,《木心纪念专号:〈温故〉特辑》,刘瑞琳主编,桂林:广西师范大学出版社,2013年,27—28页)

本月,收藏家弗里德·高登来访。

本月,台湾《印刻文学生活志》总编辑初安民与小说家骆以军来访,协商在台湾出版《木心文集》事宜。

本月,杨泽来访。

◎十二月二十九日,匡文兵再次来访。

◎是年,童明来访,带来由其翻译的散文体小说集《空房》样稿。

二〇一一年 八十五岁

◎四月,某日郑阳来访,最后一次接受其摄影。

◎五月三日,答豆瓣网友问。

◎五月十九日,身体不适,最后一次接受徐树民诊病,临别时赠其一册《木心画集》。

自从二〇〇九年二月九日为木心诊病以来,我一共为木心看病八次。第一次见面,是那年的元宵节。虽然木心先生年事已高,但除了脾肾之虚外,并无大恙。所以所开方子多以滋补为主。同年年底,木心多次打嗝,于是来电咨询。我嘱咐他多服红参,果然见效。不久又打电话来,笑着说要服一个冬天。先生喜爱屈原,喜爱杜甫,从内在来说,他是一个悲观主义者。我在为木心诊病之余,也与他交流古典诗词,并对其古诗词的造诣颇为叹服。木心先生因心肺衰竭过世。我也认为,先生身体内虚,属于老熟。(朱梁峰、陈苏:《木心最后的日子》,《嘉兴日报》,2006年10月7日)

◎五月,童明翻译的小说集《空房》在美国由新方向出版社出版,共十三篇。目录为:《童年随之而去》《夏明珠》《空房》《芳芳No.4》《地下室手记》《西邻子》《一车十八人》《静静下午茶》《同车人的啜泣》《魏玛早春》《圆光》《明天不散步了》《温莎墓园日记》《译后记》。

◎七月,陈向宏面告美术馆方案年内将启动,在陈丹青、林兵等陪同下前往西栅探看场地，选定美术馆馆址。

按：美术馆原本打算建在乌镇东栅晚晴小筑北面，陈向宏为此专门买了二十亩地，后因木心觉得不理想，改建在西栅元宝湖畔。

我们因为美术馆选址的问题也纠结过。因为木心在世，他住的房子后面不好动工。看着他身体越来越虚弱，我心里就很着急，应该先做美术馆的设计方案，还是先选址。

我想到西栅的大剧院边上那块地不错，就和丹青推着轮椅，陪着木心去让他瞧瞧。他跟我说："向宏啊，就在这个地方建美术馆。"我说："先生，那就离您东栅的故居太远了。"说不要紧，这正呼应了他给故居题的那个堂匾：卧东怀西。卧东，是指他的故居在东栅，怀西，指的是西栅；还有一层意思，他是东方的，但他精神世界的一部分又来自西方，而他文学艺术的成就是世界性的。

接着他问我："有没有可能我死后也葬在那个美术馆里面？"我回答他可以。他还说土葬是不可以了，骨灰应该没问题。那天他很开心，少有的开心。（陈向宏：《将先生请回乌镇》，《木心：告别与重逢》，为《生活月刊》第121期别册，张泉主编，2015年12月，36—37页）

本月，童明来访。

◎八月，带病接见两位读者。

◎九月，两次会见林兵和冈本博，就美术馆的设计进行了沟通。

给两人看了自己的画作，谈了自己早年在上海和美国的经历。亦谈及贝聿铭。

二〇一一年的九月，我们曾两次拜会木心，与他就美术馆的设计进行了沟通。木心没有提出具体的设计要求，然而在他炯炯有神的目光中，我们可以感受到他的期待。先生给我们看了他的画作，谈及了早年在上海和美国的经历，谈及了他的好友、我们的导师贝聿铭先生，他希望我们放开手设计，"吓他一跳"。（林兵：《木心美术馆》，《建筑学报》，2016年第12期，41页）

◎十月，阿历克珊德拉·梦露、弗里德·高登来访。

◎十月下旬，在李春阳夫妇陪同下第一次入住桐乡第一人民医院，本意是医治白内障，体检时发现得的是"房室传导阻滞二度Ⅰ型病"。院方下病危通知，迅即转往心脏专科。经医治，各项数据迅速回升，复检趋近正常，吵着回家。回家后渐能起坐饮食，谈笑如故。

◎十月、十一月间，先后两次与建筑师林兵和冈本博沟通木心美术馆的设想，陈丹青、陈向宏在侧。

◎十一月八日，开始说胡话，陈向宏安排医生前来诊视，得出结论：肺部感染，导致脑缺氧，脏器功能失效、衰竭。

◎十一月十五日，经劝说入住桐乡第一人民医院住院部十二楼十一号病房。

◎十一月十六日，陈丹青、黄素宁夫妇赶到桐乡陪护，陈丹青受林兵委托将美术馆设计稿带给木心审阅。

十一月十六日黄昏,我与内人从杭州机场赶到桐乡医院,直趋先生床前。没想到他抬脸说出的第一句话是:

"海盗呢!他们走了吗?"

我本能发笑,同时心神纷乱:先生谵妄了!来路上关于对应先生病重的仓促想象,当下失效:现在他也成了我不认识的人。

"打走了!全部打走了!"我们俯向他,高声应答,如骗小孩,同时我迅速镇定自己,预备接手这骤然陌生的经验。他靠靠好,神情将信将疑:"哦,原来这样……"

今天,上午,先生又开始与我絮絮说话,是昔年对谈时的熟悉目光,忽然,"你是谁?"我永难忘记那一瞬。

"我是丹青啊!"我冲他吼叫,因这声叫而发急,另一念同时到位:完了,先生要死了……他微微一愣,神色转而舒缓。我仍不能确定他是否认出。片刻,如他交代自以为要紧的意思时,悠然转用浙沪口音的普通话,平静而清楚地说:

"那好……你转告他们,不要抓我……把一个人单独囚禁,剥夺他的自由,非常痛苦的……"[陈丹青:《守护与送别:木心先生的最后时光(上)》,《木心纪念专号:〈温故〉特辑》,刘瑞琳主编,桂林:广西师范大学出版社,2013年,149—150页]

幸运的是,当先生第二次住院时,林兵委托我将设计稿带给先生看，这是大礼物，是先生期待多年的事。大家知道，先生中年长期从事设计，懂行，很挑剔。可是他老病后，意识不清楚了，甚至不认识我。第二天他认出了，我就把设计图给他看，像哄小孩一样，我说，这是什么，你知道吗。他看了很久，说，我看见一顶桥。我说你再看看，他说：很好看。我说：这顶桥跟你什么关系？他说：什么关系？是美术馆吗？我说，这就是木心美术馆。他凝神看了很久，慢慢慢慢想起来：这就是他想象的那个美术馆。他说：哦，这么好啊——我可以去死了。(《木心先生乌镇追思会》,《木心纪念专号：〈温故〉特辑》，刘瑞琳主编，桂林：广西师范大学出版社，2013年，15页)

◎十一月十七日，陈丹青为木心写素描数张。

◎十一月十九日，读者樊小纯请三位上海的医师到桐乡为木心会诊，各事心脏、呼吸、神经科。会诊结论不容乐观。

◎十一月二十九日，陈丹青再次赶到桐乡，停留三天。王韦、黄帆、仲青、代威、杨绍波、黄秋虹等陪护。

◎十二月一日，与陈丹青最后一次交谈。中午，签署遗嘱委托陈丹青和陈向宏代理遗稿和美术馆诸事宜，同时与陈向宏共同委托陈丹青出任美术馆馆长。

期间我与向宏经历了艰难的故事：先生必须完成后事的嘱托，签署文件。入院前，他的手书遗嘱笔迹颤抖，才几行字，未及写完。现在作难的是：他几时清醒？我不想描述详细的经过，终于，到那一刻，他很乖,被扶起后,凛然危坐,伸出手,签名有如婴儿的笔画,"木"与"心"落在分开的可笑的位置,接着,由人轻握他的手指,沾染印泥——先生从来一笔好字啊,人散了,我失声哭泣,哭着,这才明白自己积久的压抑。[陈丹青:《守护与送别:木心先生的最后时光(上)》,《木心纪念专号:〈温故〉特辑》,刘瑞琳主编,桂林:广西师范大学出版社,2013年,160—161页]

◎十二月五日,转到二楼重症病房,生命靠输液维持。

◎十二月六日,心律和血压一度急骤下降,经短暂抢救,数据恢复。之后呼吸完全依赖机器。

◎十二月月初,杭州的一位呼吸科资深大夫前来诊视,结论如出一辙。病重期间,十余位从纽约、北京、湖南、湖北、广西、江苏、山东、浙江、河南、安徽、上海等地自发赶来的读者到医院守护,直至木心去世。

◎十二月十五日,陈丹青回到北京,开写讣告。

◎十二月十六日,荣获《南方人物周刊》评出的五十位"年度魅力人物"之一,陈丹青在北京代为领奖。

◎十二月二十一日凌晨三时,病逝于桐乡市第一人民医院,享年八十四周岁。下午,由海内外二十余位知名文艺界人士组成的木心先生治丧委员会对外发表讣告。

木心先生讣告

二〇一一年十二月二十一日凌晨三时，诗人、文学家、画家木心先生在故乡乌镇逝世，享年八十四岁。木心，本名孙璞，字仰中（按：木心字玉山，仰中为其少年时曾用名，而非字），一九二七年生于浙江乌镇，自幼迷恋绘画与写作。一九四八年毕业（按：应为肄业）于上海美术专科学校，之后任教上海浦东高桥中学（按：应为上海市育民中学，位于上海高桥）五年。五十至七十年代，任职上海工艺美术研究所（按：木心于一九七八年到上海工艺美术研究所任职），参与人民大会堂及历届广交会设计工作。画余写作诗、小说、剧作、散文、随笔、杂记、文论，自订二十二册，"文革"初全部抄没。"文革"中被非法监禁期间，秘密写作，成狱中手稿六十六页。出狱后，继续作画。一九八二年远赴纽约，重续文学生涯。一九八六年至一九九九年，台湾陆续出版木心文集共十二种。一九八九年至一九九四年，为旅居纽约的文艺爱好者开讲"世界文学史"，为期五年。二〇〇三年（按：应是二〇〇一年至二〇〇三年），木心个人画展在耶鲁大学美术馆、纽约亚洲协会、檀香山艺术博物馆巡回。二〇〇六年，木心文学系列首度在大陆出版，始获本土读者认知。同年，应故乡乌镇的盛情邀请，回国定居，时年七十九岁（按：系周岁）。二〇一〇年（按：应是二〇一一年五月），木心散文体小说集《空房》英文版在美国出版。年底，纽约独立电影制片导演赴乌镇为木心先生录制纪录片。二〇一一年秋，因肺部感染入桐乡第一人民医院，经乌镇当地领导妥善安排，竭力救治。木心先生没有眷属子女，病重期间，青年读者十余人自纽约、北京、湖南、湖北、广西、江苏、山东、浙江、河南、安徽、上海等地自行来到桐乡医院守护，直至先生终告不治。木心先生遗体告别仪式将于二〇一一年十二月二十四日上午十点在桐乡殡仪馆举行。同日下午，于乌镇西栅昭明书院举行木心先生追思会。先生灵堂，设于乌镇东栅木心故居，自十二月二十四日起开放给前来祭悼的各界人士。谨此讣闻。

木心先生治丧委员会
二〇一一年十二月二十一日

木心先生治丧委员会名单：

陈向宏　　浙江桐乡乌镇旅游开发有限公司总经理
刘瑞琳　　广西师范大学出版社总编辑
王　韦　　华润总公司高级国际商务师，木心先生外甥
童　明　　美国加州大学文学史教授
巫　鸿　　芝加哥大学美术史教授
阿历克珊德拉·梦露　　纽约古根海姆美术馆亚洲部主任
大卫·森萨博　　耶鲁大学美术馆馆长
林　兵　　OLI建筑设计事务所"木心美术馆"设计师
冈本博　　OLI建筑设计事务所"木心美术馆"设计师
刘　丹　　画家
陈丹青　　画家
陈　村　　作家，上海作家协会副主席

孙甘露　　作家

小　宝　　作家，评论家

牛陇菲　　音乐学家，国学家

梁文道　　香港媒体人，评论家，作家

初安民　　台湾出版人

杨　泽　　诗人，台湾《中国时报》副刊主编

蔡康永　　台湾媒体人

骆以军　　台湾作家

孙　郁　　中国人民大学文学院院长，原北京鲁迅博物馆馆长

李春阳　　中国艺术研究院副研究员

李　静　　《北京日报》高级编辑，文艺评论家

陈子善　　上海华东师范大学文学史教授

赵国君　　中国律师观察网总编

弗朗西斯科·贝罗　　纽约独立制片电影导演

蒂姆·斯丹伯格　　纽约独立制片电影导演

代　威　　木心晚年的侍护青年

杨绍波　　木心晚年的侍护青年

◎十二月二十四日上午九点至九点四十分，木心遗体告别仪式在桐乡殡仪馆举行。同日下午三点至七点一刻，木心先生治丧委员会在乌镇西栅昭明书院举行追思会。其灵堂设于乌镇东栅木心生前住所晚晴小筑，本日起向前来祭悼的各界人士开放。

二〇一二年

◎七月,台版《木心作品集》(十三册)由台湾INK印刻文学陆续出版。包括:

《西班牙三棵树》《我纷纷的情欲》《巴珑》《伪所罗门书:不期然而然的个人成长史》《云雀叫了一整天》《诗经演》《琼美卡随想录》《即兴判断》《素履之往》《哥伦比亚的倒影》《爱默生家的恶客》《鱼丽之宴》《温莎墓园日记》。

二〇一三年

◎一月,木心口述、陈丹青笔录的《文学回忆录》由广西师范大学出版社出版。

◎二月,刘瑞琳主编的《木心纪念专号:〈温故〉特辑》由广西师范大学出版社出版。

同月,台湾《印刻文学生活志》第一一三期推出"木心纪念辑"。

◎十月,木心讲述、陈丹青笔录的《文学回忆录》由台湾INK印刻文学出版。

◎十二月十四日,由《新周刊》杂志主办、乌镇旅游股份有限公司联合主办的"乌镇·二〇一三中国年度新锐榜"颁奖礼在乌镇举行,《文学回忆录》荣获年度图书奖。陈丹青率领所有参与整理《文学回忆录》的理想国编辑出席颁奖礼并领奖。此行，理想国编辑在乌镇首次开始整理木心遗稿。

授奖词：

一部大书思接古今，文洽中外，慧融哲史，是文学嘉谈，更是艺术教养。让卡夫卡与林黛玉相遇，请老子与耶稣同席；列国伟大文艺家，如同作者家中常客，历来不朽思想者，恰是先生座上良朋。四十万字《文学回忆录》，复活一个语睿心长的木心，接续"民国"最后的智者风范。为时代注入涓涓细语，替浅阅读的新媒体环境加上深深辞章。读完之后你会发现，原来我们真的什么都不知道。

◎是年，由童明翻译的《SOS》发表于纽约《布鲁克林铁轨》杂志。同年十月，该文获得 Pushcart 文学奖提名。

二〇一四年

◎一月，桐乡市梧桐阅社编的《梧桐影》第五期"木心纪念专辑"出刊。

◎二月，刘瑞琳主编的《木心逝世两周年纪念专号：〈温故〉特辑》由广西师范大学出版社出版。

◎五月二十五日，木心故居纪念馆举行开馆典礼，正式对外开放。

纪念馆坐落于乌镇东栅财神湾一八六号，由生平馆、绘画馆、文学馆组成，展出木心生前的照片、画作、手稿和遗物。

二〇一五年

◎二月，刘瑞琳主编的《木心逝世三周年纪念专号：〈温故〉特辑》由广西师范大学出版社出版。

◎二月十八日，木心诗作《从前慢》经青年音乐人刘胡轶谱曲，作为歌曲类节目登上二〇一五年央视春晚。歌曲由歌手刘欢演唱，小提琴家吕思清和钢琴家郎朗伴奏。

◎八月，木心讲述、陈丹青笔录的《木心谈木心：〈文学回忆录〉补遗》由广西师范大学出版社出版。

同月，李劼著《木心论》由广西师范大学出版社出版。

◎九月，童明选编的《木心诗选》由广西师范大学出版社出版。

◎十一月，夏春锦主编、梧桐阅社编的《爱木心：〈梧桐影〉特辑》由山东画报出版社出版。

◎十一月十五日，木心美术馆举行开馆典礼，陈丹青出任馆长。木心美术馆坐落于乌镇西栅，总占地面积六千七百平方米，由纽约OLI事务所冈本博、林兵设计督造，由文化乌镇股份有限公司出资，巨匠建设集团有限公司施工，全程历时四年；馆内设计与布展，由OLI设计师法比安主持，为期一年半。木心美术馆是在桐乡市民政局注册登记的民办非企业单位，致力于纪念和展示木心的毕生心血与美学遗产，设五座永久性专馆，长期陈列木心作品，由绘画馆、文学馆、狱中手稿馆及影像厅组成。另有一个阶梯图书馆和两个特展馆，特展馆将不定期推出对木心构成重要影响的世界性艺术家年度特展。

本次开馆还特意安排了《尼采与木心》和《林风眠与木心》两个特展。其中《尼采与木心》特展经中国驻德国大使馆文化参赞陈平协助交涉，得到德国尼采基金会、瑙姆堡尼采文献档案中心、魏玛古典基金会、歌德席勒档案馆、尼采学院、魏玛安娜·阿玛利亚公爵夫人图书馆的共同支持，提供尼采手稿四份、十九世纪原版著作二十一件、尼采肖像八件、死亡面模一件以供展览。此为尼采文献与文物首次来亚洲国家展示。展览日期从二〇一五年十一月十五日至二〇一六年三月二十日。十五日晚还举行了题为《我不是人，我是炸药》的尼采情景朗诵会，由魏玛尼采学院院长鲁迪格·施密特·格雷帕伊导演，德国演员保罗·恩克、上海电影译制厂演员丁建华主演，上海音乐学院教师谢亚双子钢琴伴奏。

《林风眠与木心》特展得到上海中国画院支持，借出林风眠十件原作，与木心五件画作及《双重悲悼》原稿同堂展示，以此缅怀这对师生的绘事与行谊。展览日期从二〇一五年十一月十五日至十二月十五日。

二〇一六年

◎二月十四日，木心美术馆于阶梯图书馆举行《木心先生诞辰八十九周年纪念音乐会》。参与本次音乐会表演的音乐家有：首都师范大学音乐学院教授高平、四川音乐学院声乐二系副教授张怡、长笛演奏家翁斯贝、法国音乐家朱力安、上海音乐学院教师谢亚双子。其中高平钢琴伴奏，由张怡演唱了高平作曲的木心诗作三首《湖畔诗人》《论拥抱》《旋律遗弃》。

◎十月二十一日，木心美术馆举行二〇一六年度特展《莎士比亚与汤显祖》，展出由英国皇家莎士比亚剧团、遂昌县汤显祖纪念馆、苏州昆曲博物馆、嘉兴市图书馆等机构借出的老戏服、汤显祖画像、朱生豪手稿等。此外还有伦敦大英图书馆提供的大量历史图像和BBC广播公司以莎士比亚为主题制作的大型专题影像。展览时间从二〇一六年十月二十一日至二〇一七年三月十九日。二十一日晚还于乌镇国乐剧院举行了《莎士比亚戏文朗诵会》，由演员濮存昕导演并领衔，由央视新闻主播李梓萌主持，演员宋春丽、任志宏、陈小艺、胡军、罗巍、王文洁、徐涛、师春玲、赵岭分别朗诵了莎士比亚名剧的经典片段。演出结束后，在木心美术馆阶梯图书馆举行"我的莎士比亚和汤显祖"主题对话，由《南方周末》副主编方阳主持，演员濮存昕、越剧演员茅威涛、清华大学教授沈林、木心美术馆馆长陈丹青分享了各自的心得。

◎十二月二十日，木心美术馆年度特展《〈圣经〉版本展》对外开放。

◎十二月二十一日，木心美术馆于乌镇大剧院举行《木心音乐首演》，以此纪念木心逝世五周年。此次音乐会由首都师范大学音乐学院教授高平和上海音乐学院管弦系副教授陈卫平合作演出，其中包括木心原稿《未题》以及经高平编译与再创作的钢琴曲《未题》、钢琴与大提琴曲《叙事曲一号》。

如 偈

木心

艺海如宦海

沉浮五十年

荣辱万事过

贵贱一身兼

我亦飘零久

移樽美利坚

避秦重振笔

抖擞三百篇

问君胡能尔

向笑终无言

楼高清入骨
山远淡失巅
人道天连水
我意水接天
肝胆忽相照
钟鼎永传衍
会当饮美酒
顾盼若神仙
被服纨与素
辊辌致而坚
窥户多魑魅
幕重岂容见
晚晴风光好
大梦觉犹眠
每忆儿时景
莲叶何田田

附录

自制年表一

中国岁月

1927年-1935年	乌镇	9岁	
1936年	绍兴	10岁	
1938年	嘉兴	12岁	
1943年	乌镇	16岁	
1943年秋	嘉兴	"	
1944年春	杭州	17岁	
1945年初-48年夏	上海	19岁-21岁	美专
1948年秋	台湾		
1949年初	杭州	22岁	香港
1949年5月-7月	文工团	"	温州
1950年初-8月	杭州	24岁	省立杭子
1950年夏-冬	莫干山	"	
1951年初-8月	上海	25岁	江湾
1951年秋-1956年7月	上海	30岁	高桥镇民中学
1956年7月-12月	"	"	第二有等所
1957年初-12月			设计展览会
1958年秋-冬	北京	32岁	全国农展
1959年春-秋	"	33岁	全国工业展
1960年-1962年	上海	36岁	美术模型厂
1963年-1965年	"	39岁	广告公司
1966年-1968年		40-42岁	模型厂
1968年7月-12月	"	"	部安分局
1969年1月-1970年7月	"	44岁	在奉贤
1970年8月-11月	"	"	奉贤阴雀写生
1970年12月-71年9月		45岁	在地毯厂 "

附 录

1970年12月-72年2月　上海　46岁　在绣品厂阳台
1972年3月-72年6月　〃　　　　　在本厂防空洞阳台
1972年6月-1979年底〃　53岁　在本厂劳政
1980年初-81年秋　〃　56岁　工艺美绣展绣会
1981年-1982年7月　〃　67岁　工艺美术协会
1982年8月下旬离国中国

自制年表二

1927年-35年	在乌镇	一至九岁	十年
1935年-36年	在杭州	十岁	
1937年-38年	在绍兴	十二岁	
1939年	在乌镇	十三岁	
1940年	在嘉兴	十四岁	十年
1941年	在乌镇	十五岁	
1942年秋	在嘉兴	十六岁	
1943年春-45年底	在杭州	十七岁	
1946年初	进上海美专	十九岁	
1948年9月	到台湾	廿二岁	
1949年初	回杭州	廿三岁	
1949年5月-7月	参加文工团	"	
" 年8月			十年
1950年	杭州皮市巷	廿四岁	
" 年初-8月底	浙江省立杭高	"	
" 年9月-12月	莫干山	"	
1951年1月-8月	到台湾	廿五岁	
1951年秋-1956年7月	高桥育民中学	三十岁	
1956年7月-12月	第二育才所	"	
1957年	上海设计展览会	三十一岁	
1958年秋-冬	北京农展	三十二岁	
1959年春-秋	北京工、农展	三十三岁	十年
1960年-62年	上海美术模型厂	三十六岁	
1963年-65年	上海外贸、广告、郑州	三十九岁	
1966年初-5月	全入上模厂	四十岁	
" 年6月			
1968年7月-12月	上海静安分局看守所	四十二岁	

附　录

日文简历

木　心

杭州絵画研究社　社長
上海市工芸美術品展覧会總設計師
上海市工芸美術家協会　秘書長
上海市交通大学美術理論　教授
期刊紙〈美と生活〉編集主任

略歴

中国浙江に生まれる
上海美術学校卒業

1980　神奈川美術家協会主催による第21回県展
　　　（公募展）に招待作家として出品．
　　　水墨画6点が金賞を授賞．更に、日本美術家
　　　協会に招待作家として選ばれる．
1981　香港の期刊紙〈中報〉の表紙に作品が掲催
　　　される．又、同誌に〈木心の作品選〉そして
　　　インタビュー記事〈木心先生訪問記〉が紹介される．
1982　渡米．現代美術の動向を探る去旨．
1983　第47回神奈川県展に、招待作家として出品．
　　　不透明水彩を用いた水彩画2点が
　　　日本芸術新聞社賞を授賞．
　　　同年9月、10月．水彩画9点が〈I.M.A.展〉
　　　（インターナショナル．モダンアート協会の主催による）に
　　　選ばれる．同展は、パリ、東京、横浜を巡回し
　　　開催された．
1984　〈中国時報〉アメリカ版．香港の日刊紙〈芸術〉
　　　台湾の雑誌〈芸術家〉に、木心の作品が紹介
　　　され．そしてそれらは一様に、彼の独特な作風は
　　　世界の美術の動向の中で特異な所に位置していると、
　　　高く評価している．

代 跋
追寻那个黑暗中大雪纷飞的人

木心是谁？木心有小诗《我》：我是一个在黑暗中大雪纷飞的人哪！木心还有俳句：你再不来，我要下雪了！木心，就是那个生前、死后，似乎都在一片迷离的大雪之中的人。

当年美国电影人拍摄的纪录片，木心行走在大雪之中的孙家花园的画面，想必留给许多人深刻的印象。是的，木心与雪，就是那么切合，所谓纷纷飘下，更静，更大……后来偶遇主人离去的孙家花园，也曾细细思量，那一场乌镇的雪，呈现了什么？退隐了什么？

事到如今，想要追寻木心其人，也只有到那遗存下来的文字符号当中了。木心的遗稿，再三论说作者与读者的关系：分明隔着代沟，却又是忘年交，相隔百年千年，可以一见如故。确实如此，想要从那么多的文字符号之中，再来拼成一个近似完整的故人木心，有这么一份痴心痴情的人，想必也有不少了吧？其中的痴，引一句古人的话：今夜故人来不来？教人立尽梧桐影！

木心再三说过，他坚信福楼拜的信条：呈现艺术，退隐艺术家。关于艺术家与艺术的关系，木心最欣赏的哲学家尼采曾在《艺术的背后》一文中说道："无论艺术家幕后、背后的工作是如何艰辛，但他呈现的艺术作品应当给人这种印象，这是优秀的艺术家和艺术作品的一个标志，当人们通过艺术品来设想艺术家时，一定要使人们把艺术家想象成一个在艺术上充满力感的人，由于这种力感，他从容不迫、举重若轻。"是的，艺术家在艺术中所呈现出来的，有时候与其人惊人的一致，有时候却会决然相反，仿写一句木心似的话：举重若轻，轻也就是轻给人家看看而已。

再说木心，也不是一个绝口不谈自己的人，《木心谈木心》则是与友人谈自己，以及自己的作品，其中就说：写写虚的，写实了；写写实的，弄虚了。艺术就是在虚与实、真与幻之中存在。木心不写回忆录，或者说只有一部曾经想写终于没有写出来的回忆录，在《海峡传声》一文里回忆当初想写的《瓷国回忆录》，传记性，应归小说类。其实已经写成的诸如《此岸的克利斯朵夫》《战后嘉年华》之类，也应如是观。

其实，木心本人也是极其喜欢读艺术家的回忆录、传记之类的，比如尼采，喜欢读其自传《瞧！这个人》，也喜欢丹尼尔·哈列维的《尼采传》。据《战后嘉年华》中的回忆："杭州旧书店多多，多到每天只要我出去逛街，总可以选一捆，坐黄包车回来，最嗜读的是'欧洲艺术家轶事'之类的闲书，没有料到许多故事是好事家捏造出来逗弄读者的，我却件件信以为真，如诵家谱，尤其是十九世纪英、法、德、俄的文学家音乐家画家的传记,特别使我入迷着魔。"当年的木心,就是在这些亦真亦幻的"轶事"当中学习做那种知易行难的艺术家,作油画,学钢琴……多年以后的某一天,木心靠在窗栏上凝望慢流的河水,还想起那些轶事、传记中的艺术家:"他们的不幸,也还是幸。"不知后来的木心,是否也是如此看待自己?

木心与童明《关于〈狱中手稿〉的对话》之中就说:"艺术家最初是选择家,他选择了艺术,却不等于艺术选择了他,所以必得具备殉难的精神。浩劫中多的是死殉者,那是可同情可尊敬的,而我选择的是'生殉'——在绝望中求永生。"木心在与李宗陶对话时也说:"我如此克制悲伤,我有多悲伤。历史在向前进,个人的悲喜祸福都化掉了。我对自己有一个约束:从前有信仰的人最后以死殉道,我以'不死'殉道。"这里提及一种精神,以及精神的伟大力量,也是木心在与许多人的对话之中再三提及的,平常还在思想死,到了危难之中则偏偏不想死了,一死了之,还是容易,向死的机会多,却要去挺过来,也只有挺了过来,方才不辜负艺术的教养。

所以说,木心,就是这么一位以不死殉道的艺术家,对于艺术的追求,最终在他自己的身上汇聚了一个时代的文化,成就了一个全方位的人。木心八十四岁时,给乌镇的周乾康先生的一份简历中提及,罗森克兰兹先生曾引用布克哈特描述"文艺复兴式人物"的话,借以称赞木心:"当这种高度自我实现的意愿与强健而丰沛的天赋结合,并精通一个时代的文化的各种要素,一个'全方位的人',一个通达世界精神的人应运而生……"是的,木心就是这样一位具有世界精神的艺术家，随着时光的流逝，他的这种定位，也将会越来越清晰起来。

二〇〇一年，内地的《上海文学》连载了木心的《上海赋》，陈子善先生在当年五月号的《上海文学》上介绍："木心者，何许人也？即便是研究中国现当代文学的专家，恐怕也感到很陌生吧。其实，他是享誉台港和美国华文文坛的著名散文家，只不过他一贯低调，专心绘画和作文，以至长期以来此间对他以艺术家的慧眼和心智，观察环境思索生命驰骋想象的隽永散文，几乎一无所知。"这也就是所谓的"文学的鲁滨逊"，直到读书界所谓木心年的二〇〇六年，内地的许多报刊都在争论这一形象，争论似乎还在持续下去。

同样也是二〇〇一年，"木心的艺术：风景画与狱中手稿"大型博物馆级全美巡回展于康涅狄格州纽黑文市耶鲁大学美术馆隆重开幕，预告手册上是这么介绍木心的："木心是二十世纪最不寻常的艺术家之一。一九二七年生于中国，见证了中国二十世纪历史中的起起伏伏……《狱中手稿》写于稍早'文革'期间他的单独禁闭。二者都展现了木心以理性生活战胜牢狱生涯的意志，他因此可以与中国文化与西方文化中的伟大历史人物自如交流。"这里呈现的是一个以艺术以及理性生活战胜牢狱生涯的斗士形象，这也许是西方人更愿意接受的。

木心逝世之后，为木心录制纪录片的两位美国导演在乌镇的追思会上回忆木心："他在我们心中是世界上最杰出的艺术家之一，有幸见过木心的人都曾被他感染，而对于大多数没有见过他的人来说，他的作品传达的感染力是同样强烈的。事实上他养成了的那种低调，给他带来了一种令他舒服的距离，……木心的脸几乎没有皱纹，他的眼神明亮又开阔，并没有表现出他的年龄或他的那些遭遇给他刻下的东西。是的，他会同我们讲起他的过去，但他真正想同我们说的是他依然在创作。对木心来说，最重要的是，他这样告诉我们，是对得起少年时他对艺术所做的承诺。在历经了六七十年代的牢狱和之后远走美国初期的拮据，他千万里回到中国，依然怀着热情继续写、继续画，直到生命最后一刻。他是一个真正的艺术家，一个美妙的人，他上了一堂课：他告诉我们如何在阴影和逆境中对待生活，他向我们展示了使用你的自由去做些什么比空谈更重要。"同样是西方人，在这两位曾经与木心朝夕相处十多天的导演看来，无论其人、其作品，都有着强烈的感染力，无论过去、现在，都在继续写、继续画，所以方才成就真正的艺术家，一个美妙的人。

诚如一千个读者眼里就会有一千个哈姆雷特一样，每个人看木心，都会有不同的认识。此处且摘录几则木心故乡人的记述。孔明珠《去乌镇见木心先生》："木心先生美丽阴柔，像一个老派的大家闺秀——不是老克勒，是大家闺秀，我等的祖母一类。看到这样的人，再想到其作品中对美近乎病态的热爱，想到的比喻是王尔德。这些是人间美的化身，美的儿子，存在先于本质，存在的本身就是目的，相比之下，那些作品有也好，没有也好，好也好，不好也好，都不重要。"戴卫中《"欢迎你再来！"》："他穿着很普通的灰黑的衣服，但很整洁，初看如常见的在家老人一样，但他坐下时和坐下后架势显示了他的儒雅风范。"徐树民《我第一次见木心先生》："他面容清癯，但精神很好,这时我脑际不觉浮现出王世贞形容李时珍的那几句话:晬然貌也,癯然身也,津津然谭议也,真北斗以南一人。"后来徐树民先生还说,从内在来说他是一个悲观主义者。这些回忆,也许都是管窥锥指,各有一得,然而他们最为关切的不是木心其文其画,而是其人,有时候甚至认为只要有其人的存在,就是好了;至于其文其画,有或没有,并不是那么重要,或者说其人其画就是因为其人的存在,而获得了存在的意义。

孟子说:"颂其诗,读其书,不知其人可乎?"艺术家需要适度的隐藏,从而呈现其艺术。然后真正要去懂得其艺术,还是要去懂得艺术家其人本身。在木心生前,就有木心的朋友介绍其人,如陈英德《也是画家木心》、巫鸿《读木心:一个没有乡愿的流亡者》;还有媒体人的访谈,如李宗陶《木心:我是绍兴希腊人》、陈晖《木心:难舍乌镇的倒影》、曾进《我不是什么国学大师》。在木心去世后,回忆木心的文字也就更多的了,如王韦《为文学艺术而生的舅舅》与《在天国再相聚言欢:追忆舅舅木心与姐夫郑儒鍼的交往》、曹立伟《木心片断追记》与《回忆木心》,以及沈罗凡《怀念孙牧心》、夏葆元《木心的远行与归来》、秦维宪《木心的人生境界》,等等。木心曾与台湾的读者林慧宜通信说:"二十年后,你写《木心评传》。"可见,木心还是希望他的读者、观众,能够知晓其人,懂得其人的。

或许曾经有过想为木心写上一部传记的木心的读者、观众也是极多,只是光有一份冲动,还是不够的。以文字符号拼出那个远去的故人,实在是一件吃力不讨好的事呢。然而还是会有人,一直在坚持。

比如这部《木心先生编年事辑》的编撰者夏春锦兄，他曾经说："随着读者对木心作品逐渐深入的探究，对其传奇的一生自然也会产生深度了解的欲望。这既是出于同情心与好奇心，也是理所固然，因为，理解的深度与广度，离不开对作者生平的了解，准确翔实的资料，于是成为首要的条件。事实上，木心一生际遇与他的作品，尤其是与他内心历程的关系，比一般文学家来得更其紧密、幽邃、深沉。"是的，探寻木心传奇的一生，不只是因为好奇，更是因为同情。同情之了解，正带着温情与敬意。

春锦兄追寻那个黑暗中大雪纷飞的人，读木心、写木心，都是在木心去世以后，而编撰这部书，也是近几年里的坚持。我佩服春锦兄的坚持，知晓这部看似举重若轻的小书背后的艰辛，每一片文字符号的得来都不容易，至于考证其中的虚实则更不容易，焊接得恰到好处，"那焊疤尤美"则更是难上加难。作为这部书的最早读者，我看着他从几千字到几万字，再到十几万字，由衷地感到高兴。高兴的是，一册在手，或可弥补作为木心的老乡，却不能与之成为忘年交的遗憾，透过纷飞如雪的文字符号，亦可与这位可亲可敬的故乡老人，一见如故了。

张天杰

自 跋

一

在介绍《木心先生编年事辑》的编撰之前,我得先说说我是怎么一步步走近木心的。这就得从头说起。

其实,起初的时候,我对木心并无甚感觉,曾多次在书店里,拿起他的书翻过几页后又放下了。一方面固然能感觉到他文风的与众不同,但其现代主义倾向的表达,令我读起来颇感吃力;另一方面,当时的媒体对木心颇有些吹捧,我向来冥顽不灵,对被热捧的人和书内心总不免有些抗拒,要与之保持一段距离。以致当他在世时,我没有想过要去见他一面;当得知他逝世的消息时,我亦麻木地没有去送他一程。这就是我对木心最初的态度。

之所以会多次拿起他的书,无非因为他是桐乡籍的前辈作家,而且那时就生活在离市区不远的乌镇。到桐乡后的很长一段时日,我的阅读视野就局限于地方,凡是与此有关的书人与书事,我都有进一步了解的欲望,其中自然就包括颇为耀眼的木心。这可能是与我的初来乍到有关,独在异乡为异客,不免会自觉地寻求一种认同感,想要在内心建构起一个文化的故乡。

也正因此,当我参与创办的读书民刊《梧桐影》编至第五期时,与其他几位编委一合计,决定要为已经去世两周年的乡先贤木心做一期纪念专辑。这是我们第一次做专辑,当时的定位是旨在推介木心,让更多的人了解和认识木心。既然如此,那就有必要在专辑中呈现一下木心的生平履历,对作家的身世如果一无所知,就作品谈作品我认为是肤浅的。

也许凡事皆有定数。起初我是请另一位编委来做这件事的,但由于他当时工作颇忙,在专辑临近截稿之际犹迟迟未能动手,无奈之下我只得临时替补,自己来完成。这首先给了我一次在短时间内硬着头皮翻阅(不是通读)一遍木心已出大陆版作品集的机会,既是带着目的的阅读,就难免有需要细读之处,也就不时会有会心处。而最先令我感怀的则是那些相对写实的篇章。

赶在杂志排版之前,我整理出了万余字的编年资料,为节省版面,删来减去,最后登出的就是那篇八千字的《木心编年纪要(初稿)》。这个纪要如今看来,尽管错漏不堪,却引发了我对木心本人的兴趣。待杂志顺利出刊后,我又对"纪要"进行了增补,至今已持续四年多的时间,这才有了今日的模样。

二

木心素来推崇福楼拜的"呈现艺术,退隐艺术家"之论,但笔者认为"知人论世"古有定论,基于深化研究的必要,整理其生平行迹

应是题中之义。关于这一点,我曾在《木心的一份"自制年表"》一文中做过简要的论述,因当时已经说得比较清楚了,现转录如下:

木心出国前的人生经历,读者、论者,至今所知甚少,已知的零星故事,或者不确实,或者不确定。随着读者对木心作品逐渐深入的探究,对其传奇的一生自然也会发生深度了解的欲望。这既是出于同情心与好奇心,也是理所固然,因为,理解的深度与广度,离不开对作者生平的了解,准确翔实的资料,于是成为首要的条件。事实上,木心一生际遇与他的作品、尤其是与他内心历程的关系,比一般文学家来得更其紧密、幽邃、深沉。

这一认识,随着我对木心作品的深入阅读,变得愈加坚定起来。后来我才得知,最早发现木心这一秘密的是台湾学者郑明娳。她说在木心的散文中,"总是流露出极度的个人色彩,强烈而鲜明的'我'随处可见",但他又"建筑了一些堡垒,把内心深处的东西潜藏进去"[1]。正是因为存在这种有意的"潜藏",了解木心的生平际遇及其当时的思想状况,就变得尤其重要。

其实这个问题在木心的其他文体中也普遍存在。比如我们在解读他那些带有鲜明自传性质的小说时,如何区分虚构与非虚构,成为一

---

[1] 郑明娳:《木心论》,《现代散文纵横论》,郑明娳著,台北:长安出版社,1986年初版,1988年再版,81页。

个十分复杂的问题。这可从木心自己的表述中看得出来:

　　我觉得人只有一生是很寒伧的,如果能二生三生同时进行那该多好,于是兴起"分身""化身"的欲望,便以写小说来满足这种欲望。我偏好以"第一人称"经营小说,就在于那些"我"可由我仲裁、做主,袋子是假的,袋子里的东西是真的,某些读者和编辑以为小说中的"我"便是作者本人,那就相信袋子是真的,当袋子是真的时,袋子里的东西都是假的了。①

　　当我们在理解木心的有些诗作时,也无法绕开对创作背景的了解。比如他那首《小镇上的艺术家》,如果没有联系特定的时代背景和木心彼时的人生处境,就很难深入理解其文字背后隐藏的深意。
　　笔者坦言,木心的不少著作至今无法读懂,但因为整理其生平履历,为自己找到了一个走近木心的切入口。

三

　　可以说,正是基于以上的认识,四年多来,笔者孜孜以求,每次遇见新出现的史料,总是不厌其烦地在第一时间补入。而这往往又是

---

① 童明、木心:《仲夏开轩:答美国加州大学童明教授问》,《鱼丽之宴》,木心著,桂林:广西师范大学出版社,2009年,61页。

一个需要耐得住性子的考辨过程，只有在不断地自我否定中，才有可能接近事实。

在编撰过程中有幸得到众多师友的鼓励和帮助，特别是陈丹青、陈子善、王奕、王韦、张天杰、曹立伟、邓天中、叶瑜荪、韦泱、周立民、尹大为、高玉林、周乾康、徐自豪等先生，或提供线索和资料，或指点行文和体例，多有受益，在此一并致谢。其中又要特别感谢陈丹青先生和谢泳先生百忙之中为这本小书作序。其实，我现在所做的只是在个人从事木心生平研究漫漫长途中迈出的一小步，如要做成年谱，将有更长的路要走。

笔者清醒地看到，目前自己所掌握的资料，实在只是冰山之一角。一方面，木心美术馆中还有大量的木心手稿有待整理面世；另一方面，相关知情人尚抱着一种或维护或观望的缄默态度。个人以为这些都不利于木心研究的推进。

本书乃业余之作，因条件有限，加之才疏学浅，取舍之间定多疏谬，故以"事辑"名义先行面世，希望能起到抛砖引玉的作用。同时期待方家及相关知情人士能够站出来不吝指正，以便今后能持续完善。

二〇一七年六月初稿
二〇二一年二月春节定稿